반
부패의
세계사

반부패의 세계사

김정수 지음

목차

5부　시민과 반부패

들어가며

세상은 왜 아직
몰락하지 않았나?

부패에 대한 뉴스는 차고 넘친다. 부패한 정치인과 기업인은 물론이거니와 부패한 법조인, 문화예술인, 체육인에 이르기까지 부패로 물든 이들이 세상 곳곳을 뒤덮고 있다. 청렴하고 깨끗한 사람들은 한줌도 안 되는 세상, 부패가 넘쳐나는 세상, 이렇게 썩은 오물이 넘쳐나는 세상은 왜 아직까지도 망하지 않고 있는 것일까? 이 지극히 당연한 질문이 이 책의 출발점이다.

혹자는 반부패를 위한 행동과 노력을 어둠에 대한 빛, 부패를 막는 소금으로 비유한다. 하지만 반부패는 외부에서 들어오는 빛이나 누군가 뿌려놓은 소금이 아니다. 그것은 부패한 개인과 집단에 맞서는 내부의 활동이며, 현재의 부패뿐 아니라 미래의 부패에 대한 예방과 처방인 동시에 역동적인 실천이다. 타인에 대한 비난과 손가락질은 자신의 잘못이나 책임을 전제하거나 수반하지 않기 때문에 손쉽지만 생산적 결과물을 만들어내지 못한다. 반면에 반부패 활동은 스스로 문제를 인정하고 극복하기 위한 적극적인 행위이기에 대부분 생산적인 결과물을 가져온다. 사람들이 '썩어 빠진 세상, 더러운 세상'이란 말을 입에 달고 살아도 세상이 완전히 썩지 않고 완전히 더럽지 않은 것은 누군가가, 또는 무엇인가가 썩은 것을 도려내고 새살을 틔우며 더러운 세상에 새로운 생명을 불어넣고 있기 때문이다.

이 책에는 반부패를 위해 헌신한 위인들의 이야기가 등장하지만 반부패에 나선 인물들이 모두 위인은 아니기에 위인전은 아니다. 이 책은 반부패의 세계사이며, 동서와 고금의 반부패 활동과 실천 그리고 제도들을 탐구한다. 부패는 도덕적 가치와 밀접하게 연관된 개념이기에 늘 정쟁과 권력투쟁의 수단이 되어왔다. 자신의 정적을 부패한 인물로 비난하는 것만큼 날카롭고 치명적인 무기는 없다. 사실여부를 떠나 부패한 인물로 비난받는 순간 그의 사회적 명성은 추락할 수밖에 없기 때문이다. 상대를 부패한 자로 비난하는 자가 반드시 청렴한 인물은 아닐 수 있으며, 비난을 받는 자가 반드시 부패한 인물이 아닐 수도 있다.

이 책이 위인전이 아니라는 또 다른 이유는 대개의 위인전들이 일반적으로 위인의 행위에 도덕적으로 긍정적 가치를 부여하며 그 행위를 시공을 넘어 본받아야 할 모범으로 칭송하는 데 비해, 여기서는 반부패의 실천이 반드시 도덕적으로 선한 동기만을 바탕으로 하고 있다고 보지 않으며 동서고금에 항구적으로 적용 가능한 반부패 실천은 존재할 수 없다고 보기 때문이다. 반부패 활동과 제도는 때로는 좋은 의도에서, 또는 좋지 않은 의도 속에서, 혹은 전혀 의도하지 않은 결과로 발생하기도 한다. 18세기 영국정부의 언론검열을 철폐시키는 데 결정적인 역할을 한 존 윌크스John Wilkes는 다분히 소영웅주의적인 인물로 그의 뉴스는 매우 날카로웠지만 오늘날 관점에서 보면 가짜뉴스도 적지 않았다. 또한 공권력에 의해 피해를 받았거나 권리를 침해당한 대중의 이익을 대표해 그들의 고충을 처리하는 옴부즈맨 제도는 전쟁에 열중하느라 국정을 돌볼 겨를이 없었던 스웨덴의 칼 12세가 내정 대리인을 임명하면서 시작되었다.

　사회적으로 심각한 이슈가 모두 세계적인 이슈가 되지는 않는다. 인권은 세계대전 이후 1948년 세계인권선언이 채택되면서 다른 이슈들에 비해 비교적 빠르게 글로벌 이슈로 떠올랐다. 식민지 독립은 1950년대와 60년대에 세계적인 이슈였지만 이제는 주변적인 문제다. 성평등은 1970년대 중반에 들어서야 겨우 세계적인 차원에서 다루어지기 시작했고, 환경은 1990년대 들어 세계적 관심사가 되었다. 이러한 역사에서 보면 반부패 이슈는 아직 걸음마를 떼고 있는 정도다. 1970년대에 미국을 중심으로 제기되었던 해외공무원에 대한 뇌물 문제가 1990년대 후반 경제개발협력기구OECD의 뇌물방지협약을 낳았고, 이어서 2003년 유엔반부패협약이 체결되면서 부패는 본격적인 글로벌 이슈로 떠올랐다. 다른 이슈들에 비하면 반부패가 주목받은 역사는 그리 길지 않은 편이지만 그사이 환경, 인권, 빈곤 문제에 못지않은 세계적 이슈로 성장했다. 2015년까지 세계의 빈곤을 절반으로 줄이고 보건과 교육을 획기적으로 개선하기 위해 유엔이 2000년에 채택한 밀레니엄 개발목표Millennium Development Goals는 반부패를 주요 원칙으로 제시했다. 또한 이 목표를 계승해 빈곤, 질병, 보건, 교육, 성평등, 환경, 고용, 분쟁 등의 문제를 해결하기 위해 유엔이 2015년에 발표한 지속가능발전목표Sustainable Development Goals 역시 반부패를 문제해결의 주요 원칙 중 하나로 삼고 있다.

부패의 심각성과 반부패에 대한 세계적 이슈화에도 불구하고 이 주제에 대한 체계적인 학문적 소개서는 고사하고 일반적인 해설서조차 없는 상황에서 이 책은 반부패의 역사에 대한 최초의 체계적인 해설서라 할 수 있다. 반부패에 대한 기존의 저작들이 단편적인 사례나 특정 지역 또는 사건들을 다루고 있는 데 비해 이 책은 부패와 반부패를 종합적, 포괄적으로 다룬다. 또한 고대부터 현대 그리고 동서를 망라하는 역사를 다루고 있기 때문에 독자들은 이 책을 통해 개별사례에 대한 지식뿐 아니라 부패와 반부패에 대한 일관되고 종합적인 관점을 얻을 수 있을 것이다.

책은 모두 5부로 구성되어 있다. 1부는 부패와 반부패에 대한 개념 정의를 다룬다. 모두 3개의 장으로 구성된 1부는 역사적 맥락, 문화적 차이, 정치적 이해관계에 따라 부패에 대한 정의가 어떻게 달라질 수 있는지 살펴본다. 이 고찰은 부패의 정의로 시작하기보다는 부패에 대한 정의가 왜 쉽지 않은지를 여러 역사적, 문화적, 정치적 흐름을 통해 증명하는 것으로 시작한다. 지금의 부패 개념은 17~18세기 유럽에서 생성되어 20세기 중후반 미국을 중심으로 발전해온 매우 특수하고 역사적인 개념이다. 이에 의거해 가장 널리 통용되고 있는 부패의 정의는 '위임된 권력의 사적 남용'이라는 것인데, 이는 오늘날 우리가 흔히 부패라고 지칭하는 현상들을 제대로 포괄하지 못할 뿐 아니라 오히려 엄중한 부패 문제를 그 정의에서 누락시킨다는 문제점이 있다. 이러한 분석에 기초해 1부 마지막 장은 책 전체를 관통해 동서와 고금의 부패와 반부패 역사를 살피는 기준으로서 부패와 반부패를 정의하고 있다.

2부는 고대사회의 반부패를 분석한다. 특히 자유, 민주주의, 법치라는 가치가 어떻게 반부패와 관련되어 있는지를 각각 고대 수메르의 왕 우루카기나의 개혁과 아테네 입법가 솔론의 개혁, 그리고 고대 중국의 변법을 이끌었던 상앙의 개혁을 통해 살펴본다. 물론 고대의 자유, 민주주의, 법치는 현대의 그것들과는 많은 차이가 있다. 그럼에도 우리는 왜 수메르에서 자유가 반부패의 의미를 띠게 되었고, 왜 시민참여 민주주의가 고대 아테네에서 부패에 효과적인 처방이 되었으며, 법치는 어떻게 춘추전국시대의 후진국인 진秦을 강성하게 발전시켰는가를 고찰함으로써 부패 문제가 단지 물질적인 뇌물이나 개인의 사적 이익에만 국한되지 않고 한 사회의 가치, 존립, 번영과 관련되어 있다는 것을 알게 된다.

3부는 본격적인 국가 및 통치체제가 갖추어진 시기의 반부패 활동과 제도를 다룬다. 모두 4개의 장으로 구성되어 있으며 각각의 장은 정부의 부패를 감시하는 공공감사제도, 대중에 대한 국가권력의 잘못된 행태를 국가 내부에서 제기하는 옴부즈맨, 경제권력을 감사하는 회계감사, 정치권력의 부패를 극복하기 위해 만들어진 선거제도에 대해 고찰한다.

4부는 시민의 차원에서 권력을 비판하고 견제하는 제도들이 어떻게 만들어지고 발전했는가를 분석한다. 첫 번째 장에서는 언론 자유의 의미와 탄생을 영국 신문의 탄생과 보급을 통해 살펴본다. 두 번째 장은 알권리 혹은 정보공개제도의 탄생을 다룬다. 정보공개법이 어떻게 유럽의 변방인 스웨덴에서 탄생해 세계적으로 퍼져나갔는가가 주된 내용이다. 세 번째 장은 공익제보자 혹은 내부고발자의 의미와 역사를 고찰한다. 18세기에서부터 최근의 에드워드 스노든에 이르기까지 내부고발의 역사와 이들을 보호하기 위한 제도의 발전을 살펴본다.

마지막 5부는 반부패 활동에 실제로 시민들이 어떻게 참여했는가를 분석하며 이를 통해 반부패가 어떻게 글로벌 이슈로 발전할 수 있었는지, 그리고 이 글로벌화된 반부패의 성과와 한계에 대해 살펴본다. 첫 번째 장은 부패와 반부패를 글로벌화하는 데 결정적 역할을 했던 국제투명성기구를 다룬다. 이 기구의 활동을 통해 반부패가 어떻게 세계화되었고 세계화로 드러난 문제점은 무엇인지를 중점적으로 고찰한다. 5부의 두 번째 장이자 이 책의 마지막 장은 한국의 박근혜 전 대통령 탄핵과 촛불혁명을 반부패의 관점에서 집중 조명한다. 이 장을 통해 부패에 대한 근대적 정의가 가진 문제점과 일상적 반부패 활동의 한계가 무엇이며, 한국의 촛불혁명이 반부패를 실천함에 있어 어떤 의미를 띠었는지를 분석한다. 나아가 이 과정을 통해 만들어진 반부패 역량이 2020년 세계를 휩쓸고 있는 대역병 과정에서 어떻게 세계적으로 주목받는 '한국식 방역'을 실현했는지를 구체적으로 살펴본다.

이 책을 통해 독자들은 일상에서 그냥 지나쳤던 많은 개념과 사건들이 부패 및 반부패 문제와 어떻게 관련되어 있는지를 새삼 알게 될 것이다. 더 나아가 부패를 우발적이고 개인적인 스캔들로 축소하는 얄팍한 기사와 가짜뉴스들의 홍수 속에서 그 스캔들의 배후에 숨어 있는 부패의 본질을 간파할 수 있을 것이다. 이 책은 부패와 반부패가 결코 우발적이고 개인적인 문제가 아니라 그 시대와 사회의 반영임을 일관되게 주장한다. 반부패의 세계사로서 이 책은 부패의 너머를 보고자 한다. 부패는 우연히 나타난 것이 아니기에 저절로 사라지지 않으며, 개인적인 일탈이나 비리가 아니기에 그 극복을 위해서는 반드시 사회적 실천이 요구된다. 부패의 너머를 탐구하고자 하는 이 책은 따라서 부패한 개인의 처벌과 청렴성의 역사가 아닌 사회적 자유와 정의, 민주주의, 법치, 시민적 권리와 참여를 실천하는 과정으로서의 반부패 세계사를 고찰할 것이다. 모쪼록 독자들이 이 책을 통해 인류가 부패를 극복하기 위해 그동안 어떤 노력을 해왔고, 지금 우리 자신은 무엇을 할 수 있는가에 대해 생각할 기회를 갖게 된다면 저자로서 더 바랄 나위가 없겠다.

1부

부패와
반부패

영국 BBC방송의 최근 조사에 따르면 부패는 전 세계적으로 빈곤, 실업, 범죄, 폭력과 같은 심각한 사회문제보다 더 자주 거론되는, 아니 가장 빈번하게 논의되는 문제로 밝혀졌다. 또한 OECD는 연간 부패로 인한 손실이 전 세계 총생산의 5%(2.6조 달러)에 달하며 세계적으로 매년 약 1조2600억 달러가 뇌물로 제공되고 있다고 밝혔다. 이 부패의 규모가 도대체 어느 정도인지, 그리고 이를 극복하면 어떤 이익이 있을 수 있는지를 간단한 몇 가지 예로도 충분히 설명할 수 있다. 부패로 연간 지출되는 1조2600억 달러는 하루 평균 1.25달러 미만으로 생활하는 사람들의 삶을 적어도 6년간 지원할 수 있는 금액이다. 유엔은 2030년까지 빈곤과 기아를 종식하고 건강한 삶과 양질의 교육을 보장하고 환경 보존을 촉진하고 불평등을 줄이는 방안을 포함해 모두 17개 항목의 지속가능발전목표를 달성하겠다는 계획을 2016년에 발표했다. 이 목표를 달성하기 위해서는 대략 2조에서 3조 달러가 투입된다고 한다. 즉, 산술적으로 본다면 전 세계 총생산의 5%에 해당하는 2.6조 달러 규모의 부패비용을 없애 이 목표에 투입하면 우리는 단숨에 빈곤과 기아가 없는 세상을 실현할 수 있다는 계산이 나온다. 개발도상국의 경제 발전과 복지 향상을 위해 선진 산업국가들이 부담하는 공적개발원조Official development assistance가 2017년 1420억 달러였는데 만약 해마다 지불되는 뇌물의 규모를 절반으로 줄이면 우리는 매년 이 원조금의 규모를 세 배 이상 늘려 세계인의 복지와 삶의 질을 획기적으로 개선할 수 있다.

역사가들은 로마제국을 포함해 세계사에 등장했던 수많은 나라들의 쇠망 원인으로 부패를 꼽는 데 주저하지 않는다. 고대와 중세뿐만 아니라 현대에 들어서도 부패는 국가를 위기로 몰아넣는 심각한 문제로 인식되고 있다. 청렴한 나라로 알려진 네덜란드와 독일은 각각 왕실과 의원들이 부패 사건에 연루되자 이를 헌법의 위기, 의회민주주의 존망의 문제로 보았다. 부패는 우리의 구체적인 일상생활에도 매우 심각한 영향을 미친다. 1995년 삼풍백화점 붕괴 당시 500여 명, 2013년 방글라데시 라나플라자 붕괴 당시 1000여 명, 2014년 세월호 침몰 당시 300여 명의 희생자가 발생했다. 이런 대형 참사는 뇌물과의 결탁, 부실한 시공과 안전관리 같은 부패를 미연에 방지했다면 피할 수도 있었을 안타까운 비극이다.

그렇다면 이렇게 심각한 문제를 불러오는 부패란 도대체 무엇인가? 세계적인 반부패 시민단체인 국제투명성기구를 포함해 현대세계가 가장 광범위하게 받아들이고 있는 부패의 정의는 다음과 같다. 부패란 "위임된 공적 권력을 사적 이익을 위해 남용"하는 것이다. 이 정의는 18세기 서유럽의 근대화 이후 오늘날까지 광범위하게 사용되고 있다. 그러나 서구를 배경으로 태어난 이 근대적 개념만으로는 고대부터 현대에 이르기까지 세계 각지에서 발생하고 기록된 부패와 반부패의 역사를 제대로 설명할 수가 없다.

이 부의 1장은 역사적으로 부패의 개념이 어떻게 다르게 이해되었는가를 살펴본다. 고대 아테네와 로마에서 부패가 이해된 방식을 검토하고, 프랑스 혁명 전후에 공공 혹은 '공적인 것'의 개념이 변화하면서 기존의 정실주의®와 후원자제도가 어떻게 부패로 규정되었는지 분석하고. 자본주의의 등장과 더불어 어떻게 현대적 의미의 부패 개념이 탄생했는지를 고찰할 것이다. 2장에서는 문화적 차이에 따라 부패가 어떻게 다르게 이해되는지 살펴본다. 특히 동양과 서양은 왜 부패를 각각 바람과 질병에 비유했는지 살펴보고 이 비유의 차이가 부패에 대한 이해와 어떻게 관련되어 있으며 반부패 실천에는 어떤 차이를 만드는지 분석할 것이다. 3장은 부패와 정치권력 간의 관계를 역사적으로 검토한다. 고대 로마의 정치에서부터 현대의 제국주의까지 각각의 역사적 사례를 통해 부

---

favouritism. 권력자의 친분과 인맥에 따라 관료를 임용하는 관례.

패와 반부패가 어떻게 정치권력에 이용당해 왔으며, 각각의 사건은 어떤 권력투쟁과 정치이념에 관련되어 있었는지를 살펴볼 것이다.

여기까지의 글들은 현대에 사용되는 부패 개념이 매우 특정한 시대의 개념이라는 것과 부패에 대한 정의에 따라 반부패 활동의 주체와 실천이 달라질 수 있다는 점, 또한 역사적으로 부패와 반부패투쟁은 개인적이거나 우연한 사건과 행위가 아니라 그 시대의 정신과 이념을 반영해왔다는 것을 보여준다. 이렇게 역사 · 문화 · 정치적으로 부패가 어떻게 다르게 이해되었는가에 기초해 마지막인 4장에서는 부패와 반부패의 개념을 다시 한번 총정리해 소개한다.

1장 선물과 뇌물, 그리고 내 것과 모두의 것

선물이냐 뇌물이냐

부패를 정의 내리기가 쉽지 않은 이유는 무엇보다 부패의 개념이 역사적으로 매우 다르게 이해되거나 사용되었기 때문이다.

먼저 부패의 가장 흔한 사례로 등장하는 뇌물부터 살펴보자. 선물(gift)이 중요한 경제원리이자 사회적 관행으로 자리 잡았던 근대 이전의 사회에서는 선물과 뇌물의 경계가 매우 모호했으며 선물을 무조건 뇌물로 간주할 수 없었다. 고대 메소포타미아의 tatu, 성경의 shohadh, 고대 이집트의 feqa, 라틴어의 munus는 모두 상황에 따라 선물 혹은 뇌물로 해석될 수 있었다. 고대 아테네에서도 선물을 가리키는 doron(원뜻은 선물, '주다'라는 동사에서 옴), lemma(원뜻은 받기, '받다'라는 동사에서 옴), chresmasi peithein(원뜻은 설득하기, '물건이나 말로 상대방을 설득하다'는 동사에서 옴) 같은 단어들은 뇌물의 의미로도 쓰였다. 고대 아테네 사회에서는 소피스트들처럼 교묘하게 말로 다른 사람을 설득하는 방법 외에도 이렇게 선물을 주고받는 방식으로 자신의 주장과 이해를 관철하는 것이 사회적으로 널리 용인되었다.

물론 이런 언어의 모호함이 고대 아테네인들이 부패를 부정적이고 심각한 문제로 보지 않았다는 것을 의미하지는 않는다. 아테네의 웅변가 히페레이데스Hypereides가 자신의 정적이자 당대의 저명한 정치인 데모스테네스를 횡령 혐의로 기소하면서 법정에서 배심원을 향해 던졌던 다음의 연설은 아테네인들이 '수치스럽게(aischron)' 생각했던 심각한 부패가 경미한 부패와 어떻게 다른가를 보여준다.

> "여러분은 장군들과 정치인들이 커다란 개인적 이익을 취하는 것을 기꺼이 허락할 것이다. 그들에게 그런 권한을 허용하는 것은 법이 아니라 여러분의 온화하고 인간적인 본성이다. 하지만 여러분은 하나의 조건에 주의를 기울여야 한다. 즉, 그들이 취하는 돈은 여러분(아테네인)의 이익을 위해 사용되어야 하는 것이지 결코 그것에 반하는 것으로 쓰여서는 안 된다는 것이다."
>
> — 히페레이데스, 〈데모스테네스에 반대하며〉

이 말에 따르면, 고대 아테네에서는 정치인들이 공적 지위에 있는 동안 이득을 취하는 행동은 용납되지만 그것이 아테네의 이익에 반하는 경우에는 수치스러운 부패로 인식되었다. 이 수치스러운 부패를 고대 아테네인들은 디아프쏘라diaphthora라고 불렀다. 디아프쏘라는 '파괴, 부패, 탈선, 유혹'의 의미가 있다. 소크라테스를 아테네 법정에 세운 사람들은 이 단어를 사용해 그를 기소했다. 소크라테스의 제자이자《키루스의 교육》이라는 명저를 남긴 크세노폰은 소크라테스가 반대자들에 의해 아테네 법정에 세워진 이유에 대해 그가 동료들 앞에서 아테네의 법을 경멸하고 체제를 동요시켰으며 청년들을 타락시켜 부패하게 만들었기 때문이라고 썼다. 플라톤은 청년들의 판단을 마비시켜 잘못된 길로 이끄는 것을 diaphtheirein(디아프쏘라의 동사형)이라고 했다. 결국 크세노폰이나 플라톤이 사용했던 부패의 의미는 사적 이익을 위해 공적 권력을 남용한다는 오늘날의 정의와 달리, 사람들로 하여금 독립적인 판단과 행동을 할 수 없도록 그들의 자유의지를 파괴하고 방해한다는 것이었다.

고대 아테네에서 시민들이 중요한 집회와 의회 그리고 재판과정에 적극적으로 참여했다는 사실은 그들의 독립적인 자유의지를 전제하지 않고서는 불가능하다. 고대 아테네에서 부패한 사람이란 독립적인 자유의지와 판단력을 상실한 자로서 당시로서는 시민에 속하지 않았던 노예나 국외자와 같은 취급을 받았다. 끊임없이 주변 도시국가들과 전쟁을 벌여야 했던 아테네에서 자유시민은 도시의 생존과 번영에 핵심적인 존재였다. 부패는 결국 자유로운 시민들을 노예로 만들어 도시의 운명을 적에게 넘길 수도 있는 중대한 범죄로, 반역과도 같았다. "뇌물을 받거나 제공하는 자, 혹은 어떤 공약으로 다른 이들을 부패하게 만드는 자는 전체 시민들에게 유해한 자이며, 그와 그 자녀들의 시민권은 박탈될 것이며, 그들의 재산 역시 몰수될 것"이라는 데모스테네스의 연설은 부패에 대한 당시의 인식을 분명하게 보여준다.

부패와 관련된 아테네의 재판기록을 보면 레슬링아카데미의 원장이 공금을 횡령한 경우처럼 비교적 경미한 사건도 있지만 다른 도시국가들과의 전쟁이나 협상에 관련된 장군 또는 대사들의 뇌물수수, 정치인의 부패, 배심원 매수와 같이 탄핵(eisangelia)을 동반하는 고위직 관련 중대범죄가 상당수였다. 아네테는 이런 부패를 시민과 국가를 타락시키는 행위로 보았기에 그 처벌도 시민권 박탈, 사형, 추방과 같이 매우 엄중했다. 실제로 페르시아제국과의 살라미스 해전을 승리로 이끌었던 테미스토클레스는 스파르타의 뇌물을 받아 추방되었고, 비극《오이디푸스 왕》을 쓴 소포클레스는 시실리로부터 뇌물을 받아 추방형을 받았으며 그의 동료였던 장군 에우리메돈은 거액의 벌금을 부과 받았다. 또한 성경에 나오는 빌립보 도시를 창건한 것으로 알려진 아테네 정치인 칼리스트라투스Callistratus는 아테네 시민들의 이익에 반하는 정책을 선포하는 대가로 금전을 수수했다가 추방당했다.

결국 아테네인들에게 부패란, 당시 자유의지가 없다고 여겨졌던 비시민권자들의 비정치적 활동이나 야만적인 적대행위가 정치활동에 침투해 폴리스의 안위를 위협하는 것을 의미했던 것으로 보인다.

내 것과 모두의 것: 사회계약과 공사구분

"로마에서는 모든 것이 팔릴 수 있다"는 고대 역사가 살루스

티우스의 말은 오늘날의 관점에서는 로마가 완전히 부패한 사회였다는 말로 이해될 수 있다. 하지만 로마사회는 부유한 후원자(patron)가 로마 공화정과 제정의 주요한 결정을 비롯해 관직 임명에까지 영향력을 행사하는 정실사회(patronage society)였다는 것을 우리는 염두에 두어야 한다. 당시 로마는 지금처럼 시험과 능력으로 관리를 선발하는 잘 정비된 관료사회가 아니었다. 부유한 귀족이나 힘 있는 정치인, 즉 후원자가 자신의 친인척을 주요 관직에 앉힘으로써 지지자(client)들에게 시혜를 베풀고 지지자들은 후원자에게 충성을 맹세하고 따르는 것이 일반적인 풍경이었다.

당시 로마사회에서 부패를 꼬룸페르corrumpere라고 불렀는데 이는 '모두cor'와 '파괴하다rumpere'라는 단어가 합쳐진 말이었다. 이 꼬룸페르가 오늘날 부패를 의미하는 영단어 corruption의 어원이다. 고대 아테네의 디아프쏘라와 마찬가지로 꼬룸페르는 '파괴, 타락, 부패'의 의미로 쓰였다. 특히 근대법에 지대한 영향을 미칠 정도로 법이 체계화되었던 고대 로마에서 꼬룸페르는 뇌물이나 문서위조를 통해 재판부의 결정을 뒤집어엎는 행위를 의미했다. 로마사회에서 가장 심각한 부패는 선거부정(ambitus), 공금횡령(peculatus) 그리고 로마의 속주 착취(res repetundae) 같은 것들이었다.

특히 제비뽑기로 관직을 선출해 부정선거 가능성이 적었던 고대 아테네 민주정과 달리, 로마 공화정에서는 집정관과 같은 주요 공직을 선거로 선출했기 때문에 선거부정은 매우 심각한 부패였다. 표를 매수하기 위한 부패행위가 빈번해 이를 일컫는 앰비투스ambitus라는 용어가 별도로 등장했을 정도다. 앰비투스는 원래 '순회하다, 돌아다니다'라는 뜻을 담고 있는데, 일반적으로 명예와 인기에 대한 욕망으로 표를 얻기 위해 가가호호를 방문하는 행위를 의미했다. 야망을 뜻하는 영단어 ambition이 이 앰비투스에서 나왔다. 로마에서는 선거 시 후보자들이 자신들에게 유권자의 이름을 알려주는 노멘클레토어nomenclatores(이름을 부르는 자)라는 노예를 데리고 다니며 유세 중에 표를 주겠다고 약속한 가난한 시민들에게 돈을 살포했다. 시간이 지날수록 이 앰비투스 비용이 천문학적으로 증가했다. 로마 시인 루카누스는 "선거 뇌물은 부당한 수준의 채무와 치솟는 이자율로 결국 나라를 내전으로 이끌어 국가를 파괴했다"고 개탄했다. 결국 2세기 즈음에는 선거부정을 방지하기 위한 법이 제정되었을 정도다.

고대 아테네와 마찬가지로 로마에서도 공사간 구분이 오늘날처럼 분명하지는 않았지만 공동체의 이익에 반하는 부패라는 개념은 분명히 존재했다.《의무론》의 저자이자 저명한 로마 정치인 키케로는 "공직자들은 전체 공동체의 이익에 주의를 기울여야 하며 특정집단의 이익을 위해 복무해서는 안 된다. 그것은 나머지 사람들을 배신하는 일이며 공적인 활동에 불화와 갈등이라는 위험한 일을 끌어들이는 것"이라고 했고 또한 "국가를 이기적인 이익을 위해 수탈하는 것은 비도덕적일 뿐만 아니라 범죄이며 불명예스러운 것"이라고 규정했다. 하지만 우리는 여기서 과연 아테네와 로마에서 통했던 '공적인 것'의 개념이 오늘날과 같이 시민 혹은 국민의 이익을 의미하는 것인지, 아니면 폴리스와 통치집단의 이익을 의미한 것인지를 구분할 필요가 있다.

중세시대에 공적인(public) 것이란 말은 오늘날과 달리 흔히 왕실을 의미했다. 17세기에 들어서야 이 '공적인' 것이 국가와 관련된 활동을 의미하게 되었고 점차 일반대중 혹은 국민과 관련된 활동이라는 의미가 추가됐다. 오늘날 세계에서 가장 청렴한 국가로 알려진 덴마크와 스웨덴이 그 청렴성의 기초를 다지게 된 전환점이 바로 이 시기, 17세기에 들어서부터다. 이 국가들에서도 '공적인 것'의 의미 변화와 부패 감소가 저절로 이루어진 것은 아니었고 참혹한 전쟁과 치열한 권력투쟁 속에서 등장했다.

　　중세 말 유럽 국가들은 끊임없는 전쟁의 소용돌이에 뛰어들었다. 왕은 전쟁비용을 마련하기 위해 온갖 구실을 붙여 서민들로부터 세금을 갈취하고 사적 이익을 위해 국고를 축냈다. 전쟁이 길어지면서 장기적인 비용 마련을 위해서는 효율적인 세금징수와 정부기관의 관리가 필요해졌다. 부패를 촉진했던 전쟁이 반대로 부패방지를 위한 행정 시스템의 도입을 촉발한 것이다. 덴마크와 스웨덴은 주변국과 치열한 전쟁을 치르면서 '재정-군사국가'⊙의 성격을 가진 절대왕정을 수립해 왕권을 강화했다. 그리고 왕정통치의 효율성을 높이기 위해 법치를 확립하고 뇌물수수 방지 및 공직매매 금지 제도를 도입했다. 전쟁 중인 왕은 군대와 돈이 필요했기 때문에 징병과 물자, 세금으로 그 부담을 고스란히 짊어지고 있던 서민들에게 그들의 권리신장과 더불어 세금을 헛되

⊙─────────

군사기구 확장 → 정부재정 확대 → 효율적인 세금징수와 관리를 위한
전국적, 중앙집권적 정부 수립의 성장 과정을 거친 국가 형태.

이 쓰지 않도록 투명성을 높이겠다는 약속을 해야만 했다. 이런 움직임은 결국 왕이라는 개인과 그의 왕실이 과연 일반 대중을 대표할 수 있는가 하는 회의로 이어지게 된다.

공적인 것, 즉 공공公共이 혈통과 신분에 따라 계승되는 왕과 왕실로부터 분리되는 역사적 풍경을 우리는 17세기 사회계약론의 등장으로 목격하게 된다. 토마스 홉스와 존 로크에 의해 유럽의 주요 정치사상으로 등장한 사회계약론은 왕권이 신으로부터 주어진 신성한 권리가 아니라 시민들로부터 신탁(trust)된 권리라는 주장을 펼쳤다. 이 사상에 따르면 공직은 신탁된 권리를 수행하는 시민의 종복이며, 공공의 이익을 취급하는 공권력은 특정한 편이나 이익에 좌우되지 않아야 하는 불편부당한 지위인 것이다. 따라서 공직을 사고팔거나 친인척들에게 나눠줄 수 없으며 공권력을 돈으로 매수해서도 안 된다. 영국 왕실출판국의 1642년 의회기록은 판사와 같이 "신탁된 직위"를 매매하는 것은 "왕국의 악의 한 원인"이라고 규정했다. 17세기 초에 쓰인 셰익스피어의 희곡《오셀로》에서도 공직의 공공성과 신탁의 의미를 엿볼 수 있다. 장군 오셀로의 비극은 그가 부대 서열 2위에 해당하는 부관 자리에 전쟁 경험이 풍부한 이아고 대신 카시오를 앉히면서 시작된다. 이아고는 극의 첫머리에서 오셀로가 경력이나 능력 대신 인맥과 정실주의에 따라 주요 공직을 카시오에게 넘겨주었다고 불평하며 복수를 맹세한다. 다시 말해 정부와 군대, 법원과 같은 공직은 신분에 의해 좌우되거나 돈으로 사고팔 수 없으며 공정하게 결정되어야 한다는 인식이 그때도 자리 잡고 있었던 것이다.

'낡은 부패'의 청산 그리고 시험

　18세기 말의 프랑스 혁명은 이전의 후원자제도, 친인척 중심의 정실주의를 근본적으로 제거한다. 사회계약론이 이론적 탐색에 그쳤다면 프랑스 혁명은 (과거에 왕권신수설이 제정일치론에 근거했던 교황을 권력의 무대에서 밀어낸 것처럼) 왕권신수설에 근거했던 왕과 군주를 정치의 무대 밖으로 밀어냈다. 프랑스 혁명을 통해 극명하게 드러난 근대의 부패 개념은 '낡은 부패Old Corruption'와 '구체제 Ancien Régime(앙시앵 레짐)'라는 두 단어로 쉽게 이해할 수 있다. 당시의 부패는 횡령과 뇌물 등으로 폴리스나 공화국, 군주제를 위협하는 행위를 의미하기보다는 체제 자체가 문제임을 보여주었다. 18세기 들어 영국과 프랑스에서 왕정을 비판했던 급진세력과 신흥 시민계급들은 기존의 왕정체제를 낡은 부패로 비판하며 체제 개혁과 왕정 전복을 도모했다.

　당시 유럽 전역에서 통용된 '낡은 부패'라는 개념은 시민들을 부당하게 착취하는 기생적인 정치체제를 통칭했다. 친인척을 중심으로 한 후원자제도, 국가재정을 위해 서민들에게 과중한 조세부담을 안긴 간접세, 시민의 희생에 기초해 소수 부유층에게 이익을 준 불공정한 상업정책 등을 모두 포함했다. 이런 부패들의 특징은 왕이나 귀족과 같이 신분제에 기초한 권력이 여전히 공공과 국가를 대변한 채 사적 이익을 추구하고 있다는 점, 그들을 제외한 다수의 이익이 배제되었다는 점, 아니 마치 특권 신분층의 이익이 전체의 이익인 양 포장되었다는 점에 있었다. 따라서 사람들은 부패 극복을 위해서는 왕과 군주를 공공의 대변자 위치에서 추방하고 전체 공공의 요구와 사적 이익 사이의 구분을 명확히 할 필요를 느꼈다.

이런 인식의 변화에 따라 왕이나 군주라는 개인은 더 이상 국가와 공동체의 이익을 대변하지 못하도록 제거되거나 헌법의 통제를 받는 상징적 입헌군주의 지위로 밀려났다. 국가와 정부는 공공의 이익(common good)을 추구하는 장으로, 공권력이 왕이나 궁정의 사적 이익을 추구하고 대변해서는 안 되었다. 왕이 더 이상 공공의 이익을 대표할 수 없었다는 것은 19세기 전후 왕실의 연간 비용(civil list)이 의회의 승인을 받게 되고 왕실 경비와 정부재정이 명백히 분리된 사실에서도 알 수 있다. 하급 공무원뿐만 아니라 왕 자신도 국가의 녹을 먹는 공복(public servant)이 된 것이다. 북유럽의 스웨덴, 덴마크와 유럽의 선진 산업국가들은 모두 19세기 전후로 군주제의 낡은 부패를 청산하고 관료체제를 도입함으로써 소위 '역사적 전환'(historical turn)을 이루어낸다.

이 역사적 전환은 공무원 선발제도를 대대적으로 도입하며 구체화된다. 앞서 살펴보았듯이 봉건 유럽사회에서 주요 공직은 친인척을 중심으로 한 후원자제도와 정실주의를 통해 정해졌고 매관매직, 즉 공직을 사고파는 것도 아주 일상적이었다. 오늘날의 눈으로 보면 이는 비정상적인 방법으로, 무언가를 얻기 위해 사람들에게 '빽'을 쓰거나 '줄'을 댄다고 할 때의 그것과 유사했다. 왕은 인맥에 따라 신하들을 선발하고 신하들은 다시 자기 주변에서 자신들을 수행할 공직자들을 뽑았다. 따라서 이들은 왕의 종복(royal servant)이었을 뿐 결코 '시민의 종복'을 뜻하는 공무원(civil servant) 은 아니었다. 이런 방식으로 정부 요직을 장악하는 것은 오늘날 전 세계적으로 아주 심각한 부패의 근원으로 낙인찍혀 있지만 당시 에는 신뢰할 만한 인적 자원을 비교적 쉽게 구할 수 있는 효과적 인 통치체제로 여겨졌을 뿐이다. 능력은 좋아 보이지만 신뢰할 만 한 정보를 얻을 수 없는 정체불명의 인물보다는 잘 알고 믿을 수 있는 인물을 선호하는 것과 비슷한 이치다.

흔히들 유럽에서는 공무원 선발시험이 아주 오래전에 도입되 었을 것이라고 착각하지만 그렇지 않다. 시험을 통해 공무원을 선 발하는 시스템이 서구사회에 본격적으로 도입된 것은 19세기 중 반에 들어서였으며 이 시험제도는 이미 6세기 후반 중국 수나라 에서 시행된 과거제도를 모델로 했다. 이 제도는 고려에서도 도입 되었는데, 수나라와 고려 모두 인재를 고루 등용하기 위한 취지로 과거제를 시행했지만 실제로는 귀족의 권력을 약화시키기 위한 목적이 컸다.

과거제도는 신분제에 기초했던 '낡은 부패'의 상징, 즉 후원 자제도와 정실주의에 결정적인 타격을 가할 잠재력이 있었다. 이 전까지의 유럽사회에서 공직은 귀족과 그 자제들의 일로 인식 되었고 그 역할도 그저 시민의 안전만 보장해주면 되는 야경꾼 (Nachtwächter) 정도에 그쳤다. 공직자의 역할이 매우 제한적이고 규모 또한 후원자제도가 감당할 수 있을 정도의 크기에 지나지 않 았다. 하지만 빈번한 전쟁에 비용을 대기 위한 세금징수, 정부재정 의 확대, 그리고 이에 따른 관료제도의 확장과 중앙집권 강화로 유럽에서 공직자 수요가 급증하기 시작했다. 18세기 말 영국의 공무원 수는 약 1만6000명이었지만 1815년에는 약 2만5000명에 이르렀다. 기존의 후원자제도가 공공의 이익을 대변하지 못한다는 인식이 팽배한 가운데 이 늘어난 수요를 감당하고 효과적으로 국가업무를 수행할 인재를 뽑기 위해서는 완전히 새로운 제도가 필요했다.

유럽사회에서 시험(examination)이 테스트의 의미를 띠게 된 것은 겨우 17세기 초였기 때문에 공직자를 시험으로 선발한다는 아이디어는 생소할 수밖에 없었다. 그나마 시험의 형태를 띠고 있던 유럽 대학들의 학위시험도 겨우 13세기에나 등장했고 그것도 18세기 후반 이전에는 대부분 구두시험에 그쳤다. 중국의 과거시험제도가 유럽에 알려진 것은 16세기경 선교사들을 통해서였다. 프랑스의 계몽주의 사상가 볼테르는 중국 과거시험제도의 공개성과 능력주의를 극찬한 바 있다. 그 덕택에 프랑스는 다른 유럽 국가들보다도 앞선 1791년에 필기 형태의 공직자 선발 시험제도를 도입했다. 영국에서는 18세기 후반 중국에서 통역사로 일했던 토마스 테일러 미도우즈Thomas Taylor Meadows가 1847년에 중국의 과거시험제도를 영국의 공무원 선발제도에 도입하자고 주장했지만 나중에야 이 주장이 큰 호응을 얻어 1870년에 제도를 도입하게 된다. 물론 이런 시험제도는 무엇보다 공공의 이익과 부패에 대한 유럽사회의 새로운 인식에 기초하고 있었다. 18세기 말 영국의 공공감사위원회는 "공직자는 공공 대중에 의해 신탁된 임무를 수행하고, 공공 자산을 잘 절약해야 하며, 이런 신탁의 임무를 수행함에 있어서 결코 개인의 이익을 추구해서는 안 된다"고 못 박았다.

부패가 없는 현대사회?

입헌군주제, 의회민주주의, 관료체제의 도입 혹은 근대화로 한동안 낡은 부패는 청산되었다고 여겨졌다. 부패를 야기하는 낡은 '체제'를 청산했기 때문에 근대적 의미의 부패는 이제 공적인 업무를 담당하는 공직자의 비리라는 영역으로 축소되었다. 반면에 근본적인 '체제'의 부패는 아직 민주주의가 정착되지 못했거나 효과적인 관료체제가 결여된 개발도상국들의 문제라는 인식이 서구사회에 퍼졌다. 소위 선진국에는 심각한 부패가 없으며, 부패가 있다 하더라도 이는 단지 사치와 탐욕에 물든 일부 공직자의 문제라는 것이다.

'공적 권력의 사적 이익을 위한 남용'이라는 부패 개념이 널리 통용되기 위해서는 명확한 공사 구분과 함께 사적 이익에 대한 의미 규정이 필요하다. 하지만 근대 이전까지의 서구사회에서는 사적 이익의 추구 혹은 영리활동 자체가 경시되고 억제되는 경향이었다. 실제로 '사적인, 이기적인'을 의미하는 영어 selfish는 1630년대에 통용되기 시작했고 '사적인 이익'을 뜻하는 self-interest라는 단어는 1640년대에 이르러서야 만들어졌다.

부패에 대한 이 정의가 널리 쓰이기 시작한 것은 산업혁명 이후 자본주의의 확산과 무관하지 않다. 고대 아테네에서 중세에 이르기까지 경시되었던 금융과 무역 등 영리를 추구하는 상업활동은 자본주의의 등장과 더불어 새롭게 부각되었다. 칼빈과 같은 신학자는 물론 데이비드 흄이나 아담 스미스 같은 18세기 사상가들이 이런 활동을 풍요로운 삶과 보다 발전된 사회로 나아가기 위한 인간의 본성으로 묘사하기 시작했다. 이 새로운 사조는 개인적 이익을 추구하는 상업활동에 의한 물질적 번영이 사회를 죄악과 탐욕으로 물들여 몰락시킬 것이라던 기존의 역사관을 폐기시키고 상업과 물질적 번영이야말로 사람들 간의 갈등을 완화시키고 사회를 평화롭게 만들 것이라는 시대정신을 만들어냈다.《로마제국 쇠망사》를 쓴 역사가 기번은 지배계급의 사치와 타락이 로마를 멸망으로 이끈 주요 원인 가운데 하나임을 지적하며 사적인 부패와 공공도덕을 서로 대립시켰지만, 고대사회에서와 달리 자본주의 사회에서는 사적인 이익 추구와 사치가 결코 공공의 윤리에 반한다고 보지 않았다.《꿀벌의 우화》로 유명한 맨더빌은 심지어 사치가 공직자들을 탐욕과 부패에 쉽게 물들게 할 수는 있지만 그 부패가 산업 발전과 번영을 촉진할 것이라고 주장했다.

한편 '공적 권력의 사적 이익을 위한 남용'이라는 근대적 부패 개념은 이익과 이윤이라는 경제적 측면을 강조하는 반면 개인과 체제의 탈선과 타락이라는 윤리적 측면은 무시하고 있다는 데 큰 문제점이 있다. 부패란 단지 이익과 영리 추구를 위한 개인의 잘못된 행태나 비리, 규칙 위반에 그치지 않는 윤리적 문제로써 서로 주고받거나 수혜자와 피해자가 있는 상호관계를 동반할 뿐만 아니라 전염성이 있는 사회문제임을 간과한 것이다. 그 정의에만 입각하면 부패는 당사자들을 적발하고 고립시키면 쉽게 극복할 수 있는 문제가 된다. 그러나 과연 그럴까?

1960년대 이전까지 유럽과 미국을 포함한 서구사회는 이 근대적 정의에 따라 부패 문제를 바라보았고, 따라서 자신들의 부패는 복지국가로 비대해진 공공기관 내 공무원들이 일으키는 사소한 문제 혹은 우발적인 해프닝으로 치부하는 경향이 강했다. 하지만 1970년대에 들어 그 생각은 점차 도전에 직면하게 된다. 기존의 정의로는 설명하기 어렵거나 대처하기 힘든 부패 사건들이 터져 나왔기 때문이다. 그 사건들로 인해 부패는 더 이상 해프닝이나 스캔들(원뜻은 함정 혹은 장애물)처럼 우발적이고 고립된 별개의 사건이 아니라 전염성 있는 부패 커넥션, 그리고 시스템의 문제일 수 있다는 의문이 도처에서 제기되었다.

수많은 사건 가운데 다음의 세 가지를 주목해서 보자. 첫째로, 1970년대 초에 터진 소위 '워터게이트 스캔들'이다. 이는 미국 공화당의 닉슨 대통령이 베트남 전쟁의 확대에 반대를 표명한 야당 민주당을 압박하고 저지하기 위해 불법적으로 공권력을 동원한 사건이었다. 여기서 드러난 권력기관의 불법적인 권력 남용은 닉슨의 개인적 이익을 위한 것은 아니었지만 공정해야 할 정부기관과 권력의 탐욕스러운 타락을 극적으로 보여주었다. 공권력은 남용되었지만 과연 그것이 근대적 부패의 정의가 규정하듯 '사적 이익'을 위한 것이었는지는 불분명했으며 그 정의가 외면했던 공권력의 타락은 극명하게 드러났다.

둘째로, 1970년대 중반 미국의 군수업체가 각국의 유력 정치인들에게 거액의 뇌물을 건넸던 록히드 사건이 일명 '선진국'들의 정가를 강타했다. 미국정부의 공적자금을 지원받고 있는 록히드 사가 일본, 네덜란드, 독일, 이탈리아 등지에서 정부 고위인사들을 매수했다는 사실은 부패가 결코 '후진국'만의 문제가 아님을 보여주었다. 더구나 이 사건은 정부와 기업 간의 국제적 연계를 보여주는 거대 사건이었다. 미국 증권감독원에 따르면 〈포춘〉에서 선정한 세계 500대 기업의 대부분인 미국 450개 기업이 1970년대 후반에서 80년대 초반까지 해외정부 관계자들에게 살포한 돈이 10억 달러를 넘는 것으로 드러났다.

셋째로, 세계은행은 개발도상국의 개발을 촉진해 빈곤을 퇴치하고 부채를 줄이기 위해 1980년 구조조정융자Structural Adjustment Lending를 신설했다. 이 융자는 매년 수십억 달러가 지출될 정도로 규모가 큰 프로그램이었다. 하지만 개발도상국들이 융자를 받기 위해서는 정부조직을 개혁하고 무역을 자유화하고 민영화를 촉진하고 규제를 완화한다는 까다로운 조건들을 모두 받아들여야만 했다. 세계은행이 내세운 이런 조건은 현지 기업 및 다국적기업들의 이익에 부합한 것이기도 했지만 정부의 간섭을 줄이고 시장투명성을 높여 자유경쟁을 촉진하면 부패가 줄어들 것이라는 전형적인 서구 중심의 부패 정의에 입각해 있었다. 라틴아메리카와 아프리카, 아시아 등지의 저개발국가들은 물론이거니와 1989년 베를린장벽 붕괴 이후 사회주의의 길을 포기했던 동구권국가들은 이런 충격요법을 적극적으로 받아들였다. 하지만 그 조건들을 수용한 것이 개발과 성장에 기여한 효과는 미미했던 것으로 드러났으며, 라틴아메리카는 오히려 채무위기에 빠져들고 말았다. 노벨

경제학상을 수상한 스티글리츠는 이렇게 투입된 자본이 개발도상
국들의 빈곤을 퇴치하고 경제성장을 촉진하기는커녕 오히려 부패
한 정치인들의 손에 흘러들어가 부패를 더욱 악화시켰을 뿐이라
고 평가했다.

　부패와 관련해 위의 세 가지 사건이 주는 교훈은 명백하다. 첫
째로, 부패는 뇌물이나 횡령 같은 물질적 이익 추구를 위한 행위
외에도 심각한 윤리적, 도덕적 문제를 내포하고 있다는 사실이다.
둘째로, 부패는 고립시키고 처벌하는 방식 위주의 접근만으로는
해결할 수 없으며 이를 근본적으로 줄이기 위해서는 정부, 정치권,
기업 등 부패의 커넥션에 연결된 자들에 대한 총체적 접근이 필요
하다는 것이다. 1997년 한국에 IMF 위기를 불러온 정부-관료-기
업의 3각 커넥션이나 2016년 박근혜-최순실 게이트에서 나타난
정부-정치-기업-민간의 4각 커넥션은 부패 문제를 해결하는 데
는 고립화가 아닌 총체적 대처 방식이 필요하다는 것을 잘 알려주
었다. 이 사례들은 또한 부패 커넥션에 제대로 대처하지 못하면 정
부의 실패, 정치의 실패, 시장의 실패, 사회의 실패라는 총체적 위
기를 맞을 수도 있음을 보여준다. 셋째로, 예의 '선진국'과 그들의
기업 그리고 세계은행이나 국제통화기금과 같은 국제기구들 역시
부패 문제에서 자유로울 수 없다는 점이다. 더욱이 세계경제를 위
기로 몰아넣은 2008년 미국의 서브프라임 모기지(비우량고객에 대
한 주택담보대출)와 유럽의 채무위기를 촉발시킨 2010년 그리스 경
제위기는 은행과 평가기관, 금융 분석기관들의 공모와 타락, 공공
부문의 부패가 그 결정적 원인으로 작동했다. 이 사건들은 결국

'위임된 공적 권력을 사적인 이익을 위해 남용하는 것'이라는 부패의 지엽적인 정의에 커다란 한계가 있다는 것을 확인시켜 주었다. 즉, 부패에 대한 정의는 보다 종합적인 접근과 윤리적인 차원까지의 대처를 포함해야 한다는 교훈을 남겼다.

2장 카멜레온 같은 부패

    부패를 정의하기 힘든 두 번째 이유는 사회와 문화에 따라 부패에 대한 이해가 다를 수 있기 때문이다. 심지어 문화적으로 유사한 동양사회에서도 부패에 대한 명칭에 큰 차이가 있다.

    한국에서 부패는 부패腐敗 혹은 부정부패不正腐敗라고 불린다. 즉, 부패는 썩어서(腐) 못쓰게(敗) 되는 것, 혹은 옳지 않음으로 인해 무언가가 망가진 상태를 의미한다. 여기서 못쓰게 되었다는 한자 패敗는 어떤 사물을 쳐서(攵) 망가뜨리는 것으로 법칙法則의 칙則, 즉 사물을 골고루 나누는(刂) 것과 반대되는 말이다. 중국에서 부패는 탐오貪汚라 불린다. 즉 더러운 것을 탐하는 것이 부패다. 일본의 경우 부패는 오직汚職으로 표현되며 이는 직무를 더럽힌다는 의미를 띤다. 한국의 경우 윤리적, 도덕적 차원의 의미가 강한 데 비해 중국에서 부패는 무언가를 탐한다는 주관적인 행위의 의미가 강하며, 일본은 좀 더 실무적이고 관료사회를 중심에 둔 부패의 의미가 강하다는 것을 알 수 있다.

    이런 차이는 단지 어휘상의 차이 이상을 의미한다. 가령 '부패가 만연'하다고 이야기할 때 중국은 반부패 대책으로 고위층 내의 과소비나 탐욕을 적발하고 억제하는 정책을 내놓을 가능성이 높고, 일본에서는 공직사회의 정비에 초점을 맞출 것이다. 한국은 공공행정은 물론 윤리, 도덕의 강화를 위한 캠페인에 집중할 가능성이 높다. 한국의 경우 2008년에 부패방지를 담당했던 국가청렴위원회와 행정부 내에서 인권침해를 담당했던 국민고충처리위원회가 국민권익위원회로 통합되었는데 이는 '행정부패'라는 구체적 행위를 다루는 기구와 '인권'이라는 보편적 가치를 다루는 기구가 별도의 기능과 취지에도 불구하고 하나로 통합된 것이었다. 이런 식의 통합은 한국에서의 부패에 대한 이해와 무관하지 않다.

부패라는 말에 내포된 다양한 의미와 더불어 동양과 서양에서 각기 다르게 표현된 은유의 차이를 살펴보면 서로 다른 사회와 문화가 부패 문제를 어떻게 받아들이는가를 더 잘 알 수 있다.

동양의 부패: 바람을 경계하라

'바람을 피우다, 바람이 도지다, 바람이 잔뜩 들다, 바람을 잔뜩 불어넣다'와 같은 말에서 바람은 모두 좋지 못한 기운을 의미한다. 중국어에서 바람은 이미 오래 전부터 부패의 은유적 표현으로 사용되었다. 중국 상고시대의 정사를 담은 《서경書經》에 따르면 상왕조 시대의 관료들은 삼풍십건三風十愆, 즉 열 가지의 잘못된 행동과 비리를 불러일으키는 세 종류의 바람을 경계해야 한다고 했다. 그것은 음주와 가무에 빠지는 무속의 바람(巫風), 돈과 재물, 색과 사낭에 몰두하는 방탕한 바람(淫風), 그리고 성현의 말씀을 경시하고 충성과 정직을 거스르며 덕망 있는 사람을 멀리하고 악한 자를 가까이 하는 어지러운 바람(亂風)을 의미한다. 《서경》은 만약 임금이 이 중 하나라도 범하게 되면 나라가 망할 것이며, 신하들이 이를 바로잡지 못하면 이마나 팔뚝에 먹줄로 죄명을 새기는 묵형에 처해야 한다고 적고 있다. 또한 《시경詩經》에서는 "큰 바람이 일어나 탐욕스러운 자들이 선한 무리들을 패망시킨다(大風有隧, 貪人敗類)"며 부패를 바람에 비유했다.

중국어에서 바람 풍風은 '전부, 모두'를 뜻하는 무릇 범(凡)자 안에 벌레 충(蟲)자를 넣어 만들어진 말이다. 바람 풍은 크게 두 가지 의미로 분류할 수 있다. 옛날 중국의 자전은 "바람이 불어 벌레가 생기며 8일 동안의 바람으로 벌레는 깨어난다(風動蟲生, 蟲八日而化)"는 말로 바람을 설명했다. 즉, 첫 번째로 바람은 무엇인가를 새롭게 생겨나게 한다는 의미를 띤다. 《논어》에서 공자는 "군자가 선해지려고 한다면 백성들 역시 선해질 것이다. 군자의 덕은 바람이고 평민의 덕은 풀과 같다. 풀 위로 바람이 불면 풀은 반드시 눕게 마련이다."라고 했다. 여기서 바람은 지상 위에 있으며 지상의 운명을 좌우하는 외부의 것을 의미한다. 두 번째로 바람의 의미를 의학에서도 찾아볼 수 있다. 중의학 혹은 한의학에서 바람은 갑작스럽게 발생해 몸의 변화를 일으키는 조건들을 의미하며 대부분 몸의 상부나 피부 외곽에 생기는 왜곡된 증상들에 바람 풍을 붙여서 설명한다. 뇌혈관 문제로 갑자기 쓰러지거나 몸의 일부가 마비되는 현상, 즉 뇌졸중을 한의학에서는 '바람에 적중되었다'는 의미의 중풍中風이라는 단어로 설명한다. 바람의 두 가지 의미는 풍속風俗, 풍기風氣, 풍문風聞 그리고 중풍中風, 두풍頭風, 피풍皮風과 같은 단어들을 통해서도 이해할 수 있다.

부패를 바람 혹은 나쁜 바람에 비유하는 것의 저변에는 특정한 의미가 깔려 있다. 즉, 부패는 평민사회의 머리나 외곽에 해당하는 왕과 고위직과 같은 상층부에 존재하는 일이며 이들의 문제가 몸통에 해당하는 사회를 오염시키고 마비시킬 수 있다는 것이다. 앞서 언급한《서경》과《논어》에 등장하는 부패와 바람의 은유는 부패가 주로 왕이나 군자와 같은 상층부의 문제이며, 따라서 부패를 처벌하는 방식 또는 그들의 솔선수범을 통해 극복될 수 있다는 인식을 전제하고 있다.

서양의 부패: 암을 제거하라

제임스 울펀슨James Wolfensohn 전 세계은행 총재는 1996년 구조조정융자와 같은 서구의 저개발국에 대한 지원이 부패로 인해 충분히 효과를 거두지 못했다고 반성하면서 "부패는 암(cancer of corruption)"이라는 유명한 연설을 했다. 서양에서는 오래 전부터 사회가 부패하고 타락했다는 것을 표현하기 위해 질병의 은유를 사용해왔다. 영국에서는 이미 13세기 말 결핵을 소비와 낭비 풍조의 은유로 사용했으며, 영국 국교회 사제였던 매튜 서트클리프 Matthew Sutcliffe가 1590년대에 가톨릭을 비판하면서 부패를 암에 비유했다는 기록도 있다. 국교회 성직자 토마스 아담Thomas Adam은

1615년 교회의 부패를 암에 비유하며 "천박한 늑대"라고 일컬었는데 당시 서민들에게 늑대는 암의 은어로 통했다.

16세기 초 기록에 따르면 사람들은 암을 우울증으로 인해 신체 일부에 생겨난 종양이라고 생각했다. 당시에 암은 '종양, 덩어리, 혹은 몸에서 볼록하게 도드라진 돌기'로 정의되었는데 암을 의미하는 영어 cancer는 게를 의미하는 그리스어 karkinos와 라틴어 cancer에서 온 것으로, 부풀어 오른 암의 종양이 마치 게 다리처럼 보인다는 데서 유래했다.

20세기 중반 이후 암이 치명적인 질병의 대명사가 되기 전까지 그 자리를 차지했던 것은 결핵이다. 결핵의 영어 tuberculosis의 어원이 되는 tuber는 암과 마찬가지로 '부풀어 오른 것, 종양'을 의미한다. 실제로 병리학의 창시자인 루돌프 피르호 Rudolf Virchow는 19세기 중반 결핵을 암의 일종으로 생각했다. 즉, 암이라는 질병이 잘 알려지지 않고 생소했던 시절에도 서구사회는 부패를 몸의 일부에서 발생하는, 혹은 식별이 가능한 비정상적인 돌출부위처럼 생각했다. 과학에 의해 결핵은 폐와 같이 특정한 신체기관에 한정된 질병이고 암은 특정기관이 아니라 몸 전체로 퍼져 나갈 수 있는 질병이라는 것이 알려지면서 '부패는 암'이라는 은유가 더 밀접한 표현으로 사용되었다.

서양사회는 부정적인 사회현상을 이렇게 질병에 빗대어 표현했지만 반대로 질병을 부정적인 사회현상에 의한 것으로 사고하기도 했다. 흑사병과 콜레라 같은 전염병을 오염되고 타락한 공동체에 내려진 신이나 외부로부터의 형벌로 비유하곤 했는데, 예를 들어 비극《오이디푸스 왕》은 아버지를 살해하고 어머니를 범한 외부자가 테베시 안에 있기 때문에 신이 테베시 전체에 흑사병을 퍼뜨려 형벌을 내린 것이라고 묘사하고 있다. 역병에 대한 이런 사고와 은유는 실제 역병의 원인을 진단하는데도 동원되었다. 19세기경 영국 맨체스터 보건위원회의 위임을 받아 콜레라를 조사한 제임스 필립 케이James Phillips Kay는 콜레라 발병이 불결한 물리적 조건 외에도 비윤리적인 '도덕적 조건'을 갖고 있으며, 따라서 콜레라를 극복하기 위해서는 빈곤과 더불어 '부도덕성'을 제거해야 한다고 주장했다. 그는 깨끗했던 지역들까지 콜레라에 감염된 이유는 외부로부터 야만적이고 부주의하고 무책임한 아일랜드 노동계급이 대거 유입되었기 때문이라고 진단했다. 그의 이런 관점을 담은 책《맨체스터 목화공장에 고용된 노동계급의 도덕과 육체적 조건》은 "콜레라에 대해 지금까지 알려진 최고의 문헌이며 모든 세대의 사고에 영향을 미친 사회학 천재의 작품"이라는 칭송을 받으며 많은 이에게 읽히고 영향을 미쳤다. 이런 비과학적 분위기 속에서 근대 이전의 서양사회는 흑사병과 콜레라를 모두 동양이나 신대륙에서 유입된 질병으로 간주했다.

그러나 암, 또는 암과 같은 은유로 사용된 결핵은 역병과 같이 저주받은 공동체와 그 공동체에 귀속된 개인에게 내려진 형벌이 아니었다. 이는 신대륙과 같은 외부, 또는 이민자와 같은 외부자에 의해 유입된 것이 아니라 내부에서 발생한 것으로 여겨졌다. 즉, 암은 신의 처벌이 아니라 자신의 비리나 잘못에 의해 발생하는 것으로, 어떤 공동체 안에서 오염되거나 타락한 개별 구성자를 고립시키기 위한 상징적 은유로 쓰였다.

　요약하면 '부패는 암'이라는 서양의 은유는 부패는 외부가 아닌 내부, 상층이 아닌 하층, 집단이 아닌 개인, 그리고 과도한 욕망에 의해 생겨나는 문제점이라는 사고를 내포한다. 이런 사고는 부패를 '썩은 사과, 신체의 곪은 부위'로 묘사하는 데서 전형적으로 발견되는데, 많은 사과 가운데서 썩은 사과를 골라내고 환부를 도려내면 부패를 극복할 수 있다고 믿었다. 또한 중세 이후 서양사회는 왕을 머리(head)로, 국가나 국민을 정치체(body politic, 직역하면 몸 정치)로 표현했다. 여기서는 부패가 주로 머리가 아니라 정치체, 즉 그 아래의 몸에서 발생하며 머리가 잘 작동하거나 좋은 머리로 교체하면 몸은 다시 좋아질 것이라는 사고를 엿볼 수 있다.

　동양의 바람과 서양의 암은 단지 부패의 다른 은유적 표현일 뿐만 아니라 부패의 원인, 경로, 발생처, 대응방식 등에 대한 전체적인 차이를 보여준다.

3장   내로남불의 부패:
부패와 권력투쟁

부패를 쉽게 정의하기 힘든 세 번째 이유는 부패가 권력투쟁과 밀접한 관련이 있기 때문이다. 예나 지금이나 부패는 정치인들이 자신의 정적을 공격할 때 사용하는 가장 날카로운 무기 가운데 하나다. 부패는 사회적이고 문화적인 가치, 특히 공공선과 공익에 반하는 것으로 인식되기에 정치적 수단이자 권력의 도구로 빈번히 활용되어 왔다. 상대방이 부패했다고 공격하는 것만큼 정적을 괴롭히고 자신의 위신을 높이는 도구를 쉽게 찾기는 힘들다. 따라서 누군가 상대방에 대해 부패하다고 비판할 때, 상대방이 실제로 부패한 것인지 아니면 무고한 상대방을 공격해 자신의 이익을 취하려는 행위인지를 엄밀히 구분하기란 쉽지 않다.

역사적으로 거대한 부패 사건들은 과중한 과세나 급진적 개혁, 정치적 혼란이 있는 시기에 발생하곤 한다. 이런 역사적인 부패의 시대들은 실제로 부패가 일어났을 수도 있지만 다른 한편으로는 부패의 실존과 무관하게 이를 무기로 삼는 정쟁의 시대였다고도 읽을 수 있다.

스키피오 대 카토:
귀족적 그리스와 공화적 로마의 대립

한니발이 이끄는 카르타고의 군대를 2차 포에니 전쟁에서 격파하고 로마를 위기에서 구해낸 스키피오 아프리카누스 Scipio Africanus와 대 카토 Cato Major 간의 갈등은 부패와 권력투쟁의 관계를 잘 보여주는 사례다. 스키피오와 카토는 출신과 삶, 정치적 입장에 이르기까지 모든 면에서 매우 달랐다. 스키피오는 카르타고에 대해 관대한 조치를 선호한 반면 카토는 완전한 진압을 원했고, 스키피오는 전쟁으로 생긴 전리품으로 많은 유흥을 베풀었지만 카토는 전리품을 그런 용도나 개인적 목적으로 쓴 적이 없다. 그리고 스키피오와 카토는 각각 로마가 칭송했던 전투와 도덕이라는 두 가치를 대변하는 인물이었다. 스키피오는 귀족 출신으로 그리스 문화를 숭상하고 사치스러운 생활을 즐긴 반면, 카토는 평민 출신으로 로마의 소박했던 문화가 그리스 문화에 잠식되는 것을 경계했다.

카토는 노예들과 함께 밭을 매고 똑같은 빵을 먹으며 수수한 옷차림으로 작은 오두막집에 살았던 엄격한 금욕주의자였다. 로마의 최고 권력자인 집정관 자리에 취임한 이후 여성의 사치를 금지하는 오피우스법 Lex Oppia의 폐지를 반대해 여성들로부터 격렬한 항의를 받았고, 스키피오의 재무관으로 일할 당시에는 스키피오가 공금을 문화행사와 그리스식 체육행사에 낭비한다는 보고서를 제출해 큰 미움을 사기도 했다. 카토는 또한 소수 귀족의 권력 독점이 공화정을 붕괴시켜 왕정으로 이어질 수 있다는 두려움을 느끼고 있었다. 기원전 184년에 감찰관으로 임명되어 기원전 149년 세상을 떠나기까지 수많은 귀족들을 기소했으며, 그로 인해 자신도 무려 44회 이상 피소되기도 했다.

스키피오는 기원전 3세기 말 카르타고와의 전쟁을 승리로 이끌고 로마로 돌아왔다. 그의 승리는 정적인 카토의 경계심을 불러 일으켰다. 카토는 스키피오가 파벌을 구축해 원로원을 장악할 것을 우려했고, 기원전 187년 두 명의 호민관을 부추겨 스키피오의 동생 루키우스 스키피오Lucius Scipio를 뇌물수수 혐의로 기소함으로써 다시금 그의 분노를 샀다. 로마 장군인 루키우스는 시리아의 왕 안티오크 3세가 이끄는 군대를 격파하고 전쟁을 승리로 이끌었다. 그러나 호민관들은 시리아로부터 배상금을 받아내는 과정에서 일부 자금이 석연치 않게 사라진 것을 발견하고 그가 이 자금을 빼돌렸다고 주장했다. 당시 원로원 수장이었던 스키피오는 연설을 통해 동생을 방어했다. 격분한 그는 동생에게서 받은 전비 기록을 원로원 의원들 앞에서 찢어 던지며 어떻게 배상금으로 1만5000 달란트(1달란트는 금 32.3㎏)를 받은 것에는 관심이 없고 3000달란트를 사용한 것에만 관심을 갖느냐고 꾸짖었다.

하지만 2년 후 스키피오 자신도 안티오크 3세로부터 뇌물을 받았다는 혐의로 고발당하고 만다. 그런데 고발 당일이 하필 포에니 전쟁에서 그의 결정적 승리를 기리는 전승기념일이어서 그의 명예는 결정적으로 곤두박질친다. 정치적으로 궁지에 몰린 스키피오는 유죄판결을 받을 위기에 처하지만 당시 호민관이었던 그

라쿠스 형제의 아버지인 대 그라쿠스가 로마를 구한 그의 공적을 고려해 고발을 취하해줄 것을 요청한 덕분에 간신히 풀려날 수 있었다.

스키피오에 대한 부패 혐의는 지중해 패권을 놓고 로마와 카르타고가 겨루던 전환의 시점에 발생했으며, 그와 카토의 대립은 그리스와 로마의 문화, 생활양식 그리고 공화정에 대한 입장 차이를 반영한 정치투쟁의 산물이었다고 볼 수 있다.

베이컨 대 코크: 왕정 대 의회정의 대립

권리장전과 미국의 헌법에 지대한 영향을 미친 영국의 법률가이자 정치인 에드워크 코크Edward Coke와 철학자이자 법률가인 프랜시스 베이컨 사이의 오랜 갈등은 부패와 원한 그리고 권력투쟁이 어떻게 서로 얽혀 있는가를 잘 보여준다. 에드워드 코크는 "국왕은 당연히 신이라 불려야 한다"는 왕권신수설의 신봉자 제임스 1세에 맞서 국왕도 법의 지배 아래 있다고 주장하고 권리청원을 작성해 법치의 전통을 확립한 인물이다. 그와 베이컨은 30년 가까이 갈등과 원한으로 뒤엉킨 라이벌 관계였다. 1594년 베이컨은 공석인 검찰총장 자리를 놓고 코크와 경합했지만 그 자리를 코크에게 빼앗기고 만다. 이로 인해 코크에게 원한이 깊었던 베이컨은 권력에 좀 더 가까이 다가가기 위해 몇 년 뒤 엘리자베스 여왕의 깊은 총애를 받고 있던 장관 세실Cecil 경의 조카딸 엘리자베스 해톤 Elizabeth Hatton에게 접근해 구애를 하지만 해톤은 그를 거절하고 대신 코크의 두 번째 부인이 되는 길을 선택한다.

코크와 베이컨은 무엇보다도 서로 대립하는 정치적 입장의 지지자였다. 베이컨은 마키아벨리《군주론》의 찬양자로 "왕은 법에 구속받지 않으며(princeps legibus solutus) 왕이 곧 법(Rex est lex)"이라는, 법치에 대한 왕권의 우위를 지지했다. 반면 코크는 왕정을 반대하지는 않았지만 왕권이 법 위에 군림해서는 안 된다는 법치 우위의 신념을 품고 있었다. 그는 귀족의 권리를 보호하고 왕의 권력을 제한하기 위해 만들어진 마그나 카르타Magna Carta, 즉 대헌장이 실제로는 귀족의 인신보호와 자유를 위한 것이 아니라 모든 시민의 인권과 자유를 위한 것이라는 최초의 해석을 내놓은 사람이기도 했다.

코크와 베이컨의 갈등은 1616년에 본격적으로 불거진다. 국왕 제임스가 코벤트리 주교에게 성직록◉을 제공했는데 이 성직록의 자산에 대해 소유권을 주장하는 사람들이 있었다. 코크는 분쟁이 있는 사건에 왕이 개입하는 것은 법 실현을 지연시키는 위법행위라고 규탄했다. 그러자 왕은 그것이 왕의 특권에 대한 중대한 도전이라며 법관들을 겁박했다. 법관들은 무릎을 꿇고 용서를 빌었지만 코크는 판사가 응당 해야 할 일을 한 것뿐이라며 왕에게 대항했다. 그러자 국왕은 베이컨을 대법관에 임명한 후 코크에게 1만 2000파운드(지금 가치로는 약 100억 원)의 공금횡령 혐의를 씌워 파

───────

교회가 성직자에게 주는 일종의 직봉으로,
그 수입원은 금품과 같은 동산과 토지와 같은 부동산을 모두 포함한다.

면시킨다.

코크 역시 그대로 당하고 있지만은 않았다. 베이컨은 1618년 대법관에 취임하면서 "법은 신성한 것"이며 자신은 그 윤리적 가치를 굳건히 지키겠다고 선언했다. 하지만 그로부터 3년 후인 1621년 그도 하원의원이 된 코크에 의해 뇌물수수죄로 고발당한다. 코크는 하원과 상원을 움직여 베이컨을 조사하게 했고 그 결과 베이컨은 약 21건의 뇌물사건에 관여한 것으로 드러났다. 당시 조사에 따르면 베이컨은 매년 급여의 열 배가 넘는 약 2만5000파운드의 뇌물을 받았다. 그는 자신의 하인이 보는 앞에서 금품을 수수했고 상원 청문회에 참석한 증인 대부분이 그에게 뇌물을 제공했다고 증언했다. 처음에 그는 대부분의 사건과 관련해 금품을 받은 것은 인정했지만 그것이 자신이 내린 판결들에는 어떤 영향도 미치지 않았다고 주장했다. 하지만 뇌물로 인해 부당한 판결을 내렸다는 증거들이 명백해지자 베이컨은 다시 이 모든 것이 관행이라며 혐의 자체를 부인했다. 코크는 뇌물을 받은 판사가 처형당한 사례들을 열거하며 베이컨을 엄벌에 처할 것을 주장했다. 마침내 증거와 압력 앞에 굴복한 베이컨은 21건의 기소사건 중 28개의 뇌물수수 혐의에 대해 "명백히 그리고 솔직히 제가 부패와 관련해 유죄임을 인정"한다며 왕에게 자비를 호소했다. 4만 파운드의 벌금과 함께 감옥에 수감된 베이컨은 왕의 선처로 5일 뒤에 풀려났지만 다시는 공직에 취임할 수 없었다.

볼링브로크 대 월폴: 농촌이념과 궁정이념의 대립

입장과 가치의 차이를 둘러싼 권력투쟁이 부패 이슈를 쟁점으로 더 극명하게 드러났던 역사를 우리는 18세기 전반기 영국정치에서도 발견할 수 있다.

정당 간의 이념경쟁과 집권당에 대한 야당의 비판을 실질적으로 현대정치에 정착시킨 인물인 토리당의 볼링브로크Bolingbroke는 영국의 실질적인 초대 수상으로 불리며 내각책임제를 정착시킨 휘그당의 로버트 월폴Robert Walpole을 거칠게 공격하곤 했다. 볼링브로크는 월폴이 거대한 뇌물체제의 배후조종자로서 투표를 매수하고 각종 특혜와 선심, 특권을 무차별적으로 살포했으며 공공자금을 탕진해 의회의 독립성을 파괴한 부패 정치인이라고 규탄했다. 실제로 월폴은 1712년 군수물자 계약 과정에서 지인의 1000파운드 공금 착복을 방조한 혐의로 기소되어 상하원에서 탄핵당하고 6개월 동안 런던탑에 감금되었다. 월폴과 그의 당은 이를 터무니없는 모함이라고 주장했지만 볼링브로크의 집요한 비판으로부터 자유로울 수 없었다. 월폴은 훗날 '남해의 포말'로 알려진 세계적인 버블사건의 당사자인 남해주식회사와 관련해서도 매우 의심스러운 행태를 보였다.

볼링브로크와 월폴의 충돌은 토리당의 농촌이념(Country Ideology)과 휘그당의 궁정이념(Court Ideology)이 부패에 대해 서로 다른 이해를 가지고 상호 대립했던 상황을 배경으로 한다. 왕정을 지지해온 토리당은 아이러니하게도 후원자제도와 공적자금을 이용해 의회, 즉 입법부를 매수하려 한 왕과 휘그당을 부패한 집단으로 보았다. 농촌이념에 입각한 토리당은 왕과 후원자들의 지원이 필요 없는 독립적 자산가인 농촌지주나 토지소유권자들이야말로 진정한 민중이며 영국의 도덕적 가치를 대변할 수 있는 계층이라고 주장했다. 토리당은 공공부채를 늘릴 수 있는 상비군과 연금, 기업에 대한 공적자금 투입이 왕의 권한을 강화하고 의회를 예속적으로 만든다고 판단했으며, 토지나 부동산 수입이 아닌 무역과 상업, 주식과 같은 금융활동을 통해 이윤을 거두는 것에는 적대적이었다. 반면에 궁정이념을 표방한 휘그당은 개인의 만족과 이익 추구를 중시했고 이런 개인들의 욕구를 다스릴 수 있는 강력한 행정부를 원했다. 또한 무역과 상업 그리고 금융활동을 옹호하며 당시 막 꽃피기 시작한 상인과 신흥 부르주아들의 이념을 대표했다.

계몽으로서의 반부패와 제국주의

스키피오와 카토의 충돌, 코크와 베이컨의 대립, 월폴과 볼링브로크의 갈등은 부패 문제를 통해 드러났지만 우리는 그것이 과연 스키피오와 코크, 월폴이 부패했기 때문에 발생한 것인지, 아니면 더 큰 배경과 목적이 이면에 도사리고 있었는지를 정확히 알 수 없다. 표면적으로만 보면 사람들은 자신을 합리화하고 정적들을 공격하기 위해 부패를 이용한다.

프랑스 대혁명 당시 자코뱅주의자들은 혁명의 정당성을 설파하기 위해 구체제의 부패를 집중적으로 성토했다. 그들은 구체제가 도덕적으로 타락했을 뿐 아니라 매관매직이 판을 쳐 그것을 청산하기 위해서는 혁명이 불가피하다고 설파했다. 실제로 부자들의 재산을 몰수해 빈곤층에 분배하는 방토즈 법령Ventose Decrees의 제정을 주도했던 급진 자코뱅주의자 생쥐스트는 왕정이야말로 부패의 온상이고 공화정이야말로 도덕과 법의 부패를 막을 수 있는 유력한 제도라고 주장하며 궁정세력들을 단두대에 세워 처형하는 것을 정당화했다. 또한 영국으로부터의 독립을 추구했던 미국 독립주의자들은 자신들의 운동을 정당화하기 위해 영국 왕실과 의회를 모두 도덕적으로 타락한 부패집단으로 몰아세웠으며, 자신들의 운동이 부패한 정권으로부터 미국을 구하는 도덕적인 길이라고 묘사했다. 이 식민지 시대의 논리가 그대로 이어져 미국 연방정부를 반대한 반연방주의자들은 그들의 연방이 영국의 낡은 부패를 수입해 미국사회를 타락시킬 것이라고 외쳤다.

한편 영국은 제국주의의 급속한 팽창을 합리화하기 위해 식민지 원주민을 부패한 집단으로 간주함으로써 '식민지화'가 곧 문명화를 위한 신성한 백인들의 의무이며 반부패투쟁이라고 의미를 설정했다. 인도 총독을 역임하며 재임시절 인도에 영국식 개혁을 도입했던 찰스 콘월리스Charles Cornwallis는 "나는 단언컨대 모든 힌두인은 매우 부패하다고 믿는다"며 오히려 원주민들이 영국문화를 오염시킬 것을 경계했다. 18세기경 영어로 정착된 '대부호 혹은 벼락부자'를 뜻하는 네이밥nabob은 아시아에서 부정한 방법으로 일확천금을 벌어 영국에서 떵떵거리며 살던 졸부들을 비꼬는 단어였으며, 실은 인도 무굴제국의 지방수령을 뜻하는 나왑nawab

에서 유래한 말이다. 당시 영국 언론과 정치인들은 인도관리 나왑들로부터 뇌물을 받아 부자가 된 네이밥들이 '아시아 부패(Asiatic corruption)'를 수입해 영국사회를 타락시킨다고 비난했다. 당시에 아시아 부패라는 말은 그들의 봉건체제와 결부된 '낡은 부패'와 거의 동의어로 쓰였다. 실제로 영국의 저명한 정치인이자 철학자인 에드먼드 버크Edmund Burke는 네이밥들이 몰락한 젠트리의 땅을 사들이거나 귀족들과 결혼해 의회로 진출할 수 있는 길을 닦음으로써 영국 정치를 오염시키지는 않을까 두려워하기도 했다.

부패에 대한 이런 제국주의적 관점은 매우 뿌리가 깊고 근본적이다. 공적인 것과 사적인 것의 분리를 강조하는 근대적 부패의 정의는 제국주의 어법과 많이 닮아 있다. 제국주의의 본국은 대부분 공적이고 도덕적이고 이성적이고 합리적이고 청렴한 이미지로, 식민지들은 대부분 사적이고 타락했고 감정적이고 비합리적이고 부패한 이미지로 묘사되곤 했다. 이런 사고가 제국주의 시대를 넘어 지금까지도 많은 사람의 의식을 지배하고 있다. 《정치적 부패와 정치적 지리》의 저자 피터 페리는 "제3세계의 부패는 잘 감추어져 있으며" 이들 나라의 부패가 "토착적이며, 유럽인들과 접촉하거나 식민화되기 훨씬 이전에 이미 토착화된 것"임을 강조한다. 그와 반대로 서구의 언론이나 학자, 정치인들은 정작 서구사회의 부패에 대해서는 비교적 관대하다. 심지어 정재계에 거대부패가 발생해도 이를 체제의 문제점으로 보기보다는 일종의 우발적 '스캔들'로 보고 이 스캔들을 드러내는 체제건강성을 강조하곤 한다. 이들은 정재계 스캔들이 보도될 때마다 그것이 자국의 부패를 드러내는 것이 아니라 부패를 공공, 즉 세상에 널리 알리는 건강성을 보여주는 것이며 법치가 지배하고 있음을 보여주는 사례라고 강조하는 것을 잊지 않는다. 물론 이런 강조 뒤에는 부패를 사적 영역에 감추어놓고 드러내지 못하는 비서구국가들의 부패가 더 심각하다는 암묵적인 전제가 숨어 있다.

그들의 발언에 일말의 진실이 없지는 않지만 '서구=공적, 비서구=사적'이라는 제국주의적 이분법이 여전히 부패 문제를 대하는 많은 사람의 인식을 지배하고 있음을 우리는 알 필요가 있다. 이런 이분법은 '서구는 선진적이고 깨끗하며, 비서구는 후진적이고 부패하다'는 증명되지 않은 신념으로 미국과 유럽 등 서구국가들 속에 아주 뿌리 깊게 자리 잡혀 있다. 《문명의 충돌》로 유명한 정치학자 새뮤얼 헌팅턴은 비서구국가들의 군부와 정부가 "부패를 단죄할 때 비로소 그들 사회의 후진성을 단죄할 수 있다"며 부패를 비서구국가의 후진성과 등치시켰다.

부패는 단독으로 나타나기도 하지만 앞서 보았던 것처럼 권력투쟁과 시대적 가치관, 입장의 차이를 드러내는 수단으로 활용되기도 한다. 또한 부패는 식민지 정복과 수탈을 합리화하거나 오히려 그것을 숭고한 임무로 포장하기 위한 수단으로 이용되기도 했다. 따라서 역사적으로 드러난 부패 사건들을 판단할 때 우리는 먼저 그 배경과 맥락에 주의를 기울일 필요가 있다.

4장   부패와
        반부패

앞서도 설명했지만 부패는 '함께'와 '파괴하다'가 합쳐진 단어
로 파괴, 타락, 오염, 탈선 등의 의미를 담고 있다. 즉, 하나의 행위
혹은 물건, 조직, 사회가 오염되고 더럽혀져서 정상적인 상태에서
벗어난 것이 부패다. 어떤 식재료가 더럽혀졌거나 음식이 상했을
때 우리는 '부패했다'고 표현한다. 이 경우에 부패는 말 그대로 오
염을 의미한다.

하지만 우리가 어떤 물건을 더럽다고 생각할 때 반드시 그 물
건이 오염된 것이 아닐 때도 있다. 가령 누군가 슬리퍼를 사려고
쇼핑카트에 넣고 다니다가 마음이 변해 근처 속옷 진열대 위에 올
려두고 가버렸다면, 새 쓰레기통이 침대 위에 던져져 있다면, 물건
자체가 오염되지 않았어도 우리는 그 상황을 지저분한 것으로 취
급한다. 즉, 어떤 물건이 제자리에 있지 않고 다른 곳으로 분류될
경우에도 우리는 부패의 '현상'을 보게 된다. 개인적 이익이 공적
이익의 자리에 분류되어 있는 경우가 대표적이다. 공직자 신분으
로 취득한 정보로 부동산 투기를 하거나, 공권력을 동원해 자신에

대한 수사를 방해하는 경우들이 바로 이런 '분류의 오류'로 발생한 부패다. 이런 부패들은 오염보다는 탈선의 의미가 강하다.

오염과 탈선, 즉 물건이나 행위 자체의 부패와 잘못된 분류에 의한 부패는 둘 다 파괴와 타락을 가져온다. 부패는 말 그대로 타락과 같은 가치의 훼손, 도덕적 오염의 측면을 포함하며 이 경우에 공적인 것과 사적인 것의 관계가 엄밀하게 분리되지 못한다. 하지만 공적인 것과 사적인 것을 잘못 분류함으로써 발생하는 부패는 공사의 엄격한 분리를 기본 전제로 한다. 전자가 공화주의적 가치관이 지배했던 고대사회의 부패 개념에 가깝다면 후자는 개인주의적 가치관이 성행한 현대의 부패 개념에 가깝다.

이처럼 부패는 문화, 시대, 상황에 따라 다르게 이해되고 정의됨에도 공통의 현상을 보여주는데, 그 하나는 공적인 이익과 공유된 가치를 훼손하고 약화시키는 현상이고 다른 하나는 도덕적 타락과 개인 또는 집단의 이익을 추구하는 현상이다. 따라서 부패는 단지 현대에 널리 퍼져 있는 개념인 '공적인 임무에 종사하는 사람들이 사적인 이익을 추구한 비리'만으로 좁게 이해되어서는 안 된다. 그것은 국가와 기업 그리고 국제기구와 일반조직에서의 공적 권력과 이익 및 가치를 훼손하는 도덕적 타락과 일탈을 포함해 개인적, 집단적 이익을 추구한 모든 행위를 아울러야 한다. 닉슨처럼 개인적인 이익을 추구하지는 않았으나 공인으로서 공권력을 남용하고 공적인 가치를 파괴한 행위는 물론이거니와 사기업이 입찰 담합과 주가조작, 회계부정으로 사회에 막대한 피해를 안기는 행위 또한 부패의 범주에 포함시킬 수 있다.

이에 기초해서 보면 부패는 단지 법을 위반하는 일뿐만 아니라 도덕적 가치를 훼손하는 행위 일체를 아우른다. 이런 모든 부패행위를 완벽하게 법적으로 대응하는 것은 불가능하다. 예컨대 뇌물, 횡령, 강탈, 선거매표, 회계조작, 입찰담합과 같은 범죄는 명백히 법으로 처벌이 가능하지만 친인척의 뒤를 봐주는 후원자제도나 정실주의, 지대 추구와 같은 행위들은 부패한 행위임에도 명백한 범법 사실이 드러나지 않는 한 법으로 처벌하기가 쉽지 않다. 따라서 이런 경우 법적인 접근보다는 나쁜 관행을 뿌리 뽑고 새로운 도덕과 문화를 정착시키기 위한 정책개발과 실천이 훨씬 더 효과적일 수 있다.

앞서 살펴보았듯이 근대 이후 공적인 것은 단지 국가 혹은 정부만이 아니라 여론의 문제, 혹은 주권을 실질적으로 가지고 있는 국민의 문제로 확대되었다. 즉, 정부를 지탱할 수 있게 세금을 내는 납세자, 나라를 지키는 국방의 실질적 담당자, 그리고 선거로 대표자를 선출하는 국민들의 이해와 이익이 모두 공적인 성격을 띤다. 이 모든 관계망에서 벌어지는 부패행위를 전부 법으로 처벌할 수는 없기 때문에 시민들의 도덕적 판단과 여론의 비판을 통한 견제가 중요해진 측면이 있다. 그러므로 부패에 대한 사회적 인내를 낮추고 부패행위를 쉽게 용납하지 않는 지속가능한 환경을 만드는 것은 반부패 제도를 만드는 것만큼이나, 아니 그 이상으로 중요하다.

반부패 활동은 부패한 개인을 처벌하고 공직자의 청렴성을 높이는 일로 한정될 수 없다. 개별 공직자의 청렴성을 높이는 것은 물론 관련법 제정 및 제도를 개선하고, 부패가 쉽게 발생할 수 없는 사회적·문화적 환경을 조성하고, 새로운 반부패 토양과 문화를 만들어가야 한다. 부패행위에 대한 조치 역시 처벌과 개선에 그치거나 오래된 관행을 뿌리 뽑는 데만 머물지 않고 사회적으로 폭넓게 반부패 문화를 형성하고 그것을 정착시키는 일까지 포함해야 한다. 무엇이 잘못되었는지, 그로 인한 피해가 무엇인지, 왜 그런 문제가 발생했는지, 어떻게 그런 문제를 예방할 수 있는지를 사람들이 널리 공유하면 할수록 같은 문제가 덜 발생하거나 설령 발생한다 해도 대처하기가 훨씬 용이해질 것이기 때문이다.

부패는 매우 질긴 생명력을 가지고 있다. 18세기 영국에서 부패는 때때로 히드라에 비유되었다. 계속해서 목을 쳐도 다시 새로운 목이 자라나는 고대 그리스신화의 괴물처럼 부패는 아무리 처벌해도 사라지지 않는다는 뜻이다. 한편 미국정부의 불법적이고 무차별적인 사생활 침해와 정보 감시를 폭로했던 내부고발자 에드워드 스노든은 반부패를 위한 노력 역시 히드라와 같다고 말했다. 즉, 진실을 말하는 한 명의 내부고발자를 처벌한다 해도 진실을 이야기하는 또 다른 사람들이 도처에서 출현할 수밖에 없다는 것이다. 부패의 역사만큼 반부패의 역사도 오래되었고 부패의 질긴 생명력만큼이나 반부패 노력도 끈질기게 이어져 오고 있다.

2부

자유
민주주의
법치
그리고 반부패

고대사회의 부패는 현대의 부패와 많은 차이가 있다. 군주 혹은 귀족을 중심으로 한 통치체제 하에서 빈번한 전쟁, 과중한 세금, 권력자의 횡포는 백성을 노예로 전락시켰으며 때때로 사회적 파탄을 불러일으켰다. 시민들의 자발적인 참여와 권력 간의 견제와 균형이 작동하지 않는 고대사회에서 전형적인 부패는 군주와 귀족들의 권력 남용과 자의적인 권력 행사였고, 반부패는 이를 억제해 백성의 삶을 안정시키기 위한 핵심 조치였다.

이 부에서는 동서양 세 인물의 개혁 정책과 그들이 직면했던 반부패 문제들을 살펴볼 것이다. 세 사람 모두 새로운 제도를 만들었다는 측면에서 입법가라 불릴 수 있으며 이들의 개혁 역시 부패한 과거 유산의 청산을 목표로 했다는 점에서 반부패 개혁으로 불릴 수 있다.

우선 인류 최초의 사회개혁가라 불릴 만한 수메르의 왕 우루카기나의 개혁을 살펴본다. 기원전 약 25~24세기경 그가 단행한 개혁을 집약적으로 표현할 수 있는 단어는 '자유'다. 이는 속박과 예속으로부터의 자유이며 약자를 강자로부터 보호한다는 점에서 정의와 밀접하게 관련돼 있다. 노예가 해방되고 채무가 탕감되고 잃어버린 것을 되찾고 토지에 휴식을 주는 성경의 희년은 우루카기나의 개혁에서 그 선구를 발견할 수 있다.

두 번째로는 고대 아테네 민주주의의 선구자라 불리는 솔론의 개혁을 검토한다. 솔론은 귀족의 횡포가 만연해 민중과 격렬한 충돌을 일으키던 혼돈의 시대에 등장했다. 솔론의 개혁은 시민의 권한을 강화하고 그들의 정치 참여를 확대하는 것이었으며, 그의 이런 민주적 개혁은 다양한 시민 참여와 반부패 제도로 발전했다.

마지막으로 고대 전국시대의 정치가 상앙의 개혁을 살펴본다. 상앙은 법치를 현실정치 속에서 실천한 인물이다. 그는 법을 국가통치의 기본원리로 내세우며 공정하고 투명한 법 적용을 통해 당시 전국시대의 후진국이던 진나라를 선진국으로 올려놓는 기틀을 마련했다.

1장　자유와 반부패: 우루카기나의 개혁

역사가 에드워드 기번은 《로마제국 쇠망사》에서 부패는 자유가 병들었을 때 나타나는 가장 확실한 증상이라고 했다. 또한 18세기 영국의 저명한 정치인이자 철학자인 에드먼드 버크는 부패한 사회에서 자유는 생존할 수 없다고 역설했다. 즉, 부패와 자유는 반비례 관계에 있기 때문에 부패가 증가하면 자유는 줄어들고 반대로 자유가 증가하면 부패는 감소한다고 사람들은 생각해왔다. 예를 들어 뇌물을 제공한 자는 받은 자의 자유로운 판단과 선택을 구속하며, 뇌물을 받은 자의 부정한 결정은 또 다른 사람들의 자유와 권리를 이유 없이 침해하게 된다. 부패와 자유의 관계에 대한 최초의 역사적 기록은 문명의 발상지인 고대 메소포타미아 지역에서 발견된 유물을 통해 세상에 알려지게 되었다.

수메르, 인류 최초의 문명

부패는 얼마나 오래된 것일까? 네덜란드의 한 고고학 팀은

1997년 시리아 라카Rakka 지역에서 2층 건물 규모의 아시리아 유적을 발굴하고 기쁨을 감추지 못했다. 발굴 팀을 특히 흥분케 한 것은 기원전 13세기 것으로 추정되는 150개의 점토판이었다. 점토판에는 아시리아 왕자를 비롯한 정부 고위관료들이 뇌물을 받았다는 기록이 새겨져 있었다. 기원전 14세기 무렵 이미 이집트 지방관료들이 뇌물로 빵을 받았다는 기록이 있긴 했지만 이처럼 왕자를 비롯한 정부 고위관료들이 뇌물을 받았다는 기록은 수많은 학자들의 관심을 불러일으키기에 충분했다. 이 기록은 인류문명이 얼마나 오래전부터 부패를 저질러오고 있었는지를 알리는 진귀한 뉴스거리로 다양한 매체를 타고 전 세계로 퍼져나갔다.

하지만 사람들은 이미 100여 년 전인 1800년대 말, 프랑스의 고고학 팀이 바그다드 동남쪽에 위치한 나시리야 지역에서 발굴한 점토판을 잊고 있었다. 기원전 24세기의 이 점토판에는 부패한 정부를 몰아낸 개혁가 우루카기나Urukagina에 대한 기록이 담겨 있다. 인간이 얼마나 오래전부터 부패를 저질러왔는지를 개탄하는 사람들에게 우루카기나의 점토판은 인간이 얼마나 오래 전부터 부패에 맞서왔는지를 이야기한다. 그러니 부패와 관련한 인류문명의 첫 기록은 부패를 저지른 것에 대한 기록이 아닌 부패와 맞서 싸운 것에 대한 기록인 것이다.

문명은 무엇일까? 어떤 조건을 갖춰야 문명이라고 할 수 있는지에 대해 사람들은 아직 여러 가지 다른 의견을 갖고 있다. 하지만 보통은 도시가 생기고 정부와 같은 복잡한 사회조직이 등장하고 분업이 발달하고 문자가 사용된 사회를 문명이라 한다. 인류 첫 문명은 메소포타미아 남부에 살고 있던 수메르인들이 이룩했다. 수메르 문명이 본격적으로 형성된 시기는 우바이드 말기에서부터 우루크기까지 기원전 36세기경으로 추정된다. 스스로를 '검은 머리의 사람'⊙이라 불렀던 수메르인들이 개발한 청동기는 전쟁과 같은 군사활동에 사용되었다. 그들이 발명한 바퀴는 물자운반과 교역량에 혁명적인 영향을 미쳤고, 티그리스와 유프라테스 강을 오르내리기 위한 선박건조 기술에 의해 원거리 여행과 무역이 가능해졌다.

이런 발명 못지않은 기술혁신이 농업에서도 발휘되었다. 수메르인들이 정착한 메소포타미아 남부지역은 비교적 가벼운 노력만으로도 풍성한 수확을 할 수 있는 북부지역과 달리 일 년 내내 가뭄과 홍수에 시달리는 곳이었다. 이 지역의 유일한 장점은 비옥한 땅이지만 가뭄과 홍수가 반복되는 통에 그 땅에 정착해 농사를 짓는 것은 불가능해 보였다. 하지만 수메르인들은 농사짓기 편한 땅을 찾아서 떠나는 대신, 멀리서부터 물을 끌어다 가뭄으로 말라붙은 땅에 대기로 한다. 수로를 건설해 강과 물을 정복하는 일은 절대 쉽지 않았다. 수메르인들이 형성한 주요 도시 중 하나였던 우루크의 왕 길가메시Gilgamesh에 관한 인류 최초의 서사시는 당시 이들이 겪었던 물로 인한 재앙을 홍수 설화로 자세히 기록하고 있다.

수메르 신화에 등장하는 우트나피쉬팀Utnapishtim은 인간을 사랑

⊙ 수메르란 명칭은 메소포타미아 북부 아카드어에서 유래했다. 수메르인들은 스스로를 상기가(Sang-ngiga), 즉 '검은 머리 사람'이라고 불렀고 자신들의 땅을 켄기르(Kengir), '문명화된 왕들의 땅'이라 불렀다. 성서에서 시날(Shinar)이라 불리는 지역이 바로 수메르다.

하는 지혜의 신 에아^{Ea}로부터 신들이 거대한 홍수를 일으켜 세상을 파괴하려고 하니 가족과 친구, 재산 그리고 세상의 모든 동물을 실을 수 있는 배를 지으라는 계시를 받고 큰 배를 만든다. 신들은 엿새 동안 거대한 홍수를 일으켜 세상을 파멸시켰다. 우트나피쉬팀은 물속에 잠겨 있던 육지가 세상에 드러나자 가족과 친구, 동물들을 이끌고 세상 밖으로 나온다. 성경에 나오는 노아의 방주 이야기와 비슷한 이 신화는 끝없이 반복되는 가뭄과 홍수의 재앙을 딛고 최초의 문명을 건설한 수메르인의 자부심을 담고 있다.

청동기 제조와 군사활동, 바퀴 발명과 교역 활성화, 선박기술 발달을 통한 교류 확대, 농업 발전과 생산물자 확대는 상거래와 물자교역을 활성화시켰고 곧 문자 발명으로 이어졌다. 수메르에서 첫 문자는 기원전 32세기경부터 사용되었는데 그 용도는 신에 대한 경배와 찬양을 기록하기 위함이 아닌 상거래를 위한 것이었다. 수메르의 쐐기문자는 농민들이 물물교환 과정에서 물건의 수량과 종류, 창고물품의 정확한 입출을 기록하고 원거리 소통을 할 수 있게 하며 점차 표의문자에서 표음문자로 변화했다. 문자는 정보를 기록하고 보존하는 수단으로 원거리 통신과 교역을 가능케 할 뿐만 아니라 지식 전파, 그리고 무엇보다 관료제도의 형성에 중요한 역할을 했다. 쐐기문자는 배우기가 쉽지 않아서 지배자들도 특수하고 전문적인 교육을 받지 않으면 습득할 수 없었고, 이를 가르쳐 필경사筆耕士를 양성하는 교육기관이 존재했을 정도다. 쐐기문자를 읽고 쓸 수 있는 사람은 대략 전체 인구의 2~10%였을 것으로 짐작된다. 그러니 상거래에서부터 신전 관리에 이르기까지 모든 부문의 기록을 담당한 필경사들은 도시국가의 관료제를 지탱하는 중요한 원천 가운데 하나였다. 이런 기술과 문자의 발전이 메소포타미아 지역에서의 도시 건설과 이를 중심으로 한 원시국가형 통치체제 수립을 촉진했다.

원시 민주주의에서 왕정으로

길가메시의 고향이자 아마도 오늘날 이라크라는 명칭의 어원이 되었을 것으로 추측되는 우루크는 당시 수메르인들이 건설한 도시국가의 모습이 어떠했는지를 보여준다. 기원전 40세기에서 33세기까지 우루크의 규모는 약 40헥타르였지만 기원전 30세기경 200헥타르 정도로 커졌고 기원전 25세기경에는 약 400헥타르로 확장되었다. 우루크에는 빵을 만드는 사람, 농산물을 보관하기 위한 도기를 만드는 사람, 양털 직물을 만드는 사람 등 다양한 직업을 가진 사람들이 있었으며 주민 수도 2만 명이 넘었다. 도시 주변을 길이 5킬로미터에 이르는 성벽이 둘러싸고 있었는데 이는 수메르 도시의 일반적인 특징 중 하나였다. 성벽은 주변의 빈번한 침입으로부터 도시를 방어하기 위한 것이지만 도시의 위용을 보여주는 상징이기도 했다. 우루크에서는 다산을 상징하며 도시를 수호하는 이난나 여신의 신전도 발견되었는데, 신이 거주한다고 알려졌던 높이 10미터가량의 이 신전에서 신전 운영뿐 아니라 도시의 운영과 관련된 기록이 발견된 것으로 보아 실제로는 관료와 통치집단이 거주했을 것으로 추측된다.

수메르 신화와 전설을 잘 들여다보면 수메르인의 초기 정치체제를 어느 정도 엿볼 수 있다. 수메르 최고 신인 엔릴Enlil의 경우 그 권위에도 불구하고 홍수로 인류를 멸망시키는 결정을 내릴 때 다른 신들의 동의를 얻어야 했다. 또한 최고 신의 결정이라도 그 결과가 신통치 않으면 다른 신들의 비판을 받았다. 인간이 다 사라지고 나면 자신들을 위해 신전을 짓고 제물을 바칠 존재가 없어진다며 반발하는 신들 때문에 엔릴은 홍수를 견디고 살아남은 우트나피쉬팀에게 무한히 자손을 낳고 살 수 있도록 영생의 삶을 부여했다. 최고 결정권자도 다수의 의견과 결정을 무시할 수 없다는 것을 보여주는 중요한 이야기다.

물론 신화와 전설만으로 초기 수메르의 정치체제를 단정할 수는 없다. 그러나 수로를 건설하고 관리하기 위해 수많은 사람이 끊임없이 모여들고 협력해야 했던 상황을 고려할 때, 도시국가 초기의 민주적인 의사결정은 지극히 자연스러운 정치행위였는지도 모른다. 하지만 외부의 침략과 전쟁, 홍수 그리고 그 많은 재난들로 인한 경제적 위기는 점차 힘과 재능을 가진 개인에게 권력을 집중시켰다.

전설과 역사의 무대에 모두 등장했던 길가메시에 대한 이야기는 수메르의 원시적 민주정이 어떻게 왕정체제로 변화했는가를 여러 가지 사건을 통해 보여준다. 신화에 따르면 길가메시의 광포한 통치에 반대해 원로회의가 소집되었는데, 이 회의에서 원로들은 신에게 길가메시를 견제할 인물을 보내줄 것을 요청한다. 이 청을 받아들인 신이 엔키두Enkidu라는 야생의 인간을 내려 보낸다.

여러 우여곡절 끝에 길가메시는 엔키두와 함께 여행을 떠나게 되고 그 여행에서 많은 것을 깨달아 폭군이었던 그가 결국 선군으로 변해서 우루크로 돌아온다. 길가메시의 영웅서사가 보여주는 바와 같이 수메르 초기의 통치체제는 왕을 중심으로 형성되지만 길가메시의 절대적 권력 못지않게 그 권력을 제어하는 도시 지배층도 강력하게 등장해 민주적 권력 균형이 완전히 파괴된 것은 아니었다. 수메르 문제에 정통했던 덴마크 출신의 학자 제이콥슨Thorkild Jacobsen은 길가메시 신화에 등장하는 신과 길가메시와 원로원 간의 논의를 근거로 메소포타미아에 민주주의의 원시적 형태가 존재했다는 주장을 제기하기도 했다.

길가메시 신화에 따르면 수메르 우루크 왕조의 왕이었던 그는 신과 인간 사이에서 태어났다. 이는 왕이 신격화된 존재임을 보여주는 것이지만 길가메시는 고대 이집트 왕처럼 신의 현신, 즉 살아 있는 신이 아니라 신과 인간의 중간자에 가까웠다. 그는 외적을 물리치고 도시와 도시 사이에 성벽을 건설하고 삼나무와 같은 새로운 물자를 들여오는가 하면, 불로장생과 같은 삶과 관련된 지식을 보급하며 인류 문명을 건설했다.

기원전 30세기경, 메소포타미아 남부지역 대부분은 이미 크고 작은 도시들로 가득 차 있었다. 인구가 늘고 도시들이 성장하자 수메르인들은 강을 둘러싼 영토와 수로를 차지하기 위해 크고 작은 싸움을 일으키기 시작했다. 대표적인 분쟁이 라가시Lagash와 움마Umma의 전쟁이다. 두 도시는 그 사이에 놓인 구에딘Gu-edin이라는 평야지역의 수로를 놓고 100여 년에 걸친 긴 전쟁을 벌였다. 두

나라 사이의 전쟁은 팽창하는 도시국가의 생존에 물과 농경지가 얼마나 중요했는지를 보여준다.

물과 영토를 둘러싼 도시 간 분쟁으로 인해 수메르 국가들은 정치·사회적으로 커다란 변화를 맞이하게 된다. 도시가 형성될 무렵 지도자들의 주요 과제는 사람과 물을 잘 다스리는 것이었고, 당연히 이 방면에 능력이 출중한 사람이 지도자가 되었다. 하지만 영토와 수로를 놓고 다른 도시국가들과 전쟁을 해야 하는 상황이 다가오자 점차 전쟁에 수완이 있는 사람이 지도자로 주목받기 시작했다. 전쟁이 눈앞에 닥치니 이전의 민주적인 의사결정 과정은 거추장스러운 것이 되고 말았다. 신속하고 과감한 의사결정을 위해 모든 기관은 한 사람이 통치하기에 유리한 형태로 변화했다. 왕의 권한은 어느 때보다 강해진 반면 시민들의 자유와 권리는 무참하게 짓밟혔다.

라가시의 왕 에안나툼은 적극적으로 영토를 확장했다. 그는 수메르 지역을 넘어 동쪽의 페르시아만까지 차지했고, 스스로를 수메르의 왕이라 칭하며 재임기간 동안 수많은 수로와 신전을 건설했다. 기원전 26세기에서 24세기 사이의 유적으로 추정되는 독수리 석비Stele of the Vultures는 에안나툼의 전투과정을 묘사하며 왕권이 어떻게 신권에 접근하게 되었는가를 잘 보여준다. 석비에는 움마의 병사들을 쳐부수는 라가시 신의 모습과 신의 가호 아래 에안나툼이 전차를 모는 모습, 그리고 독수리로 상징되는 신과 함께 에안나툼이 적군을 쳐부수는 모습 등이 새겨져 있다. 이 석비에서 에안나툼은 신의 가호와 의뢰를 받아 임무를 수행할 뿐만 아니라 거의 신과 같은 존재로 묘사되었다. 투구를 쓰고 방패를 든 수많은 병사가 투구도 방패도 없는 가벼운 차림의 에안나툼 뒤에 줄지어 서서 그의 지휘를 따른다. 이런 그림은 힘과 지혜, 용맹함에서 왕이 일반병사들을 압도하고 있다는 것과, 왕과 병사가 수직적 주종관계에 있다는 것을 분명히 드러낸다. 즉, 수메르의 통치체제가 원시적 민주주의와 같은 집단지도체제에서 왕정 중심으로 변화되었음을 보여주는 것이다.

우루크나 라가시 같이 비교적 규모가 큰 도시국가들의 주요 신전 주변에는 수천 명의 주민이 살고 있었고 신전에 부속된 토지도 매우 넓었다. 라가시의 경우 전체 토지의 약 1/3을 신전이 소유했다. 신전 주변에 사는 주민들은 신전 건설을 위한 세금을 내고 신에 대한 봉사의 명목으로 강제노동도 해야 했다. 신전의 영향력이 커지자 사제들은 신전의 경제활동에서 나온 이익을 개인적으로 사용해 민중의 원성을 사기도 했다.

신전 건축을 위한 세금징수와 더불어 수메르의 조세제도를 발달시킨 것은 다름 아닌 전쟁이었다. 전쟁은 군사 동원, 무기와 갑옷 등 각종 장비와 식량 조달을 위해 막대한 자금을 필요로 했는데 이는 재력가 한두 명의 힘으로 마련할 수 있는 규모가 아니었다. 결국 전쟁비용을 마련하는 것은 주민들의 몫이 되어 그 기간 동안 어마어마한 세금을 내야 했다. 하지만 전쟁 때문에 만들어진 세금제도는 전쟁이 끝나고서도 사라지지 않았으며 국가는 교묘한 방법으로 계속 세금을 거둬들일 구실을 만들었다. 결국 라가시를 비롯한 수메르의 모든 국가들에서는 거의 모든 것에 세금이 부과되었고 수많은 사람이 세금을 내지 못해 이웃의 노예가 되어갔다.

우루카기나의 개혁

100여 년에 걸친 전쟁, 신전의 부패, 과중한 세금과 전제적 군주의 폭정으로 라가시 민중의 삶은 매우 피폐해졌다. 그들의 신분은 자유를 빼앗긴 노예나 다를 바 없었다. 사회는 심각한 혼란상태에 빠졌으며 수메르 지역의 주요 가축 중 하나였던 양을 훔치는 사람, 남의 연못에서 물고기를 훔치는 사람, 심지어는 남의 우물에서 물을 훔치는 사람 등 크고 작은 범죄가 횡행했지만 이를 바로잡을 제대로 된 통치자는 등장하지 않았다. 기원전 24세기경 실시된 것으로 알려진 '우루카기나의 개혁'을 기록한 점토판은 그의 시대 이전에 수메르 주민들의 삶이 어떠했는지를 다음과 같이 전하고 있다.

기억조차도 할 수 없는 아주 오래전부터, 씨앗이 처음으로 땅에 뿌려진 이후로, 자신들의 이익을 위해 배의 우두머리는 배를 차지했고 양치기의 우두머리는 양과 그 부산물을 차지했으며 어부의 우두머리는 어장을 차지했다. 주술사는 자신에게 유리하게 보리의 소작료를 할당했다.

신들이 거주하는 신전의 황소들은 신전 관리자들의 밭을 갈았다. 신전 관리자의 정원과 오이밭은 신들의 땅 중 가장 좋은 것이었다. 사제들의 재산과 황소는 신전 관리자들에게 약탈당했다. 사제들의 보리 수입은 군주의 하수인들이 관리했다.

사제들은 가난한 백성들의 정원에서 나무를 베거나 그 열매를 빼앗았다. 죽은 자가 땅에 묻히려면 관료들에게 7단지(약 140리터)를 가득 채운 맥주와 420덩어리의 빵을 제공해야만 했다. 사제들 또한 장례를 구실로 2울(약 72리터)의 보리와 양털로 짠 옷 한 벌, 터번 그리고 침대를 받았다.

민중은 그들의 빵을 구걸해야 했으며 젊은이들은 군주의 저택과 땅, 군주 부인의 저택과 땅, 그들 자식들의 저택과 땅에서 강제로 노동해야 했다. 이 모든 것이 하나로 결탁되어 있었다. 모든 땅의 경계에는 조사관들이 있었다. 이것이 과거의 관행이었다.

당시 라가시 사회의 최상층에는 엔En 혹은 엔시Ensi라 불리는 군주와 루갈Lugal이라 불리는 왕이 있었다. '큰 사람'이라는 뜻의 루갈(수메르어에서 lu는 '사람', gal은 '크다'를 의미)은 큰 도시의 왕으로서 작은 도시의 군주들인 엔시들을 거느리고 있었다.

우루카기나는 기원전 2350년경 라가시의 루갈로 개혁을 이끌었다. 자신들의 권력과 이익이 위협받는다고 느낀 신전 관리자를 비롯한 군주들은 우루카기나의 개혁을 못마땅하게 여겼지만 그는 신에게서 개혁의 정통성을 찾으며 부패한 라가시를 변화시켰다. 점토판 〈우루카기나의 개혁〉은 그의 정통성을 다음과 같이 기록하고 있다.

엔릴 신의 전사인 대지의 신 닌기리수◉는 라가시 백성들 가운데 우루카기나를 선택해 왕권을 허락했다. 닌기리수는 그에게 이전 시대의 신성했던 삶의 방식을 부활시킬 것을 명했다. 우루카기나는 그의 신성한 왕이신 닌기리수의 명령을 수행했다.

우루카기나의 출생 배경은 잘 알려지지 않았지만 그가 라가시의 고위관료 출신임은 확실해 보인다. 닌기리수 신이 백성들 가운데서 그를 '선택'했다는 구절을 통해 그가 선대 왕의 자식은 아니었음을 알 수 있다. 또한 그는 선대 왕 이후 곧바로 왕이 된 것도 아니었다. 선대 왕 엔테메나Entemena 다음으로 왕권을 차지한 이는 그의 자식도 우루카기나도 아닌 부패한 신전의 제사장들이었다. 우루카기나는 신의 '선택'을 명분으로 내세우며 부패를 일삼던 제사장들을 몰아낸 후 왕이 되었다. 그를 "민중의 아들"로 묘사한 기록이 있는 것으로 보아 왕족 혈통이라기보다는 민중의 힘을 빌려 왕위를 차지했을 가능성이 높다. 우루카기나라는 이름조차도 학자에 따라서 우루-카-기나, 이리카기나, 우루이님기나(정의의 도시 또는 정당한 규범을 의미) 등으로 다양하게 부른다. 그는 후에 수메르를 통일하고 아카드 왕조를 수립한 사르곤처럼 자신을 신과 같은 존재로 내세우기보다는 스스로를 "백성들 가운데서" 선출된 자로 지칭하며 그들의 자유와 정의를 실현하기 위한 개혁을 단행했다.

우루카기나는 약해진 라가시의 힘을 복원하고 민중의 신뢰를

⊙━━━━━━━━

Ningirsu, 라가시의 수호신이자 엔릴의 자식.
닌기수라는 이름은 라가시의 중심 도시였던 기르수(Girsu)의 신을 의미한다.

얻기 위해 여러 가지 개혁을 실시했는데 그의 개혁 가운데서 우선 주목하게 되는 것은 역사상 최초로 실시된 징병제이지만 그보다 더 중요한 것은 정부와 세금제도 개혁이었다. 우루카기나는 라가시 수호신으로부터 "과거 관행"을 뿌리 뽑고 "이전 시대의 신성했던 삶의 방식을 부활"시키라는 임무를 부여받았지만 그가 일으킨 개혁은 낡은 과거로의 복귀와는 분명 달랐다. 그는 고리채와 수탈, 부패로 물든 각종 기구와 권력을 개혁하고자 했고, 부패 극복을 위한 역사 최초의 사회개혁을 과감히 실천에 옮겼다.

그는 배를 차지한 사공의 우두머리, 양과 그 부산물을 차지한 양치기의 우두머리, 어장을 빼앗은 어부의 우두머리를 제거했으며, 주술사들이 민중에게서 더 이상 보리를 착취하지 못하게 했다. 그는 사제들에게서 잘못된 세금을 거두어들이는 궁전의 관료들을 몰아냈다.

군주의 저택과 땅은 대지의 신 닌기리수에게 되돌려졌다. 군주 아내의 저택과 땅은 다시 바우⊙ 여신에게 돌아갔다. 모든 땅의 경계에서 심판자에 대해 이야기하는 사람은 더 이상 없었다.

이제 죽은 자가 무덤에 묻힐 때는 관료들에게 세 단지의 맥주와 80 덩어리의 빵을 죽은 자의 이름으로 제공하면 되었다. 사제들은 침대 하나와 터번을 받았다.

⊙————————

Bau. 닌기리수의 딸이자 라가시의 수호여신. 치유의 신으로 알려져 있다.

젊은이들은 더 이상 왕과 왕비 그리고 그의 자식들의 집에서 강제로 노동할 필요가 없었다. 노동자들은 빵을 구걸하지 않아도 되었으며 사제는 평민들의 밭을 더 이상 침범하지 않았다.

만약 좋은 당나귀가 평민에게 생겼을 때 그들의 상급자가 그 당나귀를 원하면 "내가 그것을 너에게서 사겠다."라고 말해야 했고, 만약 평민이 그것을 팔기를 원한다면 "나를 기쁘게 할 값을 불러 보시오."라고 말하면 되었다. 만약 그가 그것을 팔지 않고자 한다면 상급자는 그에게 판매를 강요할 수 없었다.

만약 상급자가 평민의 옆집에 살면서 그에게 "내가 너의 집을 사겠다."라고 말하면 그는 "나에게 적절한 가격의 은을 내시오."라고 말하거나 "같은 양의 보리로 지불하시오."라고 말하면 되었다. 그러나 그 평민이 집을 팔지 않기를 원한다면 상급자는 그에게 집을 팔라고 강요할 수 없었다.

– 점토판 〈우루카기나의 개혁〉 중에서

우루카기나는 사제들로부터 뇌물을 받은 부패한 공직자들을 파면하고 사제들의 특권을 박탈했으며, 장례비용을 절반으로 줄이고 공직자들의 부당한 수탈을 종식시키고 도둑질에 엄중한 벌금을 부과했다. 그리고 부자들로부터 핍박받는 서민들을 보호하기 위한 법을 제정했다. 구체적으로 보면 그는 사제들이 종교적 행사와 장례절차를 위해 부과할 수 있는 돈의 액수를 제한하고 부채 때문에 노예가 된 이들을 사면했다. 또한 돈으로 재판에 영향을 주는 불법적 행위들을 엄단하고 공권력이 부당하게 시민들을 재판정에 세우지 못하도록 했다. 그는 부패를 제거함으로써 노예 상태의 민중에게 자유를 되돌려주었다.

> 우루카기나는 라가시 주민들을 고리대와 과도한 통제, 굶주림, 도적질, 살인, 재산과 인간에 대한 부당한 갈취로부터 해방시켰다. 그는 자유를 확립했다. 과부와 고아는 더 이상 힘 있는 자의 자비에 기댈 필요가 없었다. 그것은 우루카기나와 라가시의 수호신인 닌기리수와의 계약을 통해 실현된 것이었다.
>
> — 점토판 〈우루카기나의 개혁〉 중에서

우루카기나의 개혁은 라가시 주민들로부터 큰 환영을 받았다. 하지만 모두가 환영한 것은 아니었다. 개혁과정에서 토지소유 자격을 박탈당한 여성들, 그리고 자신의 권리를 빼앗겼다고 생각하는 소수 지배계층은 개혁에 강하게 반발했다. 특히 지배계층의 반발은 매우 끈질겼는데 우루카기나가 '신과의 계약'이라는 형태를 통해 사회개혁을 정당화한 이유가 바로 거기에 있었다. 신의 명령이나 위임이 아닌 '계약'을 통해 사회개혁을 실행한다는 것은 신과 인간이 서로 동등한 위치에서 약속했다는 것을 의미한다. 그만큼 강한 왕으로서 개혁을 실현하겠다는 암시였다. 또한 자신의 개혁을 계약으로 표현한 것은 '반드시 그대로 이행해야 한다'는 뜻으로 어떤 예외도 없이 개혁을 철저하게 진행하겠다는 의지를 내보인 것이었다.

반부패로서의 자유 그리고 정의

　　우루카기나는 '자유'라는 말을 역사에 남겼다. 우루카기나보다 반세기 전에 라가시의 왕 엔테네마가 '라가시 주민의 이자탕감'이라는 의미로 자유라는 말을 사용했다는 기록이 있지만 우루카기나는 이를 좀 더 포괄적인 사회개혁의 의미로 사용했다. 수메르어로는 아마르기 혹은 아마기Amagi로 표기되었던 자유는 권력자나 지배자에 의한 제도적 억압으로부터의 자유, 고리채나 지나친 세금과 같은 경제적 억압으로부터의 자유, 인간을 구속하는 신체적 억압으로부터의 자유를 모두 포함한다. 아마기의 본뜻은 어머니의 품으로 돌아간다(return to the mother)는 것인데 여기에도 여러 가지 의미가 있다. 닌기리수는 대지의 신이고 대지는 흔히 어머니로 상징된다. 그러니 아마기는 닌기리수 신의 품으로 돌아간다는 것을 뜻할 수 있다. 또한 아마기는 '이전 시대의 신성했던 삶의 방식'으로의 부활, 즉 노예상태 이전의 자유로운 주민으로 돌아간다는 의미도 띤다. 어떤 경우이든 아마기는 인간이 자신을 억누르는 억압과 부패로부터 해방되어 아무런 구속이 없는 맨 처음 상태로 돌아가는 것을 의미한다.

　　무엇보다 중요한 점은 아마기가 노예해방에 있어서 개별가구의 노예뿐만 아니라 신전의 노예를 포함한 모든 노예를 차별 없이 해방의 대상에 포함시켰다는 것이다. 고대 메소포타미아 지역에서 자유는 결국 우연적이고 개인적이라기보다 제도적이고 집단적인 자유였으며, 평등과 배치되기보다 평등을 지향하는 자유였다.

우루카기나는 개혁을 통해 후세에게 지도자의 임무가 무엇인지 보여주었다. 그는 행정과 치수, 혹은 전쟁이라는 이전 수메르 왕들의 역할을 넘어 법을 만들고 부패를 막고 약자를 보호하고 사회정의를 부활시키는 적극적인 지도자의 모습을 보였다. 우루카기나의 이런 역할은 우르남무, 함무라비와 같은 후대 왕들의 법전에 일종의 표준을 제공했다. 현존하는 가장 오래된 법전으로 함무라비보다 수 세기를 앞선 우르남무 법전에는 통치자인 우르남무가 평등을 실현하고 악덕과 폭력, 빈곤을 근절했다는 점이 강조되어 있다. 우르남무 법전에 나오는 "고아는 부자에게 보내지지 않았고 과부는 권력자에게 보내지지 않았다"는 구절은 정의와 평등을 실현하기 위한 그의 노력이 어떻게 구체적으로 행해졌는지를 보여준다. 함무라비 법전 또한 평등과 정의를 실현하기 위한 통치자의 노력을 초두에서부터 강조하며 "정의를 수립하고 악한 자들을 제거해 약자들이 강자들에게 핍박받지 않도록 하는"것을 통치의 기본과제로 제시했다.

그러나 우루카기나와 그의 개혁은 안타깝게도 외세와 결탁한 지배세력의 반발로 10년을 채 넘기지 못하고 비극적인 최후를 맞는다. 움마의 새로운 지배자 루갈자게시Lugalzagesi가 라가시를 침략해 우루카기나가 이룩한 개혁을 철저하게 짓밟았다.

우루카기나의 개혁은 '지배세력의 권력 남용'이라는 부패의 문제점을 정확히 겨냥한 것이었다. 권력자와 부유한 계급이 주민들에게 부과한 과중한 세금이 채무와 수탈로, 그것이 결과적으로 주민의 노예화로 이어지던 상황에서 노예화된 주민들을 원래 상태로 돌려놓는 자유와, 강자가 약자를 수탈하지 못하도록 한 정의는 반부패의 핵심이 될 수밖에 없었다. 우루카기나 시대의 통치자는 백성들의 목자로서 약자를 강자로부터 보호할 의무가 있었다. 부채탕감과 노예해방은 강자들의 횡포와 수탈에 시달리던 백성들에게는 그 자체로 자유와 정의의 회복을 의미했다.

2장 아테네 민주주의와 반부패: 솔론의 개혁

고대 아테네에서 부패를 극복하기 위한 가장 핵심적인 원리는 민주주의였다. 시민들 간의 협력, 정치권력의 순환과 책임 공유, 권력에 대한 견제라는 아테네 민주주의의 핵심적 가치는 부패를 방지하는 데 효과적인 통제장치였다. 민주주의에 대해 비판적이었던 아리스토텔레스도 부패를 억제하는 데는 군주정보다 민주주의가 더 유효하다고 판단했다.

다수는 소수에 비해 쉽게 부패하지 않는다. 그것은 많은 양의 물이 적은 양의 물보다 쉽게 부패하지 않는 것과 같다. 개인은 분노나 다른 감정들에 의해 쉽게 움직이기에 그의 판단은 왜곡될 수밖에 없다. 그러나 다수는 같은 상황에서 쉽게 열정에 사로잡히거나 잘못된 방향으로 나아가지 않는다.

– 아리스토텔레스, 《정치학》

세상에서 가장 행복한 자

"솔론이여! 솔론이여! 오~ 솔론이여!"

솟아오르는 불길에도 아랑곳하지 않고 하늘을 향해 솔론의 이름을 세 번 외친 크로이소스Croesus의 목소리는 애달프고 구슬펐지만 깨달음을 얻은 자의 의연함이 배어 있었다.

리디아의 왕 크로이소스는 그 시대 최고의 부자였다. '크로이소스처럼 부자(rich as Croesus)'라는 말이 엄청난 부를 의미하는 말로 오늘날까지 영어에서 사용되고 있을 만큼 그의 재산은 세계에서 버금가는 자가 없을 정도였다. 오만에 가득 찼던 크로이소스는 "당신의 전쟁은 위대한 제국을 파괴시킬 것"이라는 예언을 믿고 페르시아를 침공했다. 페르시아가 요청한 화해도 단호히 거부한 그는 예언에 언급된 제국이 페르시아가 아닌 자신의 제국이었음을 그때는 미처 깨닫지 못했다. 크로이소스가 그 사실을 알아차렸을 때는 이미 페르시아군이 리디아의 수도 사르디스를 차지한 후였다. 결국 그는 자신의 궁전까지 쳐들어온 페르시아 군인에게 붙잡히는데, 그의 얼굴도 모르는 군인이 그를 잡을 수 있게 도운 것은 안타깝게도 벙어리인 줄만 알았던 그의 아들이었다. 아버지를 위협하는 페르시아 군인을 향해 처음으로 말문을 터트린 아들이 외친 한마디가 하필 "크로이소스를 죽이지 마세요!"였던 것이다.

성경에서 '키루스 대왕'이라 불리는 페르시아의 키루스 2세는 크로이소스의 외침에 화형을 중지시키고 통역관을 시켜 장작더미 위에서 그가 부른 사람이 누구인지 물었다. 크로이소스는 과거 자신을 방문했던 그리스의 현자 솔론과의 대화를 키루스에게 털어놓았다.

크로이소스의 권력이 가장 강하던 시절, 솔론은 리디아를 방문했다. 아테네에서 개혁법을 만든 이후 사람들로부터 끊임없는 청탁이 이어지자 이를 피하기 위해 여행에 나선 길이었다. 솔론의 지혜로움을 익히 들어온 크로이소스는 그에게 자신이 가진 화려한 보물과 거대한 재산을 자랑한 후 "지금까지 본 사람들 중에 가장 행복한 사람이 누구인가?"라고 물었다. 크로이소스는 자신을 지목해주길 은근히 기대했지만 솔론은 "조국 아테네를 위해 싸우다 전사한 텔로스가 가장 행복한 자"라고 대답했다. 화가 난 크로이소스는 "그러면 두 번째로 행복한 자는 누구인가?"라고 물었다. 이번에는 틀림없이 자신을 지목할 것이라고 생각했지만 솔론은 또 태연하게 "어머니를 위해 자신을 희생한 두 형제"라고 대답했다. 화가 치밀어 오른 크로이소스는 "아테네의 이방인이여! 그대에게 하찮게 취급된 나의 행복은 도대체 무엇이며, 그대는 어찌하여 나를 심지어는 평민들의 아래에 두는 것인가?"라고 따져 물었다. 그러자 솔론이 말했다. "오 크로이소스여, 나는 당신이 부유하고 많은 나라의 군주임을 알고 있다. 그러나 아무리 부자일지라도 자신의 삶을 행복하게 마치기 전까지는 행복했다고 말할 수 없다. 어떤 인간도 모든 면에서 완벽할 수 없으며 무엇인가는 부족하기 마련이다. 자신의 장점을 잘 모아서 죽는 순간까지 유지해 평화롭게 숨을 거두는 자야말로 '행복'이라는 이름을 취할 자격이 있다. 신은 사람들에게 잠깐 행복을 보여주지만 곧 파멸로 이끌 수도 있다."

장작더미 위에서 자신이 쫓아낸 솔론의 말을 기억해낸 크로이소스는 죽음을 앞둔 순간에 비로소 그 참뜻을 깨달아 그의 이름을 소리 높여 외친 것이었다. 이 설명이 키루스 대왕의 마음을 움직여 그는 크로이소스를 죽이지 않고 자신의 자문관으로 앉혀 평생 극진히 대접했다고 한다.

혼란에 빠진 아테네와 솔론의 등장

솔론이 출현하기 이전 그리스의 도시국가(폴리스)들은 심각한 혼란과 갈등을 겪고 있었다. 정의와 평등, 질서를 유지할 수 있는 기관과 집단이 사라진 지 오래인 데다 귀족들이 제멋대로 권력을 사용해 폴리스는 그야말로 무정부상태에 가까웠다. 솔론의 친구였던 철학자 아나카르시스Anacharsis마저도 공정한 법을 만들겠다고 노력하는 그에게 "자네의 법이란 마치 거미줄과 같아서 힘없고 약한 자들은 걸려들겠지만 권력 있고 부유한 자들은 쉽게 찢어버릴 수 있는 것이 아닌가?"라며 비웃었을 정도다. 아리스토텔레스는 당시 아테네의 상태에 대해 다음과 같이 적었다.

오랜 기간 귀족과 시민들 사이에 분쟁이 있었다. 아테네는 전체 국가를 적은 수의 사람이 마음대로 움직이고 있었으며, 소작인들이 소작료를 내지 못할 경우에는 그들뿐 아니라 그들의 가족도 노예가 되어야 했다. … 자신이 억울한 일을 당했다고 생각하는 사람은 아레오파고스Areopagus(귀족평의회)에 무엇이 억울했고 어떤 법이 위반

되었는가를 설명할 수 있었지만 그 호소가 받아들여질 리 없었다. 토지도 거의 다 소수 사람들이 가지고 있었고 법은 언제나 그들 편이었다. 수많은 사람이 노예가 되었고 시민들은 귀족에 대항해 들고 일어섰다. 투쟁은 격렬했고 오랫동안 양쪽은 서로 대립했다.

— 아리스토텔레스, 《정치학》

부유한 귀족층이 법을 마음대로 휘두르는 상황에서 경제적, 사회적으로 중요한 문제들은 대부분 권력층에 유리한 쪽으로 판결이 났다. 《노동의 나날》로 유명한 헤시오도스의 시에도 그리스 귀족들이 뇌물을 받고 판결을 뒤바꾼 경우가 적지 않았다고 쓰여 있다.

당시 시민들의 상태는 폭발 직전의 화약고와 같았다. 일부 귀족들은 시민의 이런 불만을 이용해 자신의 마음에 안 드는 자들을 제거하고 권력을 장악해 스스로 참주가 되기도 했다. 실제로 아테네 주변의 폴리스 메가라Megara에서는 귀족들이 자신의 땅이 아닌 곳에 소를 풀어놓고 풀을 뜯어 먹게 해서 시민들의 불만을 사고 있었는데, 이때 테아게네스Theagenes라는 인물이 귀족들의 땅을 벗어나 풀을 뜯는 소들을 도축함으로써 민심을 얻어 권력을 잡기도 했다.

법질서가 무너지고 갈등이 폭발 직전에 이르자 위기를 느낀 아테네 귀족들은 기원전 594년, 정부의 각 기관을 소집해 그 자리에서 솔론을 최고 아르콘으로 임명하고 법 제정을 포함한 모든 권한을 넘겨준다. 이는 전례가 없던 일로 당시 아테네의 위기가 얼마나 심각했는지와 새로운 지도자의 출현이 얼마나 시급한 상황이었는지를 보여준다. 솔론이 남긴 시에서 그 자신도 위기의 심각성을 절절이 느끼고 있었다는 것을 알 수 있다.

돈의 유혹에 빠진 아테네인들은
어리석게도 위대한 도시를 스스로 부패에 빠뜨리려 하며
지도자들의 사악한 계획에 장단을 맞추고 있다.
자만에 빠진 자들은 거대한 고통을 겪을지니
그들은 탐욕을 억제할 줄 모르기 때문이며
평온 속에서 잔치를 즐길 줄 모르기 때문이다.
그들은 올바르지 않은 행위만을 일삼으며 재산을 늘려간다.
그들은 우리 모두에게 접근해
성스러운 땅이든 남의 재산이든 가리지 않고 빼앗는다.
탐욕스러운 그들은 정의의 엄숙한 신전을 모욕하니
조용히 아테네의 현재와 과거를 바라보는 여신은
언젠가 가혹한 벌을 내릴 것이다.
보라, 무자비한 재앙이 아테네인들을 덮치는 것을.
추악한 노예제도는 빠르게 퍼지고
우리의 사랑스러운 도시는 머지않아
분열로 인해 사라질 것이며

참주: Tyrannos. 고대 그리스에서 불법적으로 권력을 잡은 왕이나 군주를 가리킨다. 독재자와 같은 절대권력자의 지위를 누렸다.
아르콘: Archon. 그리스 도시국가에서 정권을 잡고 있던 고위 행정관. '집정관'이라고도 부른다.

악은 시민들을 충돌하게 할 것이다.
또한 모든 사람을 유혹의 덫에 빠뜨리며
수탈당한 이들, 그리고
수치스러운 족쇄에 묶인 가난한 이들 중
많은 이를 외국에서 떠돌게 할 것이다.
어떤 높은 벽도 그 악을 막을 수 없으며
가장 깊은 방에 몸을 숨기는 자도
그 악으로부터 달아날 수 없다.

기록에 따르면 솔론은 귀족 출신이지만 당시 대부분의 귀족과 달리 부유하지 못했다. 아버지가 재산을 모두 허비해 빈털터리가 된 탓에 청년시절부터 장사를 해서 돈을 벌어야 했다. 그 시대에는 이미 무역을 통해 돈을 번 사람이 많았기 때문에 물건을 사고파는 일이 사회적으로 천한 취급을 받지는 않았다. 솔론은 장사만 한 것이 아니라 이집트와 소아시아 등 당시의 선진국들을 여행하면서 여러 가지 문화와 제도를 두루 경험했다. 학문에도 몹시 관심이 많아 이들 나라의 제도들을 꼼꼼히 연구해 훗날 그 결과를 자신의 법률에 반영하기도 했다. 솔론은 문학에도 관심이 많았다. 그래서 자신의 생각과 자신이 이룬 일들, 자연과 사회현상에 대해 많은 시를 썼다. 그가 남긴 시는 대부분 소실되었지만 플루타르크의 《영웅전》과 아리스토텔레스의 《아테네 헌법》 같은 저작에 일부가 남아 후대로 전해진다.
　젊은 시절 고생을 마다하지 않은 진취적 기상, 학문적 열정과 문학적 감성, 청렴성으로 인해 솔론은 아테네 사람 모두로부터 사랑을 받았다. 더욱이 재산이 많지 않은 귀족이라는 점은 같은 귀족들은 물론이고 일반시민들까지 그가 중간에 서서 공정한 정치를 펼칠 수 있으리라는 기대를 품게 했다. 부와 정의에 대한 솔론의 굳건한 태도는 그가 지은 시에도 잘 드러나 있다.

> 나는 부를 가질 수 있으나
> 잘못된 방식으로 재물을 취하진 않으리라
> 정의는 비록 느리지만 확실한 것이기에

참주가 시민들을 선동해 자신들이 가진 권력을 빼앗을까 봐 전전긍긍하고 있던 귀족들과 그들의 횡포에 분노하고 있는 시민들, 그 모두가 솔론을 신뢰한 것은 그가 말과 가르침이 훌륭한 현자라서가 아니라 실천가로서 땅에 떨어진 정의를 다시 세울 수 있는 인물이라고 믿었기 때문이다. 그는 시를 즐겨 지었지만 자신의 문학적 재능과 작품을 알리기 위함은 아니었고, 시를 통해 사람들을 변화시키고 실천에 나서게 하고 싶어 했다.

무엇보다도 솔론은 긍정의 힘을 믿었던 사람이다. 철저한 질서와 강압적인 교육을 통해 이상적인 철학자들의 국가를 건설하려고 했던 플라톤과 달리, 솔론은 사람들의 참여를 통해 혼란을 극복하고 세상을 변화시킬 수 있다고 믿었다. 그가 친구들과 주변의 비웃음에도 불구하고 새로운 아테네 헌법을 만들어낼 수 있었던 것은 바로 이런 긍정의 힘 덕분이었다.

나의 영혼이 아테네인들에게 가르칠 것은 명하노니

나쁜 헌법은 사람들 속에서 혼란을 일으키지만

좋은 헌법은 조화와 단결을 제시할 것이다.

좋은 헌법은 모든 거친 것을 매끄럽게 하고

욕심을 억제하고 자만을 다스릴 것이며

무모한 충동으로 인한 잘못을 사라지게 하고

굽은 판결을 곧게 만들며

거만한 행위를 잠재우고

파괴적 행위를 멈추게 할 것이며

욕심으로 가득한 싸움을 끝내게 할 것이다.

그리하여 그 아래서는

사람을 위한 모든 것이

온전하고 지혜롭게 될 것이다.

솔론은 최고 아르콘이 되자마자 과감한 경제개혁을 단행했다. 그는 제일 먼저 '짐을 흔든다'는 뜻의 세이사크테이아Seisachteia 포고령을 통해 시민들의 모든 빚을 없앴다. 특히 무거운 빚에 시달리고 있던 대다수 농민은 그 덕분에 큰 짐을 덜게 되었다. 솔론은 또한 땅을 담보로 돈을 빌렸던 농민들에게 땅을 되찾아주어 농사를 짓게 했으며, 사람을 담보로 돈이나 물건을 빌려주는 행위를 금지시켰다.

올림피아 신들의 위대한 어머니 검은 대지가 증언할 것이다.

나는 많은 이를 다시 고향으로 데려왔다.

그들은 때론 정당하게 때론 부당하게 팔려갔었다.

어떤 이들은 가난의 고통으로 망명의 길에 올랐다.

얼마나 멀리 떠돌았으면

이들은 더 이상 아티카의 말도 쓰지 못하게 되었다.

아테네에서 노예로 수모를 겪고

변덕스러운 주인의 폭력을 견디며 살아왔던 이들은

이제 자유의 몸이 되었다.

내가 할 것이라고 말했던 것처럼

나는 권력과 정의로 이 정책을 펼쳤다.

솔론은 시민들이 경제적으로 안정되어야 적극적으로 정치에 참여할 수 있다고 생각했다. 그래서 올리브유를 제외한 주요 농산물의 수출을 금지시키고, 시민들에게 상업을 권장하고, 모든 시민이 의무적으로 기술을 한 가지 이상 배우게 하는 등 시민의 삶을 안정시키기 위해 여러 가지 정책을 펼쳤다.

시민의 힘을 키운 민주주의

솔론은 귀족과 평민, 부자와 가난한 자의 갈등을 없애는 것과 더불어 아테네 민주주의의 진정한 기반이 될 장기적인 개혁을 설계했다. 솔론이 단지 교훈이 될 만한 이야기를 들려주는 어진 사람에 그치지 않은 것은 그가 설계한 개혁이 실제로 실현 가능한 것들이었기 때문이다.

　개혁은 귀족의 권력을 시민에게 나누어주는 것에서부터 시작되었다. 우선 그는 시민을 재산에 따라 네 계급으로 나누었다. 첫 번째 계급은 자기 소유의 땅에서 나오는 생산물의 수입이 500메딤노스°가 넘는 자들로 펜타코시오메딤노이Pentakosiomedimnoi라고 불렸는데 이름 그대로 '500메딤노스의 사람'이란 뜻이다. 제2계급은 500에서 300메딤노스의 수입을 거두는 자들로 '기병'이라는 의미인 히페이스Hippeis라 불렸고, 이들은 실제로 군대에서 말을 타고 싸우는 기병 역할을 했다. 제3계급은 300에서 200메딤노스의 수입을 가진 자들로 제우기트Zeugit라 불렸다. 제우기트는 '보병'을 뜻하며 실제로 군대에서 갑옷과 투구를 갖춘 전투병 역할을 했다. 그보다 수입이 적은 자들은 제4계급으로 '노동자'라는 의미의 테테스thetes라 불렸다.

　시민의 계급에 따라 정치적 역할도 정해졌다. 예를 들어 제1계급인 펜타코시오메딤노이는 아테네에서 제일 높은 지위인 아르콘에 취임할 수 있었고, 제3계급인 제우기트는 직급이 낮은 공무원이 될 수 있었다. 물론 재산에 따라 공직에 지원할 기회를 제한하는 것은 지금 시각으로는 불평등해 보일 수 있다. 하지만 솔론의 개혁 이전에는 에우파트리다이Eupatridae, 즉 '좋은 아버지를 둔' 귀족에게만 아르콘 같은 공직에 오를 길이 열려 있었다. 그러니 출생

⊙━━━━━━━━━━

고대 그리스의 부피를 측정하는 단위로 일반적으로 곡물의 측정에 사용되었다.
아테네에서 1메딤노스는 약 51.84리터에 해당한다.

이 아닌 재산에 따라 공직에 오를 자격을 준 솔론의 개혁은 당시로는 근본을 뒤흔든 것이었다. 약 200년 뒤에 아리스토텔레스는 자신의 시대에는 재산이 없는 자도 아르콘에 취임할 수 있다고 증언했다. 솔론이 귀족들의 반발을 뚫고 어렵게 열어놓은 공직 참여의 좁은 문이 훗날 더 크고 넓게 개방되었다는 것을 알 수 있다.

솔론의 개혁에서 가장 하층계급인 테테스가 받은 혜택은 당시에는 아주 하찮은 것처럼 보였지만 그 위력은 대단했다. 그들은 솔론의 개혁으로 민회(Ekklesia, 정기적인 시민총회)에 참여할 기회를 얻었다. 당시에 민회는 형식적으로만 존재하는 기관이었기 때문에 그 혜택은 있으나마나하게 느껴졌을 수 있다. 하지만 이후의 개혁을 통해 민회는 법을 만들고, 전쟁과 평화를 선포하고, 아르콘을 간접적으로 임명하고 감독하는 등의 중요한 권한을 갖게 된다.

솔론의 개혁에서 제도적으로 가장 중요했던 것은 바로 사법개혁이다. 솔론은 최하층 계급인 테테스가 참여할 수 있는 시민법정 헬리아이아Heliaia를 창설했다. 플루타르크는《영웅전》에서 이 시민법정이 "처음에는 아무 것도 아닌 것처럼 보였으나 나중에 엄청난 특권을 가지고 있었던 것으로 증명"되었다고 적었다. 시민법정은 거의 모든 분쟁에 대한 판결을 내렸다. 분쟁 당사자들은 지위가 높든 낮든 무조건 시민법정의 판결에 따라야 했다. 이전에 모든 사법적 판단과 판결을 독점했던 귀족들의 법정인 아레오파고스는 거의 쓸모가 없어졌다. 시민법정을 통해 스스로 법적 판결에 참여하게 된 시민들은 판결의 공정성에도 기대를 걸기 시작했다. 솔론은 아레오파고스에서처럼 손쉽게 뇌물을 주고 판결을 뒤바꿀 수 없도록 시민법정단의 수를 최대 6000명까지 늘렸다. 그리고 이 모두를 제비뽑기로 선발해 조금이라도 부패할 틈을 주지 않았다. 귀족들은 솔론이 시민법정에 최고 권위를 부여함으로써 자신들의 권력과 이익을 근본적으로 손상시켰다며 매우 불만스러워했다.

솔론의 사법개혁에서 시민법정 못지않게 중요한 또 한 가지는 모든 시민에게 주어진 고발권이다. 권력자로부터 억울한 일을 당하거나 권력자의 비리로 피해를 입어도 보복이 두려워 고발하지 못했던 시민들을 위해 솔론은 직접적인 피해자가 아닌 제3자도 포악하고 부패한 권력자들을 고발할 수 있게 했다. 모든 시민에게 '고발할 권리'를 준 것이다. 시민들의 정치 참여를 매우 중요하게 생각한 솔론은 정치적 분쟁이 있을 때 자신의 입장을 밝히지 않고 어중간하게 중립을 지키는 자는 법의 보호와 혜택을 받지 못한다고 규정해 참여를 더욱 독려했다. 더불어 귀족과 부유층의 과소비 행태와 지나친 결혼지참금 요구 등 잘못된 관례들을 근절하기 위해 시민들의 내부고발을 적극 장려했다.

솔론은 또한 무역행상 시절에 이집트에서 접했던 소득신고와 관련한 법을 아테네에 도입해 소득신고를 게을리 하거나 스스로 정당한 방법으로 돈을 벌어들였다는 것을 증명하지 못하는 사람은 처벌받게 했다. 이 제도는 몇 천 년이 지난 오늘날에도 일부 선진국에서만 도입해 시행하고 있는 획기적인 반부패 제도다. 이 제도에 의하면 공무원의 재산이 갑자기 증가했을 때 그것이 뇌물이 아니라는 사실을 증명하지 못하면 해당 공무원은 증가된 재산을 몰수당하고 파면된다. 한국에서도 고위공무원들은 모두 정기적으로 재산을 공개하는 제도가 도입되어 실행중이다. 솔론은 이미 수천 년 전에 이 제도를 도입했으니 놀라운 혜안이 있었던 셈이다.

솔론의 개혁은 혁명적이긴 하지만 조용하게 이루어졌다. 귀족들은 솔론에게 모든 권한을 부여한 일을 뒤늦게 후회하며 그를 비난했지만 개혁을 가로막을 수는 없었다. 아테네의 토지를 모두 새롭게 분배해주길 바랐던 농민들도 솔론이 그 요구를 거부했다고 비난했지만 그를 최고 아르콘의 자리에서 끌어내릴 수는 없었다. 솔론의 개혁은 어느 한 쪽의 불만도 완전히 잠재울 수 없었지만 양쪽 모두를 만족시킨 측면도 적지 않았다. 그에게서는 헥토르를 능멸하던 아킬레우스의 자만도, 아킬레우스를 조롱하던 아가멤논의 교만도, 눈먼 예언자를 비웃던 눈 뜬 오이디푸스의 거만도 찾아볼 수 없었다. 그는 고대 그리스사회가 가장 경계하던 교만(Hubris)을 멀리하고 중용의 덕을 신조로 삼아서 행동했기 때문이다.

> 나는 또한 성공한 자든 그렇지 않은 자든
> 모두에게 공평한 정의의 법을 만들었다.
> 만약 한 집단을 기쁘게 하기 위해 이런 일을 하고
> 다른 집단을 즐겁게 하기 위해 또 다른 일을 했다면
> …
> 나는 이 적대적인 두 집단 사이의
> 한가운데 서서 이 모든 것을 행했다.
> …
> 나는 시민들에게 과하거나 부족함이 없도록

적당한 보상을 해주었다.

권력과 부를 가진 자들에게는

어떤 추한 일도 일어나지 않을 것임을 약속했다.

나는 이 두 집단을 튼튼한 방패로 지켜주었고

상대 집단을 부당하게 괴롭히는 것을 용납하지 않았다.

…

교만은 늘 이해력이 결핍된 자들이

지나치게 부유해질 때 생겨나며

이는 난폭한 행동을 하도록 부추긴다.

아테네 민주주의와 반부패

솔론의 개혁은 구체적으로 어떤 반부패 효과가 있었을까?

고대 아테네에서 가장 중대한 범죄는 뇌물과 횡령 그리고 배심원을 비롯한 재판부를 매수하는 것이었다. 이런 부패에 대해 솔론의 처벌은 매우 엄격했다. 뇌물을 제공한 자는 그 뇌물의 열 배를 벌금으로 내야 했고, 벌금을 내지 않는 자는 시민권과 재산을 박탈당했으며 사형에 처해지기도 했다. 특히 재판부를 매수하려는 시도는 매우 중대한 범죄로 간주되어 사형을 면치 못했다. 또한 사형당한 이가 내지 못한 벌금은 그 자식들이 대신 내야 했다. 이런 제도는 부패에 대한 처벌과 더불어 반부패 문화 조성에도 큰 목적을 두고 있었다. 즉, 부패는 그 자체로서 시민권을 박탈당할 만큼 수치스러운 일이며 엄청난 형벌과 벌금이 내려지기 때문에 결코 이익이 되는 일이 아님을 시민들에게 똑똑히 주지시킨 것이다.

주목할 만한 것은 고대 아테네의 정치가 오늘날처럼 밀폐된 공간이 아니라 열린 공간에서 진행되었다는 점이다. 따라서 의회와 법정에서 부패에 대한 공공연한 토론과 논쟁이 자연스럽게 이루어지고, 권력층과 시민 간에 정보격차가 없는 투명한 정치가 가능했다. 집단적인 의사결정 과정을 통해 엘리트 권력은 제한되고, 정치적 평등과 시민 참여는 촉진되었으며, 개인적 이득보다는 공공의 가치가 우선시되었다.

귀족과 엘리트에 대한 견제는 법과 제도에 그치지 않고 도덕적 교훈의 강화로도 이어졌다. 고위공직자였던 아르콘은 뇌물을 받은 것이 적발될 경우 그 뇌물의 무게와 같은 무게의 황금조각상을 만들어 도시에 바쳐야 했다. 황금조각상은 제작비용도 많이 들지만 부패를 공개적으로 알리며 수치와 모욕을 주기 위한 장치였다. 황금조각상으로 인해 그의 죄는 당대뿐만 아니라 후대에도 기억될 것이기에 금전적 징벌 이상의 의미가 있었다.

솔론이 길을 닦은 아테네 민주주의는 부패방지를 위한 제도 마련과 더불어 이를 꾸준히 실천하기 위한 문화적 환경까지 조성했다는 점에서 의미가 크다. 그는 가난하고 힘없는 시민들에게 민회와 시민법정을 통해 민주주의를 스스로 훈련하고 실현할 수 있도록 제도를 선물했다. 이는 그들의 빚을 청산하고 신분을 바꾸어준 것보다 훨씬 의미가 큰 일이었다. 아테네 시민들은 솔론이 펼친 민주주의를 통해 스스로 힘을 기르게 되었다.

솔론이 택한 개혁은 조용하지만 되돌릴 수 없는 혁명의 길이었다. 그가 아르콘에서 스스로 물러난 이후 아테네는 다시 갈등과 대립으로 얼룩지고 그 혼란을 틈타 다른 참주가 등장하기도 했지만 누구도 그가 닦아놓은 길을 갈아엎을 수는 없었다.

3장 법과 반부패:
고대 중국 상앙의 개혁

목적과 수단이 같다고 해서 반드시 그 방법과 결론까지 같을 수는 없다. 솔론은 위기에 빠진 아테네를 구할 목적으로 새롭게 법을 제정했다. 이 법은 귀족의 권력약화와 시민의 권리회복을 통해 부패방지에 큰 위력을 발휘했다. 중국 전국시대의 정치가였던 상앙商鞅 역시 변방의 후진국이었던 진秦나라를 발전시키기 위한 목적으로 변법變法을 시행했다. 법을 새롭게 바꾸는 것, 즉 변법은 귀족의 권력을 약화시키는 데는 성공을 거두었지만 시민권력 강화와는 큰 연관이 없었다. 법 지상주의자였던 상앙은 누구에게나 보편적이고 공평하게 적용할 수 있는 가장 핵심적인 기준이 법이라고 보고 그 외의 모든 사사로움을 법 실현의 장애물로 간주했다. 그가 쓴《상군서》의 〈수권修權〉에서는 법과 부패와 사적 이익에 대해 이렇게 적고 있다.

무릇 법을 폐지하고 사사로이 일을 처리하면 간신이 뇌물에 좌우되어 권력을 팔아먹고 관리들은 은밀한 방법으로 백성을 옭아맬 것이

다. 이는 곧 수많은 작은 좀벌레가 모여 나무를 부러뜨리고 균열이
커져 벽을 무너뜨린다는 말이다. 만약 대신들이 사사로운 이익에
얽매여 백성을 돌보지 아니한다면 백성들은 통치자를 등질 것이며
백성이 통치자를 저버리면 나라에 큰 균열이 생긴다. 만약 관리들
이 몰래 백성의 고혈을 짜낸다면 그들은 백성에게 좀벌레 같은 존
재나 마찬가지다…. 그렇기에 현명한 왕은 법에 의지해 사사로움을
제거해야 하고 그러면 국가는 어떤 틈이나 좀벌레도 허용치 않게
될 것이다.

중국은 역사적으로 위기의 시기마다 변법을 단행했다. 11세기
경 북송을 위기에서 구하고자 했던 왕안석의 변법, 근대화 초기 식
민지화의 위기에서 중국을 구하고자 했던 강유위의 변법은 모두
상앙의 변법정신을 기반으로 한 것이다.

춘추전국, 난세의 중국

아편전쟁에서 패배하기 전까지 중국은 수천 년 동안 세계사의
중심에서 벗어난 적이 없었다. 1793년 청나라 황제 건륭제가 영
국 사절단을 통해 영국의 왕 조지 3세에게 보낸 편지를 보면 중
국의 자존심이 얼마나 대단했는지를 알 수 있다. 건륭제는 편지에
"왕이여, 당신은 나의 심경을 존중해 미래에는 더욱 커다란 헌신
과 충성을 다할 필요가 있소. 황제에게 영원히 복종함으로써 당신
은 향후 당신 나라의 평화와 번영을 보장받을 수 있을 것이오."라

고 적었다.

아편전쟁에서 영국에 패하고 남경조약을 맺기 전인 1820년, 중국이 전 세계 총생산에서 차지한 비율은 33%였다. 이는 미국, 일본, 독일 같은 나라들의 당시 국내 총생산을 모두 합친 29%보다 높았다. 유럽이 중세의 침묵에 잠겨 1000년 동안 꼼짝하지 않을 때에도, 르네상스로 새로운 기지개를 켜며 서서히 근대의 문을 두드리던 때에도, 중국은 쉼 없이 세계사에 영향력을 행사하고 있었다. 종이, 화약, 나침반 등 수많은 중국의 발명품이 세계를 휩쓰는 동안 서방세계는 변변한 발명품 하나 내놓지 못하고 있었다. 중국문학에 심취했던 괴테, 공자를 따랐던 《시민불복종》의 저자 소로, 도교에 깊은 관심을 보였던 니체 등은 중국이 얼마나 다양한 영역에 걸쳐 문화적 힘을 확장했는지를 보여준다.

중국의 저력은 어디서 나왔을까? 아마도 가장 쉬운 대답은 '땅과 인구'일 것이다. 하지만 세계사의 경험을 되돌아볼 때 땅이 넓고 인구가 많은 나라라고 해서 무조건 영향력이 크고 힘이 센 것은 아니었다. 중국의 진짜 저력은 통일성과 지속성에 있었다. 중국이 가진 거대한 땅과 인구가 그 힘을 더욱 의미 있게 했을 뿐이다. 중국은 수천 년 동안 유교이념에 따라 백성을 사랑하고 어질게 통치하는 인仁과 백성을 넓게 이해하고 공정하게 통치하는 덕德의 정신을 중시했다. 하지만 상앙이 살던 전국시대의 군주들은 오직 힘으로만 나라를 다스리려 했다. 전쟁의 결과가 여러 나라 사이의 관계를 결정짓던 이 시대에 힘의 통치가 굳게 자리 잡은 것은 어쩌면 당연한 일이었다.

기원전 638년 송나라의 군주 양공襄公은 초나라와의 전쟁 중 상대 군사들이 강을 중간쯤 건넜을 때 공격하자는 부하의 말을 듣고는 "적이 불리할 때 공격하는 것은 군자의 도리가 아니"라며 꾸짖고 군사들이 강을 다 건너 전열을 정돈할 때까지 기다렸다가 전투를 재개했다. 하지만 그렇게 도리를 따지던 양공은 전열을 가다듬은 초나라에 크게 패하고 만다. 이로부터 사람들은 자기 주제를 모르고 다른 사람을 배려하는 자를 일컬어 '송양宋襄의 인仁'이라 빗대 조롱하게 되었다. 이 이야기는 그러나 전국시대의 중국이 어떤 가치관을 가지고 있었는지를 보여주는 상징적인 일화다.

　전국戰國시대는 '전쟁하는 나라들의 시대'라는 이름만큼이나 전쟁이 잦았다. 하지만 기원전 722년부터 기원전 464년까지 춘추시대 259년 동안 전쟁이 없었던 해는 38년뿐이었고 기원전 463년에서 기원전 222년까지 이어진 242년간의 전국시대에 전쟁이 없었던 해는 89년이나 되어 통계만으로 보면 춘추시대가 전국시대보다 전쟁 발생빈도는 더 높았다. 그럼에도 그 다음 시대에 '전국戰國'이라는 이름을 붙인 이유는 전쟁의 규모나 기간이 이전과는 비교할 수 없을 만큼 크고 길었기 때문이다.

　춘추시대에는 전쟁이 길어도 한 절기를 넘기는 법이 없었다. 그러나 전국시대에 들어와서는 수 년이 넘게 이어지는 전쟁이 잦았다. 위魏나라 혜왕은 조趙나라의 수도 한단을 3년 동안이나 포위했고 제齊나라, 한韓나라, 위魏나라 3국은 초楚나라를 상대로 5년 동안 전쟁을 벌였다는 기록도 있다. 조나라 무령왕은 소국인 중산국中山國을 정벌하기 위해 기원전 307년부터 기원전 296년까지 무려

10년간이나 전쟁을 벌이기도 했다.

두 시대는 군대의 규모에도 큰 차이가 있었다. 춘추시대에는 한 나라의 병사가 3만 명을 넘지 않았는데 전국시대에는 수십만에서 100만 명에 이르렀다. 위나라의 경우 50만 명이 넘는 병사와 전차 600대의 병력을 보유하고 있었으며 진秦나라와 초나라는 각각 100만 명이 넘는 병사와 1000대의 전차를 보유했다고 한다. 이는 전국시대에 접어들면서 귀족 중심의 전차전투는 점차 그 중요성이 떨어지고 대규모 보병전으로 옮아갔기 때문이다. 이로써 농업과 전쟁이 분리되던 시대는 가고 일반농민들까지 전쟁에 동원되는 시대가 왔다. 전쟁이 길고 규모도 커지니 전쟁터에 끌려나온 백성들의 고통은 춘추시대와는 비교할 수 없을 정도로 극심했다.

변법, 진나라를 바꾸다

상앙은 법과 형벌에 관심이 많았으나 자신의 나라에서는 포부를 펼칠 기회가 없었다. 그래서 유명한 사상가 이회李悝의 개혁을 통해 선진국이 된 위나라로 넘어갔다. 위나라 재상인 공숙좌는 한눈에 그의 재능을 알아보고 궁내 업무를 담당하는 직책을 맡겼다. 당시 위나라 왕은 맹자에게 자주 가르침을 구했던 혜왕惠王이었는데 그는 경제와 전쟁에 관심이 많았으나 상앙의 주된 관심사였던 법과 형벌에는 무심했다. 공숙좌가 자신의 후임으로 상앙을 추천했으나 혜왕은 공숙좌가 나이를 먹어 판단력이 흐려졌다고 생각해 그를 받아들이지 않았다. 이에 상앙은 자신의 정치 이상을 펼치기에는 오히려 후진국인 진秦나라가 더 적합하다고 판단하고 진나라로 떠난다.

당시 진나라는 주변국들에 비해 모든 면에서 후진적이었다. 다른 나라에는 이미 도입되었던 행정구역 현縣을 기원전 456년이 되어서야 설치했고, 세금을 노동력이 아닌 곡물로 받기 시작한 것도 기원전 408년이 되어서다. 문화적으로도 많이 뒤떨어져 기원전 4세기 말까지도 귀족이 죽으면 주변의 식솔을 산 채로 함께 묻는 순장제도를 유지했다. 후에 진나라를 고립시키기 위해 주변국들을 돌아다니며 합종동맹合從同盟을 설파했던 소진蘇秦은 초나라 왕에게 "진은 호랑이나 늑대의 심장을 가진 나라로 예禮, 의義, 덕德에 대해서는 아무 것도 모릅니다."라고 이야기했을 정도다. 더욱이 진나라는 중국의 철학자 한비자의 말처럼 "죄가 있어도 벌을 면할 수 있고 아무 공이 없어도 지위와 명예를 얻을 수" 있는, 특권층의 부패로 법이 있으나마나 한 지경에 이르러 있었다.

상앙은 이런 후진국이야말로 자신이 그동안 경험하고 연구해 온 법과 정치를 실현할 수 있는 나라라고 생각했다. 당시 진나라에서는 막 군주 자리에 오른 개혁적인 효공孝公이 각국으로부터 유능한 인재를 영입하고 있었다. 상앙은 효공의 측근인 경감을 만나 군주를 만나게 해달라 사정했고, 그의 능력을 알아본 경감이 즉시 효공에게 소개했다. 그러나 두 차례에 걸쳐 상앙을 소개받은 효공은 "도대체 허망한 소리를 하는 작자를 왜 내게 다시 데리고 왔느냐? 그의 이야기 가운데 귀담아들을 만한 대책은 아무 것도 없더구나."라며 경감에게 화를 냈다. 상앙을 뿌리치지 못한 경감은 마지막으로 한 번 더 만남의 기회를 마련했는데 이번에는 효공이 매우 흡족해했다. 경감은 매우 놀라서 상앙을 만나자마자 군주를 어떻게 설득했는지 물었다. 그는 다음과 같이 대답했다. "처음 두 번은 오랜 옛날 어질었던 황제들의 인자하고 지혜로운 통치에 대해 설명했다. 그러나 군주께서는 매번 그것은 너무나 오랜 시간이 필요한 방법이니 그보다 빠른 방법이 없겠냐고 물으셨다. 그래서 이번에는 나라와 군대를 강하게 만들어 빠른 시간 내에 전국을 통일할 수 있는 방법을 말씀드렸다. 그랬더니 나에게 중요한 직책을 맡기겠다고 하셨다."

효공에게 큰 신임을 얻은 상앙은 기원전 359년에 첫 개혁을 시작한다. 우선 그는 백성들을 5~10가구씩 묶어 서로 감시하게 하고 그중에 법을 어기는 자가 있는데도 신고하지 않으면 모두의 책임을 묻는 제도를 실시했다. 이웃의 범죄를 신고한 자는 전쟁에서 적의 목을 벤 병사와 같은 정도의 상금을 받았다. 반면에 범죄를 보고도 신고하지 않은 자는 범죄행위를 한 자와 똑같이 처벌받았으며, 범죄자를 숨겨준 자는 적군에게 항복한 자와 똑같은 처벌을 받았다. 이 제도는 귀족 중심의 씨족사회에 큰 변화를 가져왔다. 아무리 귀족이라 해도 불법을 저지르면 처벌을 피할 수 없었기 때문이다. 귀족들은 처음에는 자신들의 불법행위가 씨족사회 밖으로 새어나가지 못하도록 단속했지만 결국 두려움에 함부로 법을 어길 수 없게 되었고 평민들 또한 처벌이 두려워 사소한 법도 어기지 않게 되었다.

다음으로 상앙은 귀족의 특권을 없애고 평민의 지위를 개선했다. 그는 "녹봉과 관직, 작위는 오로지 전쟁의 공로에 의해서만 결정되며 그밖에 달리 그것을 베푸는 기준은 없다"고 밝힘으로써 관직과 급여의 세습을 폐지했다. 덕분에 백성들도 지위의 높고 낮음에 상관없이 전쟁에서 공을 세우면 관직과 작위를 얻고 포상을 받을 수 있게 되었다. 이 제도는 귀족의 힘을 크게 약화시키고 계층 간 이동을 활성화했다. 상앙은 또한 높은 봉급을 받는 고위관리와 그 가족들에 대해 "이렇게 놀고먹는 식구가 많으니 농업을 망치는 것이다. 놀고먹는 식구의 수대로 세금을 걷고 무거운 부역을 시켜야 한다."라며 모두 농사를 짓게 했다.

귀족들은 상앙의 1차 개혁에 크게 반발했다. 하지만 효공은 상앙의 개혁이 진나라를 더욱 강한 나라로 만들 것이라는 믿음을 얻고 그를 승진시켜 2차 개혁에 더 힘을 실어주었다. 상앙의 2차 개혁은 진나라가 수도를 함양으로 옮긴 때와 같은 기원전 350년에 시작된다. 우선 수도이전에 발맞춰 행정개혁을 진행해 전국을 31개 군현제로 나누었다. 이 개혁의 뼈대는 지방귀족들이 마치 지역의 왕처럼 행세하지 못하도록 중앙정부에서 파견한 관리에게 직접 지역의 관리를 맡긴 것이다. 귀족들은 1차 개혁으로 신분과 경제적 특권을 잃은 데 이어 지역에서의 영향력마저 잃게 되었다. 2차 개혁에 담긴 또 다른 중요한 내용은 국가가 관리하던 땅을 개인이 가질 수 있게 한 점이다. 자기 땅을 가지고 농사를 짓게 된 농민들은 농사에 더욱 공을 들였고, 전쟁과 흉년으로 인해 살 곳을 찾아 떠돌던 사람들도 한곳에 발을 붙이고 살 수 있는 기회를 얻었다. 이 조치로 진나라는 농업에 필요한 인구를 유지, 통제할 수 있게 되었다. 다른 나라에서 이주해 오는 농민들에게도 똑같은 혜택을 베풀었기 때문에 자기 땅에서 농사를 짓겠다는 꿈을 가진 사람들이 진나라로 많이 모여들었다.

국가의 공정성과 신뢰성: 왕의 아들이라 할지라도

상앙의 개혁은 근본적으로 다음과 같은 두 가지 생각에 기초했다. 첫째로 인간의 본성은 악하다는 것이다. 상앙은 "굶주리면 먹을 것을 찾고 수고스러우면 편안함을 구하며 괴로우면 쾌락을 좇고 욕을 당하면 영예를 추구"하는 것이 바로 백성들이며, 이들은 "이익을 구할 때 예의법도를 잃으며 명예를 구할 때 본성의 도리를 잃는다"고 이야기했다. 따라서 상앙이 생각하는 법의 목적은 백성을 약하게 만들고 군주와 국가의 힘을 강하게 하는 것이었다. 그의 법은 누구에게나 공평했지만 솔론의 법처럼 민주주의의 기초를 닦고 자유를 추구하는 것과는 완전히 다른 생각을 바탕에 두고 있었다.

두 번째로, 상앙은 악한 인간의 본성을 다스리기 위해 법은 지위고하에 상관없이 공평하고 철저하고 엄하게 적용되어야 한다는 생각을 갖고 있었다. 이전에 귀족들은 법을 어기고 죄를 지어도 평민들만큼 가혹한 처벌을 받지 않았기 때문에 제멋대로 권력을 휘두를 수 있었다. 상앙은 이런 특권이야말로 법과 나라를 뒤흔드는 가장 큰 문제라고 생각했다. 그는 귀족들이 아무 때고 권력을 내세우며 특권을 주장하는 것에 대해 "저울을 버리고 손끝으로 가벼운

지 무거운지 집어보는" 것과 같이 공평하지 못한 일이라고 비판했다. 또한 "법은 신뢰나 권력에 앞서는 것이므로 군주도 반드시 지켜야 하며 군주가 법을 어기면 나라가 혼란에 빠진다"고 했다. 상앙은 이렇게 처음부터 법의 공평성을 강조했다.

> 형벌을 시행하는 데는 사람의 등급을 따지지 아니한다. 재상과 장군으로부터 큰 부자와 서민에 이르기까지… 군주의 법을 어지럽히는 자가 있으면 사형에 처하고 사면하지 아니한다. 전에 공을 세웠다 하더라도 나중에 무너뜨림이 있으면 그로 인해 형벌을 덜어주지 아니한다.
>
> — 《상군서》 중에서

나아가 그는 현대의 선진적인 반부패법 가운데 하나인 내부고발제도를 이미 수천 년 전에 만들었다. "관리 주변의 사람이 관리의 죄를 알고서 군주에게 들추어내면 그 자신은 죄에서 면제된다. 고발자는 죄를 범한 관리의 관직과 논과 밭, 벼슬을 그대로 물려받는다"는 것이 상앙의 내부고발제도였다. 그의 법은 '고발한 자는 죄가 있어도 가볍게 처벌하고 죄가 없는 경우에는 빼앗은 부패자금 중 일부를 상금으로 줄 수 있다'는 현대의 제도보다도 훨씬 철저하고 획기적이었다.

상앙의 변법은 그 내용도 중요하지만 모든 개혁이 철저하게 백성들에게 공개되고 처리과정이 투명했으며 공정한 방식에 의해 집행되었다는 점에서 그보다 앞서 개혁을 시행한 이들의 방법과 구별된다. 개혁을 성공할 자신이 있다고 가까스로 효공을 설득한 상앙은 군주뿐만 아니라 모든 백성을 개혁의 실천자로 만들기 위해 다양한 방책을 내놓았다. 《논어》에 소개된 이목지신移木之信의 일화는 상앙의 변법이 어떻게 백성들에게 공개되고 실현되었는가를 구체적으로 보여준다.

"법은 목적을 명백하고 쉽게 하여 백성이 나아갈 바를 알도록 해야 한다"고 주장한 상앙은 개혁에 힘을 불어넣기 위한 묘책을 세웠다. 그는 도성 남문 앞에 삼 장(약 9미터)가량의 나무를 세워놓고 이를 북문으로 옮기는 자에게 10금金을 주겠다고 공포했다. 기껏 나무를 옮기는 데 10금을 줄 리 없다고 생각한 백성들은 며칠 동안 이 '이상한' 포고령을 무시했다. 그러자 상앙은 나무를 옮기는 자에게 50금을 주겠다며 상금을 올렸다. 그러던 어느 날 길 가던 이가 나무를 북문으로 옮겼고 상앙은 그에게 약속대로 50금을 주었다. 그러자 백성들은 정부의 정책을 굳게 신뢰하게 되었고 개혁이 정말로 이루어지고 있다는 것을 깨달았다.

정부가 백성의 신뢰를 얻는 데 반드시 필요한 것은 공정성이다. 즉, 상앙의 법이 백성에게만 엄격하고 고위관료에게는 그렇지 않았다면 그 법과 정부는 신뢰를 잃었을 것이다. "한 나라의 어지러움은 그 법의 어지러움이 아니라 법을 반듯하게 행하지 않기 때문"임을 강조했던 상앙에게 어느 날 법의 공정성을 입증할 기회가 찾아왔다. 진나라 왕자가 법을 어긴 사건이 발생한 것이다. 상앙은 "왕자가 법을 어기든 서민이 법을 어기든 같은 범죄이며 나라가 금하는 것을 범한 경우에는 사형에 처하고 사면치 않는다"는 원칙론을 고수하며 왕자를 참수형에 처하려 했다. 이에 효공이 기겁을 하고 상앙을 말리자 그는 왕자를 잘못 가르친 죄로 보육관인 공자 건虔을 처벌하고 왕자의 사부인 공손가公孫賈에게는 얼굴과 몸에 먹물로 죄명을 새기는 자자형刺子刑을 내렸다. 후에 공자 건은 또 다시 법을 어겨 코를 베이는 의형劓刑에 처해지면서 상앙에게 원한을 품게 된다.

상앙의 이런 정책은 무엇보다도 국가의 일관성과 공정성을 확립하기 위한 것이었다. 그는 권력과 기세를 의미하는 세勢나 술수와 술책을 의미하는 술術이 아닌 법을 통치의 기본으로 삼았다(以法治國). 그는 과거의 전통으로 돌아가고 고래의 법을 회복시키는 데는 관심이 없었으며 춘추전국과 같은 혼란의 시기에는 기존의 법을 현실에 맞게 개혁하는 변법이 더 필요하다고 생각했다. 그리고 변법이 잘 실현되기 위해서는 최소한 두 가지 조건이 필요하다고 여겼다. 첫째는 개혁의 주체에 대한 신뢰로, 이목지신은 그 신뢰를 확보하기 위한 조치였고 두 번째는 법이 고르게(律) 적용되는 것으로, 즉 법은 법률法律이 되었을 때 비로소 치국의 기본이 될 수 있다고 믿었다. 태자의 보육관과 사부에 대한 처벌은 법이 고르게, 즉 공정하게 적용되는 것을 보여주기 위한 본보기였다.

법치: 구분을 명확히 하며 공적인 것을 숭상한다

상앙의 개혁은 엄격했으나 공정했고 잔혹했으나 형평에 맞았다. 풀밭을 개척해 백성을 이롭게 하겠다는 취지로 공포된 '간초령'은 첫 조항에 "백성들의 요청은 하루라도 미루어져서는 안 되며 반드시 그날 처리되어야 한다"고 못 박음으로써 힘 있는 관료들이 간사한 꾀로 백성을 속이지 못하게 했다. 그는 "법과 임무를 수호하는 관리 가운데 왕법을 행하지 않는 자는 죽게 되고 용서받지 못하며 그 형이 삼족에 미칠 것"이라며 관료들의 탈법에 특별히 엄격했다. 또한 궐 앞에 법령을 걸어두고 백성들이 다 보고 이해할 수 있도록 함으로써 누구나 법을 몰라서 당하는 일이 없도록 했다.

상앙의 개혁으로 변두리 후진국이었던 진나라는 10년 만에 강력한 국가로 새롭게 태어난다. 그의 개혁이 얼마나 철저하고 얼마나 성공적이었는지에 대해 《사기》는 이렇게 기록하고 있다.

> 그제야 백성들은 새 법을 잘 따랐다. 법이 시행된 지 10년 만에 백성들은 마음으로 복종하게 되었다. 길에 떨어진 물건도 줍는 사람이 없었고(道不拾遺) 산에는 도적이 사라졌다. 생활은 풍족해지고 사사로운 다툼에는 겁을 먹었으되 전쟁 때는 용감했다. 나라는 잘 다스려졌다.

훗날 진나라를 방문한 순자 또한 진나라에 대해 "풍속을 보니 백성은 소박하고 소리와 음악이 문란하지 않고 의복은 더럽지 않으며, 도읍과 관청에 이르러 보니 관리들은 엄숙하고 공손하고 검소하며 충실하고 믿음직하여 타락하지 않았다. … 서로 비교하지 않고 작당하지 않으며 통하지 않음이 없이 공정했다. … 편안해도 다스려지고, 간략하면서도 상세하게 갖추고, 번잡하지 않으면서도 공로가 있는 것, 이것이 다스림의 극치"라고 극찬했다.

힘(勢)과 온갖 술책(術)이 난무했던 춘추전국시대에 상앙이 국가의 근간으로 내세운 법치는 권력 남용과 비리에 대한 분명한 반부패 효과를 발휘했다. 그의 법치는 통치집단의 자의적 지배가 아니라 공정한 법을 국가통치의 기본으로 삼았다는 점에서 현대의 법치와 닮았지만 그 목적이 왕권 강화에 있었다는 점에서는 큰 차이가 있다.

상앙의 법치는 우선 명분明分에 기초했다. 명분은 첫째로 '구분을 명확히 정하'는 것으로 법을 통해 직분, 역할, 소유권과 같은 사회적 질서를 명확히 하는 정분定分을 의미한다.《상군서》의 〈정분〉편에서는 토끼사냥을 예로 들고 있다. 상앙은 100명이 토끼 한 마리를 쫓는 것은 토끼를 백 등분으로 나눌 수 있기 때문이 아니라 그 토끼가 누구의 것인지 확정되지 않았기 때문이라고 적었다. 명분이 정해지지 않으면 요순과 같은 성군들도 구차해지지만 명분을 철저하게 정하면 큰 도적도 마음이 곧고 성실해진다는 것이다. 두 번째로 명분은 백성들이 분명히 이해할 수 있는 명백하고 쉬운 법조항을 의미한다. 상앙에 의하면, 성군 치하에서 형벌로 죽는 자가 없는 이유는 사람을 죽이는 형벌이 없기 때문이 아니라 법이 명백하고 이해하기 쉬워 백성들이 행해야 할 것과 행하지 말아야 할 것을 잘 알았기 때문이었다. 세 번째로 명분은 관료들이 자의적 판단과 불법적 수단으로 백성을 괴롭히지 않도록 권력의 한계와 책임을 분명히 하는 것이다. 상앙은 관료들은 늘 법을 성실하게 배우고 이를 왜곡하지 말아야 하며, 법관을 두어 백성이 관료의 불법을 감시하게 해야 한다고 강조했다.

상앙의 법치는 또한 상공尙公, 즉 '공을 높이 여기는' 가치에 기초했다. 그는 나라를 잘 다스리기 위한 세 가지 원리로 법, 신뢰, 권력을 제시했다. 법과 신뢰는 신하는 물론 군주도 함께 지켜야 하는 것이며, 독점적인 권력을 가진 군주는 명분을 어지럽히거나 법을 훼손하지 않도록 이를 아껴서 사용해야 한다고 했다. 그는 또한 군주가 법을 놔두고 다른 방법으로 통치해서는 안 되며, 그 누구를 막론하고 법을 지킨 자에게는 상을, 어긴 자에게는 엄벌을 내려야 한다고 못박았다. 상앙은 무엇보다도 공적 가치를 낮춰 권력을 사사로이 사용해서는 안 되며, 사적인 문제에 공적 권력을 사용하거나 사적 이익을 위해 공적 가치를 희생하는 것은 국가가 멸망하는 근본 원인이라고 봤다. 따라서 공公의 가치를 더욱 숭상해야 한다고 주장했다.

하지만 상앙의 '명분'은 각각의 사회적 지위, 역할, 소유를 분명히 구분함으로써 사회의 질서를 잘 유지하기 위한 것이었다는 점에 유념할 필요가 있다. 즉, 조금이라도 질서를 어지럽히는 행위에는 가혹한 형벌이 뒤따랐다. 또한 공적인 것을 숭상하는 그의 '상공' 원칙에서 공은 군주와 국가를 가리켰다. 법과 신뢰는 군주와 신하가 함께 지키고 쌓아야 하는 것이지만 권력은 오직 군주가 독점해야 한다는 그의 사고는 혼란한 춘추전국시대에 왕권에 도전하는 지배층을 약화시키고 왕의 지배력을 효과적으로 행사해 국가를 강성하게 만들었다. 다시 말해 그의 법치는 권력의 자의적 행사를 억제하고 공권력에 대한 신뢰를 세우고 법의 실효성을 높이는 반부패 효과가 있었지만, 명분과 상공이라는 두 가지 원칙을 놓고 볼 때 모두 '약민弱民'을 전제로 한 특수한 시대의 법치였다고 할 수 있다. 즉, 민중의 힘을 약화시켜 공권력에 복종하게 함으로써 왕권을 강화하고 사회질서를 유지하는 것이 상앙이 추구한 법치의 기본 목적이었다.

상앙의 개혁으로 진나라는 정치·경제·사회적으로 큰 발전을 이루었고 자신들의 능력을 펼치고 싶어 하는 수많은 인재를 외부로부터 끌어들였다. 하지만 상앙의 변법은 가혹하고 철저했기 때문에 많은 적도 만들어냈다. 일부 귀족은 그가 법치만 강조하고 예禮를 무시해 제 명대로 살지 못할 것이라며 매섭게 비판했다. 법가에서도 후대의 한비자는 상앙이 법을 지나치게 강조함으로써 군주보다는 신하의 권한을 강화시킬 위험이 있었다고 지적했다. 예컨대 "군주가 법도를 버리고 사적인 논의를 좋아하면 간사한 신하들이 권력을 이용해 백성들에게서 재물을 빼앗게 되며, 관리는 아랫사람을 속이고 백성을 착취하게 된다"는 상앙의 말은 백성이 법도를 버리는 군주를 그들의 힘으로 끌어내릴 수도 있음을 보여줬다는 것이다.

어쨌거나 상앙의 가장 심각한 정적은 귀족세력이었다. 이미 개혁을 건의하는 자리에서 효공의 신하 감룡과 두지는 기득권을 보호하는 기존의 법을 바꿔서는 안 된다며 상앙을 강력하게 비판했다. 세습된 특권과 권력을 이용해 농민들의 토지를 빼앗고 온갖 부패와 악행을 저지르고도 처벌받지 않았던 귀족들에게는 상앙의 개혁이 결코 반가울 리 없었다. 엄격한 법 적용으로 다양한 특권과 기득권을 박탈당한 귀족들은 그의 권력이 약해질 날만 기다렸다.

효공이 죽고 상앙이 모욕을 주었던 왕자가 효혜왕이 되자 상황은 급변했다. 상앙 때문에 코가 베이는 모욕을 당했던 공자 건은 상앙이 왕을 배반하기 위한 계획을 꾸미고 있다고 모함했다. 다급해진 상앙은 한밤중에 사람들의 눈을 피해 도망치다가 하룻밤 묵어갈 주막을 찾아 들어갔다. 그러나 주인은 "상앙의 법에 따르면 신분을 밝히지 않은 자는 묵어갈 수 없소."라며 그에게 방을 내주지 않았다. 상앙은 "내가 만든 법률에 내가 죽는구나(作法自斃)."라는 탄식을 하며 병사들에게 붙잡히고 만다. 그는 결국 사지와 머리가 수레에 매달려 찢겨지는 자신이 만든 거열형車裂刑으로 생을 마쳤다.

상앙은 죽었지만 그가 남긴 법은 100년 후 시황제가 중국을 통일하는 기초가 되었고 2000년 동안 중국 통치체제의 바탕이 된다. 그의 정책은 특권세력의 부패를 없애고 진나라를 선진화했으며 통일중국의 기초를 닦았다. 그의 법은 엄혹했고 그 엄혹함으로 결국 본인도 희생되었지만 법의 공정성과 공개성, 투명성을 철저히 실천한 사례라는 점에서 오래 기억할 만하다.

3부

감사와 감시
그리고 권력

통제되지 않는 권력은 늘 위험한 질주를 한다. 그 위험한 질주가 파멸이 되지 않도록 권력기관들은 늘 내부에 견제장치를 마련해야 한다. 이 부의 초점은 권력의 부패를 방지하는 내부감시 장치다. 우선 '듣기'라는 행위가 어떻게 동서양 공통으로 감사의 특징이 되었는가와 더불어 감사제도의 기원을 살펴본다. 즉, 아테네 민주정 아래서의 감사, 로마 공화정과 제국시대에서의 감사에 대해 검토한다. 또한 이런 감사가 중세와 르네상스 시대에 이탈리아 도시국가에서 시작되어 어떻게 체계적으로 정착되었는가를 살펴본다.

두 번째로 공권력의 부당한 행정이나 권리침해에 대한 대중의 불만을 조사하고 처리하는 옴부즈맨 제도의 기원과 발전에 대해 살펴본다. 옴부즈맨 제도는 18세기 말 스웨덴에서 시작됐지만 유사한 제도가 이미 비서구사회인 이슬람 국가에 존재하고 있었다. 이 장에서는 먼저 이슬람의 고충처리 제도를 살펴보고 스웨덴에서 어떻게 이와 유사한 옴부즈맨 제도가 생겨나게 되었는지를 알아본다. 더 나아가 옴부즈맨 제도가 현대에 와서 어떻게 세계 곳곳으로 퍼져 자리 잡게 되었는지도 검토한다.

세 번째로는 회계감사의 기원에 대해 살펴본다. 고대 수메르에서부터 르네 상스 시대까지 회계의 발전을 더듬어보며 오늘날 기업회계의 기본이 된 복식부 기가 어떻게 영리와 배치되는 종교적 의미를 띠고 등장했었는지 고찰할 것이다. 그리고 자본주의 시대 초기와 최근의 버블사태까지 회계감사의 한계와 역할을 알아본다.

마지막 장은 부패한 왕정과 맞서 싸우며 등장했던 근대의 정치체제가 어떻 게 그마저도 부패하게 되었는지, 그리고 그 부패를 극복하기 위해 어떤 노력을 해왔는지를 검토할 것이다. 이 장에서는 또한 근대 초기의 선거제도를 살펴보 면서 일반선거와 비밀선거 도입이 어떤 반부패적 의미를 띠고 있었는지도 알아 본다. 마지막으로 선거부패를 방지하기 위해 어떤 제도들이 도입되었는지, 정당 내 경선과정은 어떻게 결정되었는지를 분석하고 이를 통한 반부패 활동과 제도 의 역사를 고찰할 것이다.

1장   정부권력을 듣다:
공공감사의 역사

1992년 노벨평화상 수상자인 리고베르타 멘츄Rigoberta Menchú Tum는 "만약 강력한 감시기관이 없다면 처벌받지 않은 범죄들을 바탕으로 부패한 시스템이 건설될 것이다. 그리고 이 범죄들을 결국 처벌하지 못한다면 부패를 종식시키기 위한 모든 노력은 허사로 돌아갈 것이다."라고 말했다. 민주사회의 정부조직에는 정부의 일상적인 업무를 감시하는 내부기관이 존재한다. 한국에서는 감사원이 대표적인 조직이다. 감사원은 국가의 세입과 세출 결산을 검사하고 국가기관과 법률이 정한 단체의 회계를 상시 검사·감독하며 공무원의 직무를 감찰하는 역할을 한다. 만약 이 같은 조직이 없다면 국가는 멘츄의 말처럼 통제 불가능한 부패 시스템이 뿌리내리는 것을 막을 방도가 없을 것이다.

그렇다면 감사조직은 언제 어떻게 생겨났을까? 이번 장에서는 감사조직이 어떻게 탄생하고 어떤 경로를 통해 근대적인 감사 형태로 발전해왔는지에 대해 집중적으로 살펴보겠다.

듣는 감사: Audit, 귀, 聽

감사는 한자로 監査, 말 그대로 감시하고 조사하는 것이다. 하지만 영어로는 watch가 아니라 audit이다. audit는 '듣다'라는 뜻의 라틴어 audire로부터 유래했는데, 서면보고보다는 구두보고가 중심을 이루었던 고대사회에서 감사관들은 공직자의 구두보고를 듣고 그 정확도와 신뢰도를 파악했기 때문이다. 고대 로마에서는 현직군인들의 호소와 청원을 듣는 자리에 퇴직군인이 감사관으로 초대되곤 했다. 명성과 경험이 풍부한 이들이 문제를 조기에 간파해 로마군 지도부에 문제 해결을 위한 대안을 제시할 수 있었기 때문이다. 즉, '듣는 이'는 해당 분야에서 명성과 전문성이 있는 이들을 의미했다.

헤로도토스의 《역사》에 의하면 기원전 5, 6세기경 고대 페르시아제국을 통치했던 다리우스 왕은 그의 제국을 여러 지역으로 나누어 통치했으며 각 지역은 부의 정도에 따라 제국에 세금을 납부했다. 다리우스는 이들의 보고가 정확한지 검사하기 위해 '왕의 귀'로 불리는 대리인을 각 지역에 파견했는데 이것이 감사에 관한 서양 최초의 역사적 기록이다.

중국에서 감사에 대한 기록은 주나라의 정부관제를 기록한 〈주례周礼〉에 최초로 등장한다. 〈주례〉에 따르면 기원전 11세기와 8세기경 서주西周에 정부의 회계를 담당하는 사회司會와 감사를 담당하는 재부宰夫라는 관직이 있었다. 사회는 정부의 수입 지출에 대한 회계 처리와 그 감사를 담당했으며, 재부는 사회의 감사와 상관없이 독자적으로 각종 정부조직을 감사했다. 재부는 일별, 월별, 연도별 재정보고서를 작성해 상부에 보고하고, 사회는 이 보고에 기초해 부정을 저지른 공직자의 처벌여부를 결정했다. 재부는 공직자의 비리를 자신의 상관이며 장관급인 소재나 그 위의 재상, 심지어 왕에게도 직접 보고할 수 있었다. 페르시아나 로마의 감사와 마찬가지로 재부들의 감사는 관료들의 회계기록과 업무보고를 귀로 듣는 방식으로 진행되었다. 고대 주나라에서 '듣기'는 업무와 재정을 식별하는 능력으로 통치의 5가지 가치 중 하나였다. 〈주례〉에 따르면 듣기聽는 평치平治를 위한 것이라 했는데, 평치는 '잘못된 것을 바로잡아 균일하게 만드는 것, 일을 철저하게 처리하는 것'을 의미했다. 주나라 시대에 감사를 뜻하는 말은 '듣고 헤아리는 것'을 의미하는 청계聽計였으며, 결국 고대 동서양의 감사제도가 모두 귀를 기울이는 것에서부터 시작되었음을 알 수 있다.

헤아려 똑바로 펴는 아테네의 감사

고대 아테네에는 공직자를 감시하는 여러 장치가 있었다. 먼저 공직에 취임하려는 후보자들은 반드시 거쳐야 하는 관문이 있었는데, 민회 또는 법원에서 '검사' 혹은 '조사'의 의미를 가진 도키마시아dokimasia라는 자격심사를 받는 것이다. 도키마시아는 후보자의 공직수행 능력보다는 자격요건 심사에 무게를 둔 사전감사 장치 중 하나였다. 후보자의 시민권과 가족관계 그리고 연임금지 위반과 같은 공직취임 제한사유를 주로 조사했으며, 이런 형식적인 자격심사 외에도 후보자의 납세기록이나 병역의무 이행여부, 부모와 신에 대한 태도 등을 조사해 후보자의 도덕성, 공익성, 가치관을 두루 판단했다.

도키마시아를 통과한 공직자라도 임기 중에 부패를 저지르면 시민들은 불신임투표(apocheirotonia)를 통해 그를 공직에서 축출할 수 있었다. 또한 민주주의를 전복하려 하거나 뇌물을 수수한 공직자는 아테네의 최고의결기구인 민회, 또는 민회의 집행기구에 해당하는 500인 평의회에 고발되어 탄핵재판(Eisangelia)을 받았다. 민회는 매 회기를 시작하는 첫 모임에서 에피케이로토니아 epikheirotonia라는 거수투표를 통해 공직자가 제대로 업무를 수행했는지 여부를 판단했다. 반대표가 많으면 해당 공직자는 재판에 회부되고 평결이 나오기 전까지는 해당 업무에서 배제된다. 물론 무죄를 받을 경우 업무에 복귀할 수 있지만 유죄판결을 받으면 파면될 뿐 아니라 벌금도 물어야 했다. 아테네의 황금기를 열었던 페리클레스도 이 거수투표를 통해 재판에 회부되고 유죄판결을 받아 군대 지휘권을 빼앗기고 벌금을 물은 적이 있다.

고대 아테네에서 오늘날의 감사와 가장 유사했던 제도는 유튀나euthyna('똑바로 펴다'를 의미)다. 특히 아테네에서 민주주의가 정착하고 관료제도가 정비되기 시작한 기원전 5세기 즈음에는 특별한 계기에만 도입되는 거수투표보다 정기적으로 공직자의 비리를 점검할 수 있는 사후감사로서 유튀나 제도의 중요성이 더욱 두드러졌다. 유튀나는 회계감사와 직무감사의 2단계로 이루어졌는데, 공직자는 우선 로고스logos라는 1단계 회계감사를 거쳐야 했다. 로고스는 주로 '말 혹은 이성'이라는 뜻으로 사용되지만 '헤아리다, 계산하다'라는 의미도 있다. 임기만료를 앞둔 공직자는 민회에서 추첨으로 선출된 10명의 회계감사관 로기스타이^{logistai}로부터 임기 중 공적자금을 잘못 사용해 국가에 피해를 주었는지, 뇌물을 받았는지, 횡령을 했는지 등에 대한 회계감사를 받았다. 이 과정에서 부정이 적발될 경우 로기스타이는 그를 법정에 세울 수 있었으며, 로기스타이가 주재하는 법정에서 뇌물로 유죄를 선고받은 공직자는 받은 뇌물의 열 배에 해당하는 벌금을 물어야 했다. 공직자가 단순한 부주의나 업무태만으로 공공재산에 손해를 입힌 것이라면 그 손해에 해당하는 액수만 보상하면 되었다.

유튀나의 2단계인 직무감사는 유튀노이^{euthynoi}가 담당했다. 유튀노이는 '똑바로 펴는 자'라는 뜻으로, 평의회에서 추첨을 통해 10명의 유튀노이를 선출했다. 로기스타이의 회계감사를 통과한 때로부터 3일 동안 유튀노이는 해당 공직자의 직무에 대한 시민들의 고발을 접수해 그가 '똑바르게' 혹은 '삐뚤어지게' 직무를 수행했는지를 심의했다. 만약 직무태만이나 권력 남용과 같이 '삐뚤어지게' 업무를 수행한 사실이 드러나면 유튀노이도 해당 공직자를 법정에 세울 수 있었다. 유튀나 제도에 의한 회계감사와 직무감사는 모두 공직자의 퇴임일로부터 30일 이내에 이루어져야 하며, 이 기간 동안 해당 공직자는 도시를 떠나거나 자신의 재산을 마음대로 처분하는 것이 금지되었다.

찾고 평가하는 로마의 감사

로마시대에 공직자는 쿠르수스 호노룸^{cursus honorum}(명예로운 과정이라는 의미)이라는 절차와 단계에 따라 임명되었다. 단계별 공직은 일정한 나이 제한이 있었는데, 가령 원로원에 진출할 수 있는 가장 하위직인 콰이스토르^{quaestor}(재무관)는 25세 이상, 두 번째로 높은 콘술^{consul}(집정관)은 42세 이상이어야 맡을 수 있고 그 위의 켄소르^{censor}(감찰관)는 콘술 직을 마친 사람만 임명될 수 있었다. 이 공직들 가운데 오늘날의 감사와 가장 유사한 직위는 콰이스토르와 켄소르였다.

재무관인 콰이스토르('찾다' 혹은 '조사하다'라는 의미의 quasit에서 유래)는 수입과 지출 보고가 정확한지 확인하고 정부재정이 부정한 방법으로 유용되고 있지는 않은지 조사하는 자리였다. 로마 청년들이 공공사무를 담당하는 아에딜레^{Aedile}(조영관)나 재판 업무를 담당하는 프라이토르^{Praetor}(법무관)로 승진하기 위해서는 필수로 거쳐야 하는 자리였으며 주로 콘술과 로마 속주의 총독, 로마 속주의 프라이토르 등을 도와 군사작전이나 민간행정과 관련된 회계업무를 했다. 즉, 전쟁 시에는 군인의 봉급과 군수물자 관리까지 책임졌으며 로마의 속주에서는 회계업무 외에도 상관인 총독이나 법무관이 자리를 비울 경우 군사 및 재판 업무를 대행했다.

콰이스토르의 회계보고는 공직자가 부당하게 취득한 재산을 환수(repetundae)하기 위한 법정에서 결정적 증거로 쓰였는데, 그 보고 대상에 일반 공직자는 물론이거니와 그의 상관인 속주의 총독이나 법무관도 포함되었다. 그래서 때때로 속주 관료의 비리를 폭로하는 콰이스토르도 있었지만 직책상 그런 저항은 대체로 미미했고 그마저도 손쉽게 그들의 상관인 콘술이나 프라이토르에 의해 억압되었다. 따라서 콰이스토르의 독립성이 부패를 방지할 만큼 충분히 보장되었다고 볼 수 없다.

감찰관인 켄소르('평가하다' 혹은 '판단하다'라는 뜻의 censere에서 유래)는 콘술을 거친 자만 임명될 수 있는 최고위 공직이지만 콘술이나 군단장이 가졌던 최고 권력인 '임페리움imperium', 즉 법의 해석과 집행권 혹은 전쟁 시 군대를 지휘하는 통솔권을 갖지는 못했다. 하지만 시민들의 공식 명부인 인구조사(census) 작성을 담당함으로써 상당한 영향력을 행사했다. 원래 콘술이 담당했던 이 인구조사는 공직선거 유권자 명부, 병역대상자, 세금징수의 근거가 되는 재산등록을 포함하고 있기 때문에 매우 중요한 문서였다.

기원전 5세기 이후부터 로마인들은 두 명의 켄소르를 선출해 왔다. 공식 시민명부를 통해 로마 전체를 한눈에 들여다볼 수 있었던 켄소르들은 사회 전체의 풍속과 도덕을 감독(regimen morum)·평가하는 역할을 하며 공동체의 관습과 도덕을 저해하는 행위들을 처벌했다. 켄소르가 임명될 때 하는 선서에는 "국가의 이익을 위하여", 그리고 공동체의 복지를 위해 행동하고 힘쓰며 사적인 적대감과 편애를 거부한다는 내용이 담겨 있었다.

최고 공직자인 켄소르가 풍속과 도덕까지 관장하고 감독했던 이유는 로마시대의 부패와 반부패 개념이 공동체 혹은 공화국의 보호와 직결되어 있었기 때문이다. 로마에서 부패란 이전의 기품 있는 상태로부터의 붕괴와 그에 따른 쇠퇴를 특징으로 한 부정적 상태를 의미했다. 따라서 부패라는 말은 로마의 전통 관습이 손상되는 것에서부터 뇌물수수, 공공재산 절도, 사기, 강요, 잘못된 행정 등의 권력 남용에 이르기까지 다양한 현상을 묘사하는 데 쓰였다. 또한 부패는 공동선이나 공공의 이익과 충돌하는 행위로 이해되었는데, 공공이익(utilitas publica)은 로마 공화정의 핵심적인 가치였으니 이를 지키는 일을 최고 공직자가 맡는 것은 너무도 당연했다.

켄소르의 일은 감찰 영역이 방대할 뿐 아니라 권한도 막강해서 일반시민은 물론이고 공직자들도 매우 두려워했다. 그래서 켄소르를 흔히 '꾸짖는 자'라는 별칭으로 부르기도 했다. 켄소르는 사치스러운 생활, 혼인 적령기에 있는 시민의 혼사, 가족과 노예에 대한 가혹행위, 공공장소에서의 처신과 같은 개인들의 생활 영역에서부터 뇌물수수, 횡령과 같은 공직자의 부적절한 처신, 그리고 직무태만, 위증, 국가 소유의 자산(말이나 토지 등) 관리 소홀과 같은 공적 영역에 이르기까지 방대한 문제들을 감독했다. 하지만 두 명의 켄소르만으로 이 모든 일을 감당할 수는 없었기에 실제로 주력했던 업무는 대대로 내려오는 조상들의 관습(mos maiorum)이 훼손되지 않도록 사회기강을 바로잡는 것이었다. 그렇다 보니 켄소르의 판결은 법적 보호를 박탈하는 인파미아infamia(악명 혹은 불명예)보다는 도덕적으로 규탄하는 이그노미니아ignominia(창피 혹은 수치)가 많았으며 이그노미니아는 그다지 법적 구속력을 갖지 못했다.

켄소르는 시민이나 공직자가 부적절한 처신을 하거나 부패를 저질렀을 때 이들의 시민명부에 견책 표시(nota censorial)를 했다.

견책 표시된 시민은 세금을 내야 하지만 투표권을 박탈당했고, 심지어 시민권을 빼앗기거나 자신의 종족에서 추방되기도 했다. 견책 표시를 받은 공직자가 기사일 경우 그는 국가로부터 받은 말을 몰수당했고, 원로원 회원일 경우에는 그 자격을 박탈당할 수 있었다. 실례로 1부에 등장했던 대 카토는 켄소르로 일할 때 한 원로원 회원이 딸이 보는 앞에서 아내와 부적절한 처신을 했다고 그의 자격을 박탈했다. 기록에 따르면 기원전 70년 로마의 켄소르들은 모두 64명의 원로원 회원을 부도덕 및 부정행위로 제명했는데, 그중에는 마르쿠스 안토니우스의 계부이자 최고 권력자였던 렌툴루스 수라Lentulus Sura도 포함되어 있었다. 그는 로마 속주에서 뇌물을 받았을 뿐 아니라 재판관들에게 뇌물을 준 혐의로 원로원에서 쫓겨났다.

조사하고 비판하는 이탈리아 도시국가들의 감사

그리스와 로마 시대의 감사제도와 기능은 피렌체, 베니스, 페루자 같은 근대 이전의 중세 이탈리아 자치도시들로 계승 발전되었다. 이 도시들은 로마제국의 붕괴와 맞물려 이탈리아 북부를 중심으로 형성되었는데, 십자군 전쟁 이후 교역의 발달에 힘입어 성장한 도시 상공업 계층이 12세기에 들어 코뮌commune 혹은 공동체라 불리는 자치도시를 하나둘 만들기 시작했다. 이런 도시들은 신성로마제국과 교황의 권력으로부터 멀어져 스스로 독립성을 띠고 공화적인 전통을 지닌 자치도시로 발전해갔다. 신성로마제국과 교황이라는 두 권력에 대한 저항은 제정일치나 왕권신수설과 같은 당시 중세 유럽을 지배하던 통치원리에 대한 근본적인 부정, 그리고 소수에 의한 중앙집권 통치에 대한 불신을 의미했다. 이들 자치 도시국가들은 공권력 제한과 엄격한 감시를 통한 보다 민주적인 통치를 구현하고자 했다.

초기 코뮌의 통치체제는 기존 권력에 대한 불신과 그 대안으로 등장한 집단지도체제였다. 그러나 내부분열과 파쟁으로 심각하게 훼손되어 '법치가 아닌 파벌통치'로 실정과 부패만 초래했다. 피사 Pisa시와 페루자Perugia시의 지배파벌이 공공연하게 약탈자 혹은 횡령자로 불렸다는 사실은 당시 파벌정치의 폐해가 얼마나 심각했는지를 보여준다.

중세 후기가 본격화되는 13~14세기에 사람들은 부패를 정신적 타락 혹은 종교적 이상으로부터의 탈선이라는 기독교적 개념에서 벗어나 좀 더 세속적이고 실질적이며 정치적인 문제로 보기 시작했다. 단테는《신곡》의 〈지옥〉 편에서 아홉 층의 지옥 중 가장 낮은 쪽에 속하는 지하 8층에서 사기죄를 다루었다. 사악한 계곡이라 불린 이 말레볼지아Malebolgia 지옥에서 가장 엄중한 벌을 받은 자는 탐관오리들이다. 단테는 당시 부패로 악명이 높았던 실존인물인 피사의 고미타Gomita와 사르데냐의 잔케Michel Zanche를 등장시켜 공금을 횡령하고 뇌물을 받은 부패한 관료들이 뜨거운 역청 속에서 고통에 몸부림치는 모습을 보여주었다.

이 시기 이탈리아 자유도시에 있어서 부패는 매우 엄중한 범죄로, 공화주의의 핵심 가치인 독립적인 자유와 공동체의 번영을 파괴하는 행위로 여겨졌다. 즉, 부패는 종속과 분열을 야기해 자유도시라는 공동체의 이익을 파괴한다는 것이다. 도시민들은 이제 정신적 타락보다는 정치적·공적 영역에서의 비리에 대해, 그리고 사후세계에서의 이상적인 안녕보다는 이승에서의 현실적인 안녕에 더 관심을 갖기 시작했다. 이 시기 시민들에게 공동체의 이익을 독립적이고 공정하게 지켜내는 일은 도시의 생존과 번영이 달린 문제였다.

13세기에 접어들면서 도시민들은 독립적이면서도 어느 한 파벌의 이익에 치우치지 않고 도시를 경영할 수 있는 '도시장관'을 아예 다른 도시로부터 초대해 통치를 위임하기 시작했다. 이런 도시장관을 포데스타podestà(권력 혹은 힘을 의미)라 불렀다. 포레스타의 임기는 대략 1년이었다. 그들은 자신만의 스태프를 데리고 와서 일했으며, 도시행정과 법 집행 및 각종 사무를 담당했고, 위임받은 업무 외에 다른 일에 관여하는 것은 엄격히 금지되었다. 임기동안 훌륭한 주거시설이 제공되었는데 이는 지역유지나 파벌들로부터의 독립성을 보장하기 위한 조치였다. 포데스타는 업무 시작전에 일종의 보증금을 도시에 기탁하고 임기 중 별다른 문제가 없으면 퇴임할 때 그대로 돌려받았다. 당시 공직자들은 자신의 급여이상을 별도로 수수할 수 없었으며, 위반 시에는 상당한 벌금을 내거나 혀가 잘리는 형에 처해졌다. 또한 공직자를 매수한 이는 자신이 제공한 액수의 네 배에 해당하는 벌금을 물어야 했다. 공직자들은 이해충돌 방지를 위해 일정한 시기마다 담당업무가 교체되었고 어떤 직책은 제비뽑기로 정하기도 했다.

13세기경, 이탈리아 자치도시들은 신다카토Sindacato라는 감사 시스템을 발전시켰다. 신다카토는 '조사하다, 비판하다'는 뜻을 가진 동사 신다카르sindacare에서 나온 말로 '통제, 회계검사, 감사'를 의미했다. 신다카토는 포데스타 같은 외부에서 온 관료들을 도시 내부의 시민들이 감사하게 한 체제였다. 일부 군사력이 있는 포데스타들은 임기를 마친 후에도 돌아가지 않고 자신들이 통치했던 도시를 장악하려 들었기 때문이다. 외부관료를 내부 시민들의 힘으로 통제하는 것은 도시의 자치 및 생존에 중요한 임무였다. 이 절차에 의해 포데스타와 같은 외부관료들은 임기가 끝나면 업무 수행 중 부정한 행위가 없었는지 감사를 받았다. 도시가 비상사태에 처한 경우가 아니라면 이 감사를 피할 수 없고, 심지어 그런 경우에도 부패와 절도행위에 대한 감사는 생략하지 않았다.

신다카토 감사는 신다코sindaco라 불리는 감사관에 의해 집행되었다. 신다코는 시의회와 각 구 대표자들에 의해 선출되었으며 선발기준이 매우 엄격했다. 우선 뇌물에 동요되지 않을 정도의 충분한 자산을 보유하고 있어야 하며, 동시에 10년 동안 감사업무를 맡거나 감사를 받아야 하는 공직에서 일한 적이 없어야 했다. 감사 기간 동안 공증인 한 명과 판사 한 명의 업무지원을 통해 신다코의 전문성을 보완했다.

신다코는 문서 검토와 심문 형식으로 재판을 진행했다. 이 재판에서는 세금을 내지 않은 시민들도 자신이나 타인이 공직자로부터 받은 불이익과 공직자의 부정행위에 대해 불만을 제기할 수 있었다. 고발 내용에는 뇌물수수와 횡령 같은 중대 범죄뿐 아니라

의무태만, 대금 미결재와 같은 경미하고 부당한 행태들도 포함되었다.

페루자시의 사례를 보면, 신다코는 포데스타가 퇴임하면 3일 이내에 그와 스태프들 그리고 그의 임기 동안 재직했던 공직자들에 대해 문제를 제기할 수 있었다. 신다코가 감사를 진행하는 동안에 해당 공직자는 임기가 끝났더라도 다른 도시로 가지 못하고 도시 내에 머물러야 했다. 신다코는 부정행위가 의심되는 공직자를 소환할 수 있고, 소환된 공직자는 판사 앞에서 조사를 받을 준비가 되었다고 맹세해야 했다. 신다코의 비판에 대해 충분히 답변하지 못한 공직자들은 직급에 따라 벌금을 부과 받았으며 이를 8일 이내에 지불해야 했다. 신다코가 문제를 발견하고 판결을 내리면 이 판결은 최종적인 것으로 그에 대한 어떤 번복이나 이의제기도 불가능했다. 소환, 조사, 판결이 모두 끝나면 신다코의 판결은 다시 별도의 법원으로 이관되었다. 신다코의 고발을 받은 공직자들은 공개적인 법정에서 정식 재판을 받았으며 이들 중 약 70%가 유죄 판결을 받았다.

신다카토는 도시공동체의 이익과 자유에 높은 가치를 부여했기 때문에 이를 훼손하는 행위에 대해 무척 엄격했다. 현대의 법체계는 뇌물을 제공한 자에게는 비교적 관대하고 이를 수수한 자에게 더욱 엄격하지만, 대다수 이탈리아 도시국가들은 자신이나 제3자의 이익을 위해 뇌물을 제공한 자와 수수한 자 모두를 똑같이 엄격하게 처벌했다. 두 행위 모두 개인의 자유로운 판단을 훼손하고 공동체의 이익을 저해한다고 보았기 때문이다.

중세 이탈리아 자치도시들에서 꽃 핀 신다카토는 이후 프랑스, 신성로마제국 등으로 퍼져나갔다. 신다카토는 무엇보다도 반부패가 국가의 독립과 공동체의 번영 그리고 개인의 자유에 직결된다는 인식에 기초한 제도였다. 중세의 영적·종교적인 삶에서 근세의 현실적·세속적인 삶으로 점차 이전하는 과정에서 도시상인과 시민들은 자신들의 삶에 실질적인 영향을 미치는 정치권력에 대한 감사를 필요로 했다. 세속적 삶의 중요성이 세속적 권력에 대한 견제와 감사의 중요성을 부각시켰고, 신다카토가 그 시대적 산물이었던 셈이다.

이상으로 고대 그리스로마 시대부터 근세 이탈리아 도시들까지 감사제도의 발전과정과 그 제도가 부패방지에 미친 긍정적인 측면들을 살펴보았다. 하지만 이 시기의 제도들은 권력 내부기관으로 존재했기 때문에 언제라도 정쟁과 권력투쟁에 좌우될 위험이 있었다. 실제로 고대 아테네의 정치가 페리클레스는 정적들의 모함으로 인해 유튀나 감사에 고발당했다. 페리클레스의 정적들은 그의 친구이자 저명한 조각가인 페이디아스Pheidias가 아테나 여신의 조각품에 사용될 황금을 빼돌렸다고 주장하며 이 조각품의 제작을 실질적으로 지휘했던 페리클레스를 궁지로 몰아넣었다. 반면에 페리클레스 역시 유튀나 제도를 통해 자신의 정적이었던 귀족파 출신의 장군 키몬Cimon에게 부패 혐의를 씌워 직위에서 물러나게 만들었다. 로마나 이탈리아 도시국가들에서도 감사는 때때로 권력투쟁에 깊숙이 연루되었다. 키케로는 켄소르가 대중의 인기에 영합해 감사권력을 남용한다고 비판하곤 했으며, 신다카토 제도가 정적을 제거하는 수단으로 악용된 사례도 있다. 단테는 14세기 초 피렌체시를 이끄는 협의회 의장직을 맡고 있었다. 그러나 그가 다른 도시로 출장간 사이 정적들이 시의 권력을 장악하고 단테가 참여하지 않은 궐석재판에서 그를 뇌물수수 혐의로 몰아 피렌체에서 추방시켜 버렸다.

역사에서 보듯 공공감사는 언제나 양날의 검이 될 수 있다. 한편으로는 부패방지를 위한 강력한 반부패 수단이면서 다른 한편으로는 권력에 종사하는 강력한 도구가 될 수도 있는 것이다. 때문에 부패를 감시하고 감사하는 일에 있어서 권력으로부터의 독립성을 획득하는 것은 개인이든 조직이든 매우 중요한 기준점이 될 수밖에 없다.

2장 국가권력을 살피다: 옴부즈맨, 권력의 대리자에서 감시자로

영국의 역사학자 액튼John Dalberg-Acton 경은 1887년 4월, 당시 로마교황청에서 주장하는 "교황은 오류를 범하지 않는다"는 도그마에 반대하는 편지를 영국의 크레이튼Mandell Creighton 주교 앞으로 보내면서 "권력은 부패하기 마련이고 절대적인 권력은 절대 부패한다. 위인들 대부분은 악인들이다."라는 명언을 남겼다. 절대권력이 반드시 부패하는 이유는 아무도 그 권력의 질주에 브레이크를 걸 수 없기 때문이다. 가속장치만 있고 제동장치가 없는 자동차에 오를 사람이 과연 몇이나 되겠는가?

모든 건강한 권력은 스스로 통제할 수 있는 장치를 만들어두기 마련이다. 민주주의의 꽃은 견제와 균형이다. 막강한 권력을 가진 정부기관이나 공무원이 시민을 협박하고 횡포를 부리는데도 이를 막을 수 있는 아무런 장치가 없다면, 그 정부의 미래는 결코 밝지 않다.

옴부즈맨, 권력의 주변에서 권력을 감시하다

　신문이나 방송에 심심치 않게 등장하는 '옴부즈맨Ombudsman'은 권력 감시를 상징하는 대표적인 제도다. 옴부즈맨은 시민들에 의해 제기된 부당한 행정이나 권리침해에 대한 불만을 조사하고 처리하는 사람 혹은 제도를 말한다. 권력기관의 문제를 조사하고 처리하기 때문에 권력으로부터 독립적이고 개별적 이익으로부터 중립적이어야 하는 옴부즈맨은 보통 행정부나 의회에 의해 임명되어 국가권력을 감시한다. 유럽과 북미에서는 기업이나 대학에 옴부즈맨을 두기도 하는데, 이 경우 기관 내에서 발생하는 부당한 행정과 권리침해에 대한 직원이나 학생들의 불만을 조사하고 처리한다. 방송국의 경우 자사 프로그램이나 보도의 문제점에 대해 자체 비판하는 옴부즈맨 프로그램을 만들어 운영하기도 한다. 즉, 옴부즈맨은 부당한 권력 행사와 권력의 부패를 감시하고 처리하는 제도다.

　옴부즈맨과 유사한 제도들이 아주 오래전부터 존재해왔다. 스파르타에는 이미 기원전 8세기에 에포로스Ephors(감시자라는 의미)라는 공직이 있었다. 5명으로 구성된 에포로스는 왕과 통치기관들의 권력 남용을 감시하고 억제했다. 아테네에서도 총 10명으로 구성된 유튀나가 공직자에 대한 시민들의 불만과 고충을 처리했다. 초기 로마의 호민관(Tribune) 역시 왕과 귀족으로부터 평민들의 권리와 이익을 보호하는 역할을 했다. 중국 진나라의 경우는 전국을 통일하면서 전국 각지에 관료를 파견할 때 그들의 부패를 감시하고 바로잡을 수 있는 관리를 함께 파견했다. 조선은 신문고를 두어 백성들이 관료의 잘못된 관행을 왕에게 직접 호소할 수 있게 했고 암행어사제도를 통해 지방 곳곳의 고충민원을 해결했다. 하지만 이런 기관들은 권력에 종속되어 있거나 임시적이고, 고충처리보다는 감사를 주로 전담하는 조직이었다. 권력 내에서 독립적 지위를 가지고 상시적으로 권력을 감시하며 고충민원 처리를 핵심적인 업무로 하는 현재의 옴부즈맨과는 큰 차이가 있다.

현재의 옴부즈맨 제도는 1713년 스웨덴의 왕 칼 12세가 처음으로 옴부즈맨을 임명하면서 역사에 등장했고, 거의 한 세기가 지난 후인 1809년 법적인 독립기관으로 제도화되었다고 볼 수 있다. 러시아를 포함한 주변국과 끊임없이 전쟁을 벌이느라 내정을 돌볼 겨를이 없었던 칼 12세는 1713년 대리자인 옴부즈맨을 임명해 판사와 공직자들을 감시·감독하게 했다. 칼 12세가 임명한 옴부즈맨은 후에 '의회 옴부즈맨 제도'로 발전해 근대 옴부즈맨의 시초가 된다. 옴부즈맨을 스웨덴어로는 '대리자' 정도로 번역하는데 어원을 살펴보면 그 이상의 의미가 있다. 옴부즈맨은 원래 고대 인도유럽어에서 '주변, 주위, 곁'을 의미하는 ambhi와 '명령하다, 지시하다, 혹은 알(게 하)다'라는 bheudh, 그리고 '사람'을 뜻하는 man이 합쳐진 단어다. 즉, 통치자의 곁에서 공직자들로 하여금 그의 지시를 알게 하는 대변자라는 의미다. 옴부즈맨은 권력과 가까운 사람이지만 권력의 중심이 아닌 바깥에서 명령과 권한을 다루는 사람이었던 셈이다.

옴부즈맨에 대한 최초의 기록은 18세기 스웨덴에서 시작되지만 그 기원은 더 먼 옛날인 아랍제국 초기로 거슬러 올라간다. 칼 12세는 러시아와의 전쟁에서 패한 후 터키로 망명했던 시절이 있는데, 옴부즈맨은 그 명칭과 기능상 터키의 최고재판관(Qadi al Qudat, 까디)과 고충위원회(Diwan-al-Mazalim, 마잘림)에서 빌려온 것으로 보이기 때문이다.

까디와 마잘림

근대 옴부즈맨의 형성에 큰 영향을 미친 것으로 보이는 고대 이슬람의 제도는 까디Qadi와 마잘림Mazalim이다. 이 제도들은 이슬람교의 제2대 칼리프인 우마르Umar ibn al-Khattab에 의해 확립되기 시작했다. 까디는 이슬람교 경전인 코란과 이슬람법에 근거해 판결을 내리는 일종의 재판관으로서 일반 사법재판 전체를 다루었다. 그의 결정은 절대적이었으나 마잘림 법정에서만큼은 반박이 가능했다. 마잘림은 백성들이 당국의 권력 남용이나 부당행위로 피해를 입었을 때 통치자나 그 대리자에게 피해 사실을 직접 호소할 수 있게 한 제도였다. 백성들은 최고재판관인 까디의 판결도 부당하다고 생각되면 그 옳고 그름을 마잘림 법정으로 가져가 다툴 수 있었다.

이슬람교의 창시자로 알려진 무함마드는 예언자일 뿐 아니라 정치, 군사, 분쟁의 조정과 심판에서 최고결정권을 가진 지도자였다. 무함마드가 죽고 후계자 문제로 갈등을 겪게 된 이슬람공동체는 '계승자'라는 의미의 칼리프라는 직책을 만들어 정치·종교적인 지도자를 세우기로 한다. 부족회의를 통해 무함마드의 장인이었던 아부 바크르가 제1대 칼리프로 선출되었지만 불과 2년 만에 사망하고 그 뒤를 이어 우마르가 2대 칼리프로 취임한다. 우마르는 원래 무함마드와 이슬람에 매우 적대적이었지만 개종 이후 무함마드를 따르는 첫 번째 제자들 가운데 한 명이 되었고, 이슬람교가 세계적으로 퍼져 나가는 데 중요한 역할을 한다.

우마르는 칼리프 취임 후 아라비아반도를 둘러싸고 있던 양대 제국인 비잔틴제국과 페르시아 사산제국을 연이어 격파하고 페르시아에서 이집트에 이르는 드넓은 땅을 차지한다. 이로써 부족연합에 불과했던 이슬람공동체는 거대한 아랍제국이 되었고, 믿음이나 전통에 기초했던 이전의 작은 체제로는 더 이상 넓은 영토를 관리하기 어려워졌다. 효과적인 통치를 위해 우마르는 비잔틴과 사산제국의 통치체제를 종합해 정복지들을 모두 아랍제국의 지방행정구역으로 편제했으며, 재무부를 신설하고 조세체계와 사법제도, 경찰제도를 도입했다.

우마르는 무엇보다도 사법제도 정비에 큰 공을 들였다. 코란에 따르면 칼리프는 "하나님의 율법을 수행하도록 지상에 대리자로"(코란 2:30) 둔 자였다. 대리자는 "사람들을 진리와 정의로 판결"(38:26)하며 사람들의 "분쟁을 조정하고" 그들이 "조정한 결정에 만족하게"(4:65) 하는 역할을 담당해야 했다. 무함마드는 그가 건설한 작은 이슬람공동체 안에서 그 역할을 훌륭하게 소화했으나 통치 10년 내내 전쟁에 몰두한 우마르에게는 결코 쉽지 않은 일이었다. 우마르는 점점 넓어지는 이슬람의 광대한 영토를 통치해야 했기에 정치·군사적 지도자의 역할 이상을 감당하기 힘들었다. 그래서 코란과 이슬람법을 잘 아는 인물을 까디로 임명해 공동체 내의 여러 가지 대립과 다툼을 해결하게 한다.

까디는 이슬람법에 근거해 결혼과 유산상속은 물론이고 종교적 문제까지 광범위한 영역의 조정과 판결을 다루었다. 스스로 부패에 물들지 않도록 돈을 주고받는 상업활동에는 종사할 수 없었고 그 대신 생계를 충분히 꾸릴 수 있을 만큼의 급여가 보장되었다. 칼리프에 의해 임명되는 직책이긴 했지만 칼리프도 존중해야 하는 이슬람 법전을 해석하는 권위를 가졌기 때문에 그 독립성이 보장되었다. 우마르가 중대한 분쟁에 대해 까디를 포함한 고위관료들과 의논하고 결정을 내렸다는 기록이나, 공동체가 지배자 교체로 혼란스러울 때 최고 까디가 공동체를 대표해 백성들의 고충과 요구사항을 새로운 지배자에게 전달했다는 기록에서 볼 수 있듯이 까디의 독립성과 공정성은 모든 계층에서 인정받고 있었다.

왕성한 영토 확장으로 이슬람교 전파에 크게 기여한 우마르는 뛰어난 장수로 알려졌지만 힘만 쓸 줄 아는 사람은 아니었다. 문맹이었던 무함마드와 달리 그는 초창기 아랍사회에서 흔치 않은 지식인에 속했으며, 무엇보다 권위나 탐욕과는 거리가 먼 칼리프였다. 독립적이고 공정한 사법제도를 만들어낸 그는 까디의 권위를 존중했고 스스로도 권력을 함부로 사용하지 않았다. 일화에 따르면 어느 날 우마르가 자신을 고발한 여성과 법정에 서게 되었는데, 까디가 일어나 그에게 인사하며 예를 취하자 "이것이 당신이 이 여성에게 가한 첫 번째 부정의한 행위"라며 꾸짖었다. 그리고는 그를 특별석에 앉히려는 까디의 배려를 거부하고 일반석에 앉아 재판이 한 쪽으로 기울어지지 않도록 했다고 한다.

마잘림 제도는 이슬람제국이 성립되기 전인 페르시아 사산왕조 때도 이미 존재했지만 우마르와 그 이후의 칼리프들에 의해 계승 발전되어 아바스 왕조 시대에 법체계로 확립되었다. 마잘림 법정은 "만일 너희가 어떤 일에 분쟁이 있을 경우 하나님과 선지자께 위탁하라"(코란 4:59)는 코란 구절에 근거했다. 따라서 일반 까디 법정과 달리 칼리프나 그의 대리인이 직접 나와서 백성들의 고충민원을 경청했다. 제4대 칼리프였던 알리ﷺ는 마잘림 법정이 진정성 있게 백성의 목소리에 귀 기울여야 한다며 다음과 같이 강조했다.

업무시간 중 일부를 당신에게 찾아와 어려움을 호소하는 백성들을 위해 배정하시오. 반드시 공청회를 열고 그 시간 동안 신의 이름으로 그들을 친절과 예의, 존경으로 대하시오. 또한 그들이 아무런 두려움 없이 자유롭게 이야기할 수 있도록 군대와 경찰을 공청회 장소에 들이지 마시오. 이 모든 것은 당신의 통치를 위해 필요한 일이오. 왜냐하면 나는 예언자가 "억압받고 가난한 이들의 권리가 보호되지 못하는 곳, 권력을 가진 자가 자신의 권리를 양보하지 않는 곳에서는 구원을 얻을 수 없다"고 이야기하는 것을 듣곤 했소.

우마이야 왕조의 창시자이자 다섯 번째 칼리프였던 무아위야 Muawiyah 1세는 매일 아침 약하고 가난한 백성들의 고충민원을 직접 청취하고 현장에서 해결책을 제시한 후, 오후부터 왕조의 업무를 보았다고 한다. 마잘림 법정에는 판사와 율법전문가, 기록인과 공증인들이 배석해 최고 통치자 혹은 그의 대리인의 업무를 지원했다. 이 법정에서는 공무원의 권력 남용, 횡령, 부당한 재산몰수 등 주로 힘 있는 정부가 약한 백성을 상대로 부당하게 권력을 사용한 문제를 다루었다.

　　제7대 칼리프로 아바스 왕조의 전성기를 일구었던 마문Al-Ma'mun이 마잘림 회의에 배석했을 때, 정부관리가 자기 땅을 마음대로 빼앗아갔다고 항의하며 회의실로 밀고 들어온 여성이 있었다. 마문이 "당신은 누구를 고발하는 것이오?"라고 묻자 그 여인은 "바로 당신 옆에 앉아 있는 왕자입니다."라고 답했다. 마문은 당황한 기색 없이 회의에 참여하고 있던 까디에게 판결을 일임했다. 왕자와 여인 모두로부터 이야기를 들은 까디는 왕자에게 여인의 토지를 돌려주라는 판결을 내렸다. 함께 있던 신하들이 판결에 반발하자 마문은 "판결이 내려진 그대로 놔두시오. 저 여인으로 하여금 말문을 열게 만든 것은 진실이며 내 아들이 지금 침묵을 지키는 것은 그가 판결에 대해 아무 할 말이 없기 때문이오."라며 까디의 판결을 존중했다. 마잘림 법정은 백성들의 고충민원 해결과 더불어 까디의 판결에 대한 일종의 재심법정으로도 작용했다. 일반적인 이슬람 사법체제 안에서 판결을 내려야 했던 까디와 달리 마잘림 법정의 주재자는 칼리프나 그의 대리인이었기에 상당한 자유재량이 있었다. 또한 마잘림 법정의 주재자는 갈등 당사자들에게 구속력 있는 중재안을 제시할 수 있었다는 점에서 일반 법정과 달랐다. 행정과 사법 기능, 독자적인 권한 그리고 해결방안

제시라는 측면에서 보면 마잘림은 근대 옴부즈맨과 많은 점에서 유사했다.

까디와 마잘림 제도는 훗날 1709년 대북방전쟁의 패배로 터키 망명길에 오른 스웨덴의 칼 12세를 통해 옴부즈맨에 그 흔적을 남기게 된다.

전쟁과 옴부즈맨의 탄생

스웨덴은 북유럽 최북단에 위치한 가난한 농업국가였다. 그러나 스웨덴 건국의 아버지라 불리는 구스타브 1세가 1523년 덴마크를 몰아내고 스웨덴을 통일하면서부터 국제적 위상이 달라졌다.

구스타브 2세는 '북방의 사자'라 불리며 안으로는 왕권을, 밖으로는 스웨덴의 국제적 지위를 공고히 했다. 하지만 그의 뒤를 이어 왕이 된 칼 10세는 스웨덴을 군사강국으로 키운 구스타브 2세와 달리 주변국들의 끊임없이 도전을 물리칠 힘도, 능력도 부족했다. 인구가 채 200만 명도 되지 않던 군사강국 스웨덴은 쉴 새 없이 전쟁으로 내몰린 끝에 덴마크와 굴욕적인 타협을 하게 된다.

칼 10세의 갑작스런 죽음으로 칼 11세는 부모의 품에 안겨 재롱이나 부릴 나이인 다섯 살에 왕위에 오른다. 아무도 그에게 체계적으로 교육받을 기회를 제공하지 않았다. 칼 11세가 열일곱 살이 될 때까지 스웨덴을 도맡아 다스리던 귀족들은 오직 자신들의 재산 축적에만 관심이 있었다. 칼 11세는 당시 유럽 왕족과 귀족들에게는 일상이었던 프랑스어를 할 줄 몰랐고 인문학이나 국제외교에 대한 기본교육도 받지 못했다. 당시 그를 만났던 외교관들은 "질문을 받으면 대답도 제대로 못하고" "외교에는 전혀 관심이 없고 백성들의 돈에만 관심을 갖는" 왕으로 그를 묘사했다.

하지만 칼 11세는 왕위에 즉위하자마자 밤낮을 가리지 않고 국사에 몰두해 스웨덴을 강국으로 만들기 위한 밑그림을 완성한다. 우선 부패한 귀족들로부터 그들이 부정한 방법으로 차지한 재산과 토지, 권력을 빼앗아 왕권을 강화하고 군대와 이를 지원하기 위한 세금제도를 개편한다. 그는 또한 당시 귀족들에게만 열려 있던 관직 진출의 길을 평민들에게 열어주었다. 공적에 따라 관료를 평가하는 체제를 도입해 귀족과 평민 모두에게 공평한 기회를 주고, 공직자의 정기적 수입을 보장해 관료체계를 안정화시켰다. 1680년에는 신분의회로부터 법을 만드는 입법권이 왕에게 속한다는 것을 확인하고, 1689년에는 왕의 활동이나 의중에 대해 질문하는 것을 금지해 절대군주로서의 입지를 굳혔다. 칼 11세가 마련한 이 모든 제도는 후일 그의 아들인 칼 12세가 거대한 북방전쟁을 펼치며 15년이나 스웨덴을 떠나 있는 동안에도 나라를 안정적으로 통치하게 하는 기반이 된다.

칼 11세는 안타깝게도 아들이 성인이 되기 전에 세상을 떠났다. 아버지의 갑작스런 죽음으로 칼 12세는 열다섯 살에 왕위에 오른다. 고관대작들은 어린 왕을 쉽게 조종할 수 있으리라 생각하며 쉽게 왕권을 넘겨주었지만 칼 12세는 그들의 생각처럼 만만한 존재가 아니었다. 어려서부터 워낙 약골로 태어났던 탓에 그가 성년이 되기도 전에 죽을 것이라고 예측한 사람들도 있었지만 칼 12세는 부지런히 체력을 다지고 용기를 키워 자신을 연약하게만 보는 주위의 시선을 하나하나 제압해나갔다.

마침내 칼 12세는 10년 이상 전쟁터를 휩쓸고 다니며 장수로서 탁월한 능력을 보여주었을 뿐 아니라 다른 분야에서도 뛰어난 지적 능력을 발휘했다. 그런 점에서 그는 우마르와 많이 닮아 있었다. 볼테르가 "양같이 순하고 수녀처럼 수줍어하는" 소년으로 묘사했던 칼 12세는 왕위에 즉위한 지 3년, 즉 성인이 된 첫 해에 유럽 전체를 충격에 빠뜨리는 큰 사건의 주역으로 등장한다. 1700년 스웨덴은 러시아, 덴마크, 폴란드 등 주변국들의 연합공격을 받아 거대한 전쟁의 소용돌이에 빠져드는데 이 전쟁에서 칼 12세는 스웨덴군의 몇 배에 달하는 연합군을 간단히 제압하고 도덕적·전술적으로 압도적인 승리를 거두었다. "정의롭지 않은 전쟁을 시작하는 일은 없을 것이다. 하지만 합법적인 전쟁에서 적을 패배시키지 않고 이를 끝내는 일도 없을 것이다."라고 단호하게 말하는 그에게서 더 이상 "수녀처럼 수줍어하는" 소년의 모습은 찾아볼 수 없었다.

그러나 칼 12세는 러시아의 표트르 황제를 끝까지 추격해 완전한 승리를 거두어야 한다는 주변의 충고를 무시하고, 대신 다른 작은 나라들과 싸워 이기며 승리의 기쁨에 젖어 들었다. 그 사이 표트르 황제는 군 장비를 크게 강화하고 군대를 완전히 근대식으로 개조해 1709년, 스웨덴 군대를 눈보라가 몰아치는 러시아의 내륙 깊숙이 끌어들인다. 스웨덴 군대는 후일 나폴레옹과 히틀러도 경험하게 되는 러시아의 혹독한 추위와 초토화 작전에 완전히 무너져 내렸고, 결국 전쟁에서 패배한 칼 12세는 퇴로마저 끊긴 채 터키 망명길에 오른다.

1700년 이후 10여 년간 외국을 돌아다니며 전쟁으로 분주했던 시기에도 국내 통치에 큰 어려움을 겪지 않았던 칼 12세는 막상 터키로 망명을 하고 나자 고민에 휩싸였다. 스웨덴을 다시 북유럽의 강자로 일으켜 세우려면 국내 통치를 공고히 해야 하는데 망명지인 터키에서 통치를 잘 이어가기가 수월치 않았다. 이런 상황을 극복하기 위해 칼 12세는 본국에 옴부즈맨을 설치한다. 현대사회에서 권력의 감시자로 기능하는 옴부즈맨은 아이러니하게도 왕권의 감시자가 아닌 국내 통치를 위한 왕의 대리자로 첫 모습을 드러낸 것이다.

11세기 스웨덴에는 조세 문제나 법적 분쟁을 조정해주는 랜스만Länsman이라는 제도가 있었다. 별도의 직업을 가진 시민들 중에서 선발된 랜스만은 오늘날 경찰의 개념에 가까운 존재로 마을과 지역의 치안 및 법률적인 문제를 담당했고, 범죄를 저지른 자들로부터 받은 벌금을 피해자나 그 가족에게 전달하는 역할을 했다. 칼 12세는 봉건시대에 왕을 대신해 지역 치안의 일부를 담당했던 이들 랜스만을 옴부즈맨에 대한 구상과 연결시킨다. 망명지인 터키에서 본 까디, 스웨덴의 랜스만, 그리고 대리통치자의 필요성을 결합해 그는 1713년 10월 터키 티무르차Timurtasch에서 '최고 옴부즈맨' 설치를 선포하는 칙령에 서명한다. 이 최고 옴부즈맨의 역할은 왕을 대신해 판사와 장교, 관료, 세금징수인들이 법률을 제대로 준수하고 집행하는지를 감시하는 것이었다.

7년 만에 망명생활을 청산하고 고국으로 돌아온 칼 12세는 러시아에 대한 전쟁욕과 스웨덴제국의 부활에 미련을 버리지 못하고 또다시 전쟁에 모든 것을 걸지만, 당시 약소국이던 노르웨이와의 전투에서 머리에 총을 맞아 허망하게 목숨을 잃고 만다. 왕이 죽고 나자 전쟁으로 인구를 1/3이나 잃고 지칠 대로 지친 스웨덴 국민들은 더 이상 절대왕정도, 그 왕의 대리자도 원치 않게 되었다.

옴부즈맨의 부활과 발전

스웨덴에서 옴부즈맨 제도가 새롭게 탄생한 것은 칼 12세가 처음 옴부즈맨 제도를 도입한 때로부터 거의 100년 만의 일이었다. 권력의 독점을 막고 정부기구들 간의 상호견제를 추구했던 스웨덴의회는 왕권과 행정부 권력을 견제하기 위해 1809년 옴부즈맨 제도(justitieombudsman, 정의를 위한 옴부즈맨)를 도입하는데 이것이 근대적인 옴부즈맨의 시초였다.

옴부즈맨을 처음 설치한 1809년 법률에 따르면 옴부즈맨은 "법률적 지식과 모범적 청렴성을 겸비한" 사람 가운데서 임명되었다. 옴부즈맨은 공직자의 불법행위 여부, 성실한 직무수행 여부, 공무원의 비리로 인한 국민의 권익침해 여부를 감시하며 이를 통해 법이 제멋대로 불분명하게 해석되지 않고 모든 이에게 공평하게 적용되도록 역할했다. 따라서 옴부즈맨은 공무원을 조사할 권한, 비밀문서를 포함한 모든 문서와 정보를 제공받을 권한, 그리고 공무원을 고발할 수 있는 권한을 갖고 있었다. 제도 도입 초기에는 옴부즈맨의 권한이 지나치게 광범위하다며 이를 견제하려는 시도가 있었는가 하면, 이 제도가 하위공무원들만 처벌하고 결국 비리의 몸통은 건드리지도 못할 것이라는 우려도 있었다. 하지만 옴부즈맨은 더욱 강화된 권한과 기능으로 고위공작자에 대한 처벌에도 형평성을 잃지 않아 시민들로부터 큰 신뢰를 얻게 된다. 왕의 대리인으로 탄생했던 옴부즈맨이 행정부로부터 완전히 독립된 기구로서 시민의 권리를 안전하게 보호하는 진정한 시민의 옴부즈맨으로 거듭난 것이다. 20세기 들어 스칸디나비아반도로 퍼져 나간 옴부즈맨 제도는 1919년 핀란드에 제일 먼저 도입되었고 덴마크와 노르웨이는 각각 1955년과 1962년에 이를 법제화했다. 이후 1967년 영국이 옴브즈맨 제도를 수용하면서 급속히 전 세계로 확산되었다.

전통적인 북유럽 스타일의 옴부즈맨은 시민들로부터 고충민원을 접수받아 정부행정이 불법적이거나 부당했는지 조사하고, 잘못된 행위를 적발하면 이에 대해 권고조치를 내렸다. 즉, 잘못된 행정행위 수정, 오래된 관행 폐지, 관련법 개정 등을 권고하지만 말 그대로 '권고'일 뿐 법적 강제력은 없었다. 이런 전통적인 옴부즈맨은 행정기관과 공직자들을 조사할 수는 있지만 사법부와 입법부를 조사하거나 공직자를 기소할 권한은 없었다. 정부행정의 실행력을 개선하고 시민들에 대한 정부의 책임성을 높이는 데만 그 목적이 있었기 때문이다.

그러나 이 제도가 세계적으로 확대되는 과정에서 옴부즈맨의 활동 영역과 권한에 큰 변화가 생겼다. 특히 1950년대 이후 식민지들의 독립, 1960년대 이후 전 세계를 휩쓴 저항운동, 1970년대 이후 세계적인 민주화 열기 그리고 1980년대 말 사회주의 국가들의 자본주의화 물결은 옴부즈맨의 확산과 변화에 큰 영향을 끼친다. 1970년대 중반에 옴부즈맨이 제도화된 나라는 40개국에 불과했지만 2010년대에 들어서는 90여 개국에 이르렀다. 한국에도 1994년 처음으로 국민고충처리위원회가 설치되었다.

절대권력의 대리자였던 옴부즈맨이 후대에 이르러 권력의 감시자가 되었다는 것은 역사의 아이러니다. 앞서 살펴본 바와 같이 옴부즈맨 제도는 시대와 환경에 따라 큰 변화를 겪었다. 왕권의 시대에는 왕권 견제를, 인권 탄압의 역사적 비극을 겪었던 나라에서는 인권 보호를, 부패의 폐해를 경험했던 나라에서는 부패 감시를 그 고유기능에 추가했다. 하지만 옴부즈맨의 독립성과 공정성 유지는 시대와 환경이 변해도 반드시 관통되어야 하는 원칙이었다. 이 원칙이 무너지면 감시자는 누구보다도 먼저 권력자의 시녀가 되어 자신이 대변하고 보호해야 할 사람들을 오히려 감시하는 무서운 존재가 될 수 있기 때문이다.

3장 경제권력을 헤아리다: 회계감사의 역사

　　회계(accounting, 會計) 업무는 보통 재산의 변동을 상세히 측정하고 분석해 보고하는 행위를 의미한다. 회계는 '추가하다'라는 의미인 영어 접두사 ad에 '계산하다, 세다'라는 의미인 라틴어 computus를 합성한 단어로 13세기부터 사용되었다. computus는 '함께'라는 의미의 com에 'putare'라는 단어를 합성한 것으로, putare는 '자르다, 깨끗이 하다'는 의미와 '헤아리다, 추측하다'는 의미를 동시에 갖고 있다. 즉, 어떤 것을 나누어 정리하는 분석과 그것의 의미를 헤아리는 해석이라는 서로 다른 두 가지 사고활동을 포함하고 있는 것이다. 한자의 회계(會計) 역시 '모으다, 이해하다, 깨닫다'는 의미인 회(會)와 '세다, 셈하다'는 의미인 계(計)의 합성어로, 영어와 마찬가지로 분석과 해석의 종합임을 알 수 있다. 따라서 회계란 어원적으로 보면 어떤 사물이나 작업을 세부적인 것으로 나누고 깨끗이 정리해 헤아린다는 의미를 띤다.

고대의 회계: 점토판에서부터 동전까지

회계의 초기 모습은 메소포타미아 문명에서부터 발견된다. 티그리스와 유프라테스 강 유역을 중심으로 비옥한 토지를 일구고 활발한 상거래를 발전시켰던 바빌론과 니네브 지역은 물자교환 및 상거래와 관련된 풍부한 기록을 남겼다. 함무라비 법전은 당시 상거래와 회계의 발달 수준을 잘 보여준다. 상법과 관련된 105조에 "대리인이 부주의로 상인에게 지불한 돈에 대한 영수증을 받지 않은 경우, 그는 영수증을 발급받지 않은 돈에 대해 소유권을 주장할 수 없다"고 명시되어 있다. 거래의 발생유무와 무관하게 영수증이 없는 거래는 회계기록으로 남길 수 없었던 것이다.

당시에는 회계사라는 독립적인 직종이 없었으며 그 업무를 주로 서기 혹은 필경사들이 담당했다. 이들은 개별 상거래에서부터 왕실의 재정 관리에 이르기까지 광범위한 부문에서 활동했다. 주된 업무는 상거래에 필요한 규정들을 확인하고 거래의 구체적인 내역과 거래 시 당사자 간의 합의사항을 점토판에 기록하는 일이었다. 서기는 촉촉한 점토판에 날카로운 나무로 계약 당사자의 이름과 교환 물품, 자금의 양, 기타 약속을 기록했으며 계약 당사자들은 이 점토판에 인감과 같은 직인을 찍어 서명했다. 직인에는 소유자의 이름과 함께 소유자가 신봉하는 신의 모습과 이름도 새겨졌다. 기록이 완료된 점토판은 장기보관을 위해 건조했으며, 이 점토판을 보관하기 위한 별도의 점토판에도 원본과 똑같은 내용을 기록해 안전거래를 위한 일종의 복사본을 만들어두었다. 일반적인 상거래 외에도 서기들은 왕실의 각종 수입과 현물로 들어오는 세금에 대해 상세히 기록했고 왕실 창고에 저장된 것들의 사용과 관련해서도 꼼꼼히 분류하고 기록했다. 이런 기록물은 왕실의 국고점검에 활용되었고 기록을 게을리 하거나 고의적으로 조작한 자는 처벌받았다.

고대 중국은 앞에서도 보았듯이 매우 체계적인 감사제도를 갖추고 있었다. '회계'라는 용어는 이미 은나라의 갑골문에 등장했으며, 공자의 첫 관직은 위리委吏라는 회계출납 직이었다. 맹자에 의하면 공자는 위리로 일할 때 '회계당이이의會計當而已矣'라는 말을 남겼다고 한다. '회계를 마땅하게 할 뿐이다'라는 뜻으로, 여기서 당當은 정당성과 타당성을 의미한다.

《서경》에 따르면 기원전 11세기경 은나라 사람으로 알려진 기자箕子는 주나라 무왕이 훌륭한 정치에 대해 묻자 '홍범구주洪範九疇', 즉 세상을 다스리는 아홉 가지의 큰 법에 대해 이야기했다. 그 가운데 세 번째 조항은 양식, 재정, 제사, 건축, 교육, 형벌과 치안, 손님의 접대, 군사에 관한 내용이었으며 이는 이미 주나라에서 회계와 관련된 업무가 중요한 위치를 차지하고 있었다는 것을 보여준다.

춘추전국시대에 제나라를 춘추오패 중 첫 번째 패자로 발전시키는 데 큰 공을 세웠던 관중은 "전반적인 세입과 지출을 맞추고 농업에 힘쓰고 상공업을 다스리면 부유해진다."라며 국가의 경영과 발전이 회계와 직결되어 있음을 강조했다. 또한 진나라 상앙의 《상군서》에는 "매해 12월이면 각 지방의 회계장부와 업무보고가 이미 작성되고 모든 일은 일 년 단위로 기록된다. 그런데 군주가 장부와 보고서를 검토해 의심스러운 것을 발견해도 결단을 내릴 수가 없으니 물증이 부족하기 때문이다."라는 구절이 있다. 이 때문에 진나라는 각 군에 회계와 업무를 감찰하는 직위를 두어 감사 제도를 더욱 체계화했다.

고대 로마에서 회계는 국가재정은 물론이거니와 시민들의 가계와도 밀접하게 연관돼 있었다. 로마 시민들은 정기적으로 자산과 부채를 당국에 보고해야 했으며 이 회계보고가 조세의 근거가 되었다. 때문에 가장들은 일기와 같은 비망록에 매일 그날의 현금 입출사항을 기록했고 매달 장부에 회계기록을 남겼다.

고대 로마 시대에 동전을 주조한 것은 우선은 국가의 지출수단으로 사용하기 위해서였지만 재정의 입출입 통제를 쉽게 하기 위한 목적도 있었다. 이는 당시 로마가 일정한 재정 계획을 가지고 있었다는 것을 의미한다. 로마제국에서 동전은 각종 급여를 지급하는 도구로도 쓰였다. 예를 들어 장기 근속한 군인들은 기존의 전리품을 대신해 동전으로 급여를 지급받았다. 로마 동전 가운데는 황제가 도로나 신전 등 공공건축물 건설에 개인의 재산을 기부했다는 내용이 새겨진 것도 있었는데, 이는 당시 공공시설 건설을 위한 재원 확보의 일면을 보여준다.

앞서 공공감사의 역사에서 보았듯이 고대 로마에서 회계는 주로 정무직 중 가장 하위직인 콰이스토르가 담당했다. 그러나 로마 공화정 시대에서 로마제국으로 접어들면서 회계는 점점 황제의 수중으로 집중되었다. 황제 아우구스투스가 남긴 유산은 로마제국의 회계를 이해하는 데 중요한 실마리를 제공한다.

아우구스투스는 유언으로 〈전체 제국의 회계 요약Breviarium totius imperii〉이라는 문서를 남겼는데 여기에는 전체 병력, 해군의 전투력, 지방 및 주변 왕국들에 대한 통계, 직접세와 간접세 같은 구체적인 세금 정보가 담겨 있다. 또한 공공수입을 비롯해 국고와 지방 세무서 등 다양한 기관에 보관된 현금의 양과 함께 이 회계에 대한 정보를 구체적으로 얻을 수 있는 담당 해방노예의 이름도 적혀 있다. 아우구스투스 황제는 유언으로 자신의 치적을 기록한 〈아우구스투스 업적록Res gestae divi Augusti〉도 남겼다. 이 업적록에는 그가 집정관과 호민관 시절 평민들에게 나누어준 땅과 토지, 곡물의 수량과 수혜자의 숫자, 공공시설 건설에 기부한 액수, 식민지와 자치도시들 앞으로 지출된 자산의 출처와 규모, 용도 등이 모두 자세하게 기록되어 있다. 예를 들면 다음과 같다.

15. … 나는 다섯 번째 집정관일 때 전리품 가운데 400세스테르티이⊙의 하사금을 내 이름으로 지급했고, 열 번째 집정관일 때 두 번째로 한 사람당 400세스테르티이씩을 나의 유산에서 나누어주었다. 내가 열한 번째 집정관일 때는 사비로 식량을 구입해 평민들에게 12회 무상 배급했으며, 열두 번째 호민관 재직 시에는 세 번째로 한 사람당 400세스테르티이씩 나누어주었다. 나의 하사금을 받

⊙────────────

sestertii. 단수는 'sestertius'이며 공화정 때는 은화, 제국시대에는 동화로 주조되었다.
당시 일반 고용노동자의 일당은 4세스테르티이였다.

은 이들은 25만 명을 넘었다.

17. 나는 4회에 걸쳐 국고(Aerarium)에 내 자금을 추가 지원했으며, 국고를 관리하는 자들에게 1억5000만 세스테르티이를 지불했다. … 또한 내 유산 중 1억7000만 세스테르티이를 군대 금고에 지원해 20년 혹은 그 이상 군에 복무한 군인들에게 지급되도록 했다.

20. … 나는 낡은 송수로들을 복원했고 새로운 샘들의 경로를 마르키아라 불리는 송수로에 연결해 물의 양을 두 배로 늘렸다.

아우구스투스 황제는 개인 돈으로 곡물을 구입해 배급하고 국고를 지원했으며 공공시설을 건설했다. 황제 개인의 금고와 국고의 경계가 애매했던 탓도 있을 것이다. 당시 로마황제의 개인 금고를 '피스쿠스fiscus'라 불렀다. 피스쿠스는 원래 돈을 담는 바구니를 의미했으나 점차 보물과 금전의 저장소를 의미하다가 로마제국에 이르러서는 황제의 금고를 지칭하게 된다. 아우구스투스는 이 피스쿠스를 관리하기 위해 '아 라티오니부스a rationibus'라 불리는 황제 회계담당 비서를 고용했는데, 주로 회계업무에 정통한 해방노예들이 그 일을 담당했다(고대 아테네인들도 회계와 감사를 전문적으로 다루는 노예를 두었다). 아 라티오니부스는 점차 별도의 사무실을 갖고 로마제국의 실질적인 국고인 아이라리움aerarium으로부터 급여를 받는 정식 공직으로 정착하게 된다. 이들은 황제의 금고를 책임졌을 뿐 아니라 점차 아이라리움도 관리하게 되었다. 주 업무는 국가의 세수와 지출을 감시하고 국고를 유지하는 것이며, 일상적으로 군수물자 지출, 곡물 분배, 종교 및 공공시설에 대한 지출을 기록하고 금광과 같은 공공수입도 관리했다. 이처럼 제국의 회계에서 핵심적인 지위를 차지했던 아 라티오니부스는 이후 디오클레티아누스 황제가 사두정치로 제국을 분할통치하기 시작하면서 사라진다. 피스쿠스는 종국적으로 제국의 세입을 관리하던 아이라리움과 합쳐져 '국고'라는 의미를 띠게 되었고, 오늘날 국가재정을 의미하는 피스칼fiscal이 바로 이 피스쿠스로부터 유래한 말이다.

복식부기의 등장: 신의 균형

중세 이전의 회계는 대부분 단순하게 금전의 입출입을 기록하는 데 그쳤다. 하지만 중세 중기로 접어들면서 단순 회계기록이나 부기만으로는 국가의 복잡한 재정상태를 제대로 파악할 수 없었다. 부기(簿記, bookkeeping)란 말 그대로 문서로 남기는 것이며, 회계에서 보면 재산의 출납과 변동을 정리해 기록하는 일을 의미한다. 부기는 단식부기와 복식부기로 나뉘는데 단식부기는 일반 가계부처럼 단순히 현금이 들어오고 나간 것만을 기록하고, 복식부기는 재산의 변동에 영향을 미친 모든 원인과 결과를 분류해 기록하는 것이다.

복식부기는 13세기 말에서 14세기 초 이탈리아 투스카니 지역에서 처음 도입한 것으로 알려졌다. 유럽에 복식부기가 도입된 것은 인쇄술의 발전과 더불어 아라비아숫자를 널리 애용하기 시작한 것과 관련이 있지만 무엇보다 상거래 방식의 변화가 크게 작용했다. 중세의 상거래는 대개 물물교환에 의해 이루어졌지만 13

158

세기에 접어들면서 점차 화폐경제로 옮겨갔다. 원거리 교역이 활발했던 이탈리아 도시국가의 상인들은 동시다발적인 대규모 상거래를 위해 은행 대출을 적극적으로 활용했고, 그러다 보니 현금출납장 형태인 단식부기만으로는 전체 재정상태를 파악할 수 없었다. 지금까지 발견된 복식부기에 대한 기록 중 가장 오래된 것은 13세기 말 플로렌스의 상인기업이 대주교에게 제공한 대출기록이다.

자본주의가 최초로 모습을 드러낸 이탈리아 도시국가에서 회계는 체계화된 모습을 띠고 발전하기 시작한다. 1340년 제노아 공화국은 중앙관청에 대규모 기록처를 설치하고 복식부기로 국가 재정을 기록했다. 복식부기 발전에 결정적인 기여를 한 사람은 이탈리아 수학자이자 수도사였던 루카 파치올리 Luca Pacioli다. 토스카나 지방에서 태어난 그는 젊은 시절 베니스 거상의 집에서 가정교사로 일했으며, 상선을 타고 여행하면서 상업회계와 관련된 수학을 배웠다. 1494년 그는《산술, 기하, 비율 및 비례 총람 Summa de arithmetica, geometria, proportioni et proportionalita》이라는 책을 통해 처음으로 일반인들에게 복식부기를 소개했다. 이 책은 파치올리의 친구였던 레오나르도 다빈치의 그림, 조각, 건축 등에도 깊은 영향을 미친다. 후에 괴테는 이 책을 "인간의 창조물 중 가장 위대한 작품"이라고 극찬했다.

파치올리는 이 책의 '계산과 기록의 특수성'이라는 장을 통해 복식부기에 사용되는 방법과 도구들을 자세히 설명했다. 그는 상인들에게 매일 거래와 통화通貨 내역을 비망록에 영수증을 붙여서 상세히 기록하는 방법과 이 비망록에 기초해 차변과 대변으로 나

뒨 분개장分介帳에 상품, 거래자, 통화 등을 거래시간 순으로 적는
방법, 최종적으로 분개장의 내용을 원장이나 장부에 옮겨 적는 방
법 등을 구체적으로 알려주었다. 또한 이 장에서 이제 막 성장하기
시작한 자본주의 체제에 있어 회계가 얼마나 중요한지를 강조하
며 "오차가 없는 정확한 회계야말로 신의 섭리에 부합하는 것"이
라고 역설했다.

사업을 꼼꼼하게 하고자 하는 자라면 누구나 다음의 세 가지를 갖
추어야 한다. 현금과 신용, 능숙한 회계사, 적절한 내부통제체제가
그것이다. 첫째로 "자본은 열쇠"다. … 확신, 즉 기업인에 대한 신뢰
는 시장을 효율적으로 만든다. 이는 지극히 당연한 것으로 신에 대
한 기독교인의 믿음이 종교를 효율적으로 만드는 것과 같은 이치
다. 둘째로, 사업을 파악하기 위해서는 훌륭한 회계 시스템을 갖추
거나 능숙한 회계사를 고용해야 한다. … 셋째로, 내부통제를 통해
체계적으로 상거래를 기록할 때 사업가는 각각의 내역을 일목요연
하게 이해할 수 있다.

사업가는 현명한 옛 시인의 표현처럼 개미와 같이 일해야 한다. 사
도 바울은 싸우지 않는 자는 왕관을 차지할 가치가 없다고 말했다.
내가 이 책에서 쓴 바와 같이 사업가들은 매일의 사업을 회계에 기
초해 정확히 기록하는 데 주의를 기울여야 한다. 매일 아침 주님께
기도드리는 것을 명심하라. 이 시간은 결코 낭비가 아니다. … 만약
총계가 균형(balance)을 이루지 않는다면 장부의 기록에 오류가 있
는 것이다. 그럴 경우 신이 당신에게 부여한 재능과 당신이 이 책에

서 배운 합리적인 기술을 사용해 오류를 찾아내라. … 당신이 형편 없는 회계사라면 맹목에 이끌려 손실에 고통 받을 수 있으므로 좋은 회계사가 되기 위해 열심히 노력하라.

- 《산술, 기하, 비율 및 비례 총람》 중에서

복식부기는 단지 돈과 물건의 거래와 손익을 기록한 것 이상의 사회적 의미를 지닌다. 파치올리가 복식부기에 관한 별도의 장을 만들어 '계산과 기록의 특수성'이라는 제목을 붙인 것에 주목하자. 그는 숫자라는 '특수'한 양이 계산과 기록이라는 '일반화'와 만나게 되는 과정을 복식부기로 보았다. 차변과 대변의 대칭과 잔액들 간의 균형은 신의 조화를 상징하며, 동시에 그 정확성과 정교함은 르네상스를 통해 꽃피기 시작한 과학의 시대에 부합하는 것이었다. 복식부기는 기록체계이며, 앞의 인용에서도 보았듯이 이 기록체계는 시장의 효율성을 높이는 상인에 대한 믿음과 직결돼 있다. 파치올리는 상인에 대한 믿음과 시장의 효율성을 신에 대한 믿음과 종교의 효율성이라는 은유를 통해 효과적으로 설명했다.

이전까지 일반가구의 회계장부는 각 가구의 실권자인 가구주가 다른 방들과 분리된 밀실 혹은 스터디라 불리는 서재에서 은밀하게 기록한 것이었다. 파치올리의 복식부기 책이 당시로는 값비싼 인쇄된 책의 형태로 출간되었다는 것은 이 정보에 대한 공공의 수요가 적지 않았다는 점을 방증한다. 또한 회계가 법인과 기업 같은 조직의 사업을 관장하는 일반규칙으로 자리 잡기 시작했다는 것을 보여준다.

중세시대에는 상업이 사회적으로 경시되었다. 상업이 국가 경제에 기여한다는 믿음은 16세기 후반이 되어서야 등장했으니, 1494년에 출간된 파치올리의 책은 단지 복식부기의 개론서였을 뿐만 아니라 상업에 대한 부정적 인식을 극복하기 위한 일종의 해명서이기도 했다. 차변과 대변의 대칭적 이미지와 복식부기의 영어명인 double-entry(이중기재)는 상거래 행위의 정확성과 정직성을 시위하는 장치로 작용했다. 유럽에서 숫자는 오랜 기간 주술과 관련된 경멸적인 의미로 이해되었지만 복식부기는 대칭과 균형이라는 수단을 통해 숫자에 문화적 권위를 부여했다.

도시국가에서 균형 잡힌 회계처리는 훌륭한 비즈니스 관행일 뿐 아니라 훌륭한 정부와도 일맥상통했다. 정확한 회계를 통해 자신의 재정상태를 알고 있어야만 도시국가의 장기적 미래를 설계할 수 있기 때문이다. 이렇게 체계화된 회계는 제노아는 물론이고 플로렌스와 베니스 등 이탈리아 다른 도시국가들로 널리 퍼져나갔다.

중세에서 갓 벗어난 근세는 세계가 근대로 진입하기 이전의 단계로 여전히 혼란스러운 시기였다. 근대의 사상과 문화, 개념들은 이제 겨우 싹 트기 시작했을 뿐 당시로는 여전히 낯선 것들이었다. 중세와 근세에 다리를 걸치고 있던 파치올리에게 신앙, 윤리, 경영은 아직 핵분열 이전의 상태였고 당시의 기업과 자본주의도 걸음마 단계에 불과했다. 16세기경 상인들은 자신의 사업과 관련해 경제나 시장이라는 말을 쓰지 않았으며 주로 커머스commerce(상업, 무역)나 트레이드trade(교역, 사업, 직업)라는 말을 사용했다. 커머스는 원래 '물건을 모으다'라는 뜻으로 16세기부터 사용되었는데, 특히 대규모 국내교역이나 국제교역을 일컬었다. 반면에 '경로, 트랙, 일상적인 생활방식' 등을 의미하는 트레이드는 독일의 한자동맹ⓞ 과 네덜란드 상인들에 의해 16세기 중반부터 '일상적인 사업 또는 매매와 교환'의 의미로 쓰였다.

16세기 후반에 이르자 상업과 교역은 더 이상 비천한 일이 아니라 일국의 부와 영광을 드러내는 중요한 활동이라는 인식이 확산되었다. 하지만 그후로도 한참 동안이나 상업과 교역은 군주 또는 통치자의 지배를 받아야 한다는 것이 유럽사회의 주된 의견이었다. 17세기 중반에 들어서야 이런 견해는 도전을 받기 시작한다. 영국 수평파의 일원이자 상인인 월윈William Walwyn은 1652년 〈자유무역의 개념〉이라는 팸플릿을 통해 정부가 승인한 특허회사 (chartered companies)의 독점권이 상인들의 생득적 권리 및 사회의 공적 이익과 충돌한다고 주장했다. 또한 파리 주재 포르투갈 대사인 페르난데스 데 비야레알Manuel Fernandez de Villareal은 특허회사의 존재는 사람들을 탐욕과 혼란에 빠뜨릴 뿐이며 자유롭게 풍요를 누릴 권리를 박탈하는 것이라고 비난했다. 하지만 이런 비판들에도 불구하고 초기의 상업과 기업은 분명 국가의 후원 아래 성장했고 그 통제로부터 자유롭지 못했다.

ⓞ The Hansa 또는 Hanseatic League. 중세 후기 북부 독일 도시들 간에 체결된 동맹으로, 발트해 연안 지역의 무역을 장악하고 유럽 북부의 경제권을 지배했다. 해상교역의 안전보장과 무역독점을 위해 결성되어 전성기에는 군대를 모집해 해상무역을 놓고 덴마크와 물리적 충돌을 빚기도 했다. 그러나 지리상의 발견으로 무역의 중심이 대서양으로 옮겨지면서 쇠퇴했다.

최초의 주식회사와 모습을 드러낸 자본

네덜란드는 16세기 스페인으로부터의 독립전쟁을 벌이며 유럽 최초의 시민혁명을 이끌어낸다. 당시 네덜란드는 스페인의 종교 탄압을 피해 스페인령 곳곳에서 모여드는 유대인과 무슬림들의 피난처였다. 당시 스페인령에 거주하고 있던 유대인과 무슬림들은 학문적으로나 상업적으로 뛰어난 능력이 있었지만 스페인은 이들이 기독교로 개종하지 않으면 재산을 몰수하고 추방시켰으며, 개종을 한다 해도 종교재판을 열어 결국은 다 빼앗고 몰아냈다. 스페인과의 전쟁으로 기존의 무역망을 고스란히 빼앗길 위기에 처한 네덜란드는 유럽 각지에서 모여든 이들 덕택에 전 세계를 잇는 자신들만의 상업 네트워크를 건설할 수 있었다. 더욱이 16세기 중반 이후로 상인들의 영리활동을 적극 장려했던 칼뱅주의가 급속도로 유입되면서 네덜란드는 상업 발달에 유리한 환경을 갖추게 되었다.

파치올리의 복식부기도 네덜란드에서 가장 적극적으로 받아들였다. 당시 한 시인은 이탈리아 도시국가에서 시작된 복식부기가 네덜란드를 강성한 나라로 만들었다고 찬양했다. 16세기 들어 네덜란드에서는 글, 산술, 회계를 가르치는 상인학교가 번성했으며 파치올리의 복식부기 방법을 해설한 복식부기 매뉴얼이 출판되기도 했다.

당시 네덜란드의 저명한 수학자이자 기술자였던 시몬 스테빈 Simon Stevin은 군주인 모리츠 왕자에게 복식부기를 가르쳤다. 스테빈은 수로가 많아 '북부의 베네치아'라 불리는 브뤼헤 시청에서 수로감찰관으로 일하고 후에 네덜란드 군대의 경리부장이 된 사람이다. 그는 부기야말로 소유권의 시작이자 끝이며 당대의 사람들이 가장 중요하게 고려해야 할 문제라고 역설했다. 그는 1604년 《군주를 위한 회계》라는 책을 출간했는데 이 책은 상업부기, 지방정부의 부기, 왕실 지출에 대한 부기, 전쟁 및 기타 특별재정에 대한 부기 등을 항목별로 담고 있다. 그는 자신의 배만 채우고 정부를 부채와 재정적 혼란으로 몰아넣는 관료들을 적발하기 위해서도 반드시 복식부기가 필요하며, 복식부기를 아는 군주는 그런 부패한 관료를 통해서가 아니라 자신의 눈으로 직접 장부를 검토할 수 있다고 했다. 스테빈은 복식부기를 국가회계에 도입한 최초의 인물이었으며, 그의 영향을 받은 스웨덴도 1620년 복식부기를 정식으로 국가회계에 도입했다.

스테빈과 파치올리의 복식부기는 두 가지 점에서 중요한 차이가 있다. 첫째, 스테빈은 대차대조표 상에서 자본변동에 대한 정확한 기록을 증명하기 위해 연간 손익계산서를 처음으로 고안해냈다. 즉, 특정 회계연도에 포함되는 모든 수익과 비용을 기록해 손익을 표시하는 방법으로 개인과 조직이 동기간 수익을 수학적으로 확인할 수 있게 만들었다. 스테빈 이전의 복식부기는 개인과 조직의 자본금 계정을 체계화하지 않았고 부기에 기초한 정기적인 손익계산도 제시하지 않았다. 연간 손익계산서에 제시된 순자산은 수학적으로 계산된 자산의 양을 의미할 뿐만 아니라 미래의 사업과 투자를 계획할 수 있는 자본이라는 질적 개념을 창출했다. 손익계산서는 이전까지 베일에 싸여 있던 자본, 즉 이윤 창출을 위한 자산으로서의 자본을 드러냈다. 사회학자 베르너 좀바르트Werner Sombart는 스테빈의 손익계산서에 대해 설명하며 "그 이전에 '자본'이라는 범주는 존재하지 않았다고 할 수 있다"고 말했다.

둘째, 칼뱅주의자였던 스테빈은 더 이상 파치올리처럼 신을 통해 부기를 설명하지 않았고 단지 검증의 중요성만을 강조했다. 파치올리는 "성공하려는 모든 사업가의 목표는 합법적이고 합리적인 이익을 창출하는 것이다. 사업가는 거래 시 항상 주님의 이름(AD, 서기, 즉 주의 해)으로 기록을 시작하고 성스러운 주님의 이름을 염두에 두어야 한다"고 주장하며 회계와 신의 의지가 일치함을 의도적으로 강조했다. 하지만 스테빈은 더 이상 신을 거론하지 않았다. 자본의 손익계산과 신을 배제한 회계의 검증이라는 두 가지 사실은 스테빈의 시대가 곧 본격적인 자본주의 시대에 접어드는 시점이었다는 것을 의미한다. "모든 거래는 반드시 윤리적이어야 함을 명심"해야 한다는 파치올리의 가르침은 이제 회계에서 불필요한 것이 되었다.

이탈리아 도시국가에서 싹트기 시작한 자본주의는 16세기 네덜란드에서 활짝 꽃을 피웠다. 네덜란드는 16세기 중반 이후 북유럽에만 한정되었던 무역망을 지중해, 아프리카, 인도양으로 확산시켰다. 네덜란드의 혁신은 단지 상업과 교역의 확산에 그치지 않고 새로운 경제주체 형성으로 이어졌다. 상인들 간의 지나친 경쟁, 해적의 약탈, 무역선 침몰 그리고 스페인과의 해상우위 쟁탈 등 다양한 문제로 골머리를 앓고 있던 네덜란드정부는 1602년 동인도회사를 설립해 아시아무역에 대한 독점권을 부여한다. 그리고 포르투갈, 영국 등과 치열한 해상무역 전쟁을 벌여야 하는 동인도회사에 거의 국가에 맞먹는 권한을 주었다. 동인도회사는 향료 무역에 관심이 있는 상인들의 배를 모아 순식간에 100척 이상의 선박을 보유한 대형 회사가 되었으며 그 덕택에 역사상 최초의 다국적 기업으로 기록되었다. 또한 기업 설립과 함께 역사상 최초로 주식을 발행했다.

동인도회사는 컴퍼니Company라 불리긴 했지만 이탈리아 도시국가들에서 그랬던 것처럼 더 이상 함께(com) 빵(panis)을 나누어 먹는 동료들에 의해 만들어진 소규모 회사가 아니었다. 주식을 발행함으로써 단지 몇 조각의 빵을 나누어 먹는 컴퍼니를 넘어서서 새로운 형태의 조직, 즉 기업(Corporation)으로 발전했다. 몸(corp)에 어원을 둔 이 단어는 원래 대학이나 가톨릭 교구처럼 개인들의 연합체로 구성된 공동체를 가리키는 말로 출발했다. 마치 하나의 인격처럼 법적 권리와 의무를 행사한 기업은 개인이나 합작회사와 달리 수명이 매우 길었다(개인 또는 합작회사의 경우 동업자가 사망하면 회사 문을 닫아야만 했다). 이 때문에 오랜 신뢰를 바탕으로 큰 자본을 끌어 모으기에 좋은 모델이었다.

이탈리아의 영향을 받았던 네덜란드 남부 도시들과 달리 네덜란드 북부 도시들과 암스테르담은 독일을 중심으로 한 한자동맹의 영향으로 16세기 후반 이전까지 여전히 단식부기를 애용하고 있었다. 한자동맹은 주로 개별 상인들 간의 신뢰에 기초한 교역, 혹은 비정규적인 투자나 벤처venture를 중심으로 움직였다. 벤처는

임시 비즈니스 조직으로 특정 목적을 달성하고 나면 해체되었으며, 벤처를 통해 실현된 손익은 조직이 해체될 때만 알 수 있었다. 결국 한자동맹에 속한 상인과 조직들은 특정한 회계기간 동안 단일 회계계정에서 자본의 손익을 결산하는 복잡한 복식부기보다는 단식부기를 선호했다. 하지만 동인도회사와 같은 규모가 큰 주식회사는 단식부기로는 회계를 감당할 수 없었다.

주식회사의 회계투명성에 대한 논란은 아이러니하게도 동인도회사를 상대로 주식사기 행각을 벌였던 아이작 르메르 Isaac Le Maire 라는 인물의 문제제기로 처음 시작되었다. 암스테르담을 중심으로 활동한 거상 르메르는 약 10만 길더를 투자해 동인도회사의 두 번째 주주가 되어 암스테르담 지부 총재 자리에 올랐다. 동인도회사는 설립된 지 3년 뒤인 1605년, 인도로부터 풍성한 물자를 실은 배가 귀항하자 주가가 140% 이상 급등하며 상승세를 탔다. 하지만 그해 르메르는 동인사회사 지부 총재의 이름으로 이 회사가 조직하지 않은 중국과의 상업항해 비용을 처리하려다가 이사회의 항의를 받고 사임하게 된다. 이에 앙심을 품은 르메르는 1609년 동인도회사 주식을 팔아 수익을 남김과 동시에 동인도회사에 피해를 입히기 위해 다른 동업자 10명과 함께 일명 '대기업 Groote Compagnie'이라는 회사를 설립한다. 그들은 동인도회사의 주가폭락을 유도하기 위해 주식을 대량으로 공매도했다. 르메르도 7만 굴드에 상당하는 주식을 매도했는데 그는 이 공매도를 들키지 않기 위해 동인도회사의 주식거래를 기록하는 회계사를 매수해 기록을 누락시키고 주가가 떨어지도록 나쁜 소문도 퍼뜨렸다. 르메르는 한편으로는 은밀하게 프랑스 동인도회사의 설립을 추진하며 이 강력한 경쟁회사의 등장으로 네덜란드 동인도회사의 주가가 완전히 바닥치길 바랐다. 하지만 주식을 되사서 이익을 남기려던 르메르의 계획은 1610년 프랑스 국왕 앙리 4세가 암살을 당하면서 큰 차질을 빚는다.

계속되는 주가하락으로 불안을 느끼던 동인도회사의 다른 주주들은 동인도회사 총독에게 조사와 해명을 요구했고, 회사 측은 공매도 거래자들의 "악랄한 행위"로 인해 "과부와 고아를 포함한 수많은 투자자들"이 피해를 입는다며 홀란트주정부에 공매도 거래자들을 고발했다. 아직 신생국이었던 네덜란드공화국 역시 동인도회사라는 소중한 자산이 투기에 흔들리는 것을 용납할 수 없었다. 이에 동인도회사 주식의 거래는 모두 한 달 이내에 이 회사의 회계사에게 등록해야 한다는 결정을 내렸으며, 이는 역사상 주식거래에 국가가 관여한 첫 번째 사례로 기록된다.

르메르와 그의 동료들은 정부의 결정에 강력하게 반발했다. 그들은 동인도회사의 주가하락은 경영진의 불투명한 경영 탓이라고 주장하며 모든 주식거래를 기업 내 회계사에게 신고하게 하면 오히려 이사회가 내부정보를 장악해 주가를 조작할 수 있다고 항의했다. 하지만 그들의 항의에도 불구하고 1610년 2월 홀란트주의회는 이 공매도 규제안을 통과시켰고, 동인도회사는 주식시장의 불안을 잠재우기 위해 주주들에게 첫 배당으로 액면가의 75%에 해당하는 메이스라는 향신료를 지급하는 등 자구 노력을 펼쳤다. 이후 동인도회사 주가는 안정을 되찾았고 르메르와 그의 동료들은 최종적으로 4만5000굴드의 손해를 입었다.

1613년 동인도회사는 주주들의 또 다른 항의에 맞닥뜨린다. 주주들은 회사가 상업활동보다는 지나친 군사행동으로 그들의 이익을 훼손하고 있다고 항의하며 불필요하고 무모한 영국과의 전쟁에 몰두하는 대신 상업활동에 자본을 집중해야 한다고 주장했다. 이사회는 이를 묵살했지만 주주들의 항의는 잦아들지 않았다. 특히 1620년대에 소액주주들은 팸플릿을 발행해 동인도회사 이사진이 공공연히 내부거래와 장부조작으로 자신들의 이익만 챙기며 주주들에게는 손해를 입힌다고 주장하면서 연간 회계감사와 그 보고서의 공개를 공식적으로 요구했다. 하지만 당시 동인도회사의 회계 운영은 투명하지 못했고, 회사 설립으로부터 수십 년이 흘렀음에도 과학적인 복식부기는커녕 장부에 별도로 부채를 기록하지도 않는 상태였다.

기업의 불투명한 회계 운영이 어떤 결과를 불러오는지는 뒤에 이어지는 영국의 남해회사 거품사건으로 고스란히 드러난다.

남해회사 거품사건과 회계사의 등장

이제 막 역사에 등장한 '기업'이라는 기묘한 가상인격체는 도덕이나 윤리 같은 것이 없었다. 그들은 필요할 때만 인간 행세를 했고, 더 큰 이익이 보장된다면 정부와 정치인들에게 주저 없이 뇌물을 제공했고, 일반주주들을 따돌리는 비밀스러운 경영으로 거대주주의 배만 채웠다. 산업혁명의 가속화와 함께 유럽 곳곳에서 등장한 대부분의 기업은 살아남고 발전하기 위해 건전한 경영보다는 정치인 매수에 더 공을 들였다. 더욱이 기업 대표들은 자신들의 개인적 이익을 위해서는 주가조작도 서슴지 않았다. 1720년 영국에서 일어난 남해회사 거품사건은 그 대표적인 예다.

18세기 초반 영국은 프랑스-스페인 부르봉 왕조(펠리페 5세)의 유럽패권을 저지하기 위한 전쟁에 연합군대로 참여했으며, 이어 러시아와 스웨덴이 발트해의 주도권을 놓고 벌인 북방전쟁에도 참여했다. 이제 막 왕으로부터 주권을 넘겨받은 영국정부는 막대한 군사비와 전쟁으로 인한 빚과 그 이자를 갚는 데 국가예산의 9% 이상을 쏟아 붓는 상황이었다. 당시 의회는 토리당 지도자로 최고재무관이었던 로버트 할리Robert Harley에게 영국정부의 채무조사를 위임했는데 단기채무만 900만 파운드가 넘는 것으로 확인되었다. 이에 로버트 할리는 영국정부가 진 빚을 해결할 방법으로 독점회사 설립을 제안했다. 영국정부로부터 독점권을 얻은 회사가 무역을 통해 남긴 이윤으로 정부의 빚을 갚는다는 구상이었다. 그의 주도로 설립된 남해회사(남해는 당시 남태평양을 의미)는 900만 파운드가 넘는 영국정부의 단기채무를 떠안는 대신, 연리 6%를 보장받고 중남미 스페인령과의 노예무역을 독점했다. 하지만 남해회사는 정부 빚을 갚을 만큼의 큰 이익을 남기지 못했다. 당시 중남미를 쥐락펴락하던 스페인과의 계약조건이 처음 생각과는 많이 달랐기 때문인데, 스페인은 노예무역의 횟수와 매매할 수 있는 노예의 수를 제한했고 이윤의 일부를 세금으로 떼어갔다. 어려움은 그뿐이 아니었다. 정부로부터 선박 네 척을 지원받았음에도 까다로운 교섭조건으로 인해 1717년이 돼서야 첫 무역선을 띄울 수 있었다. 남해회사는 바다 한가운데서 수시로 해적과 싸워야 했고, 때로는 배를 잃기도 했으며, 악천후로 인해 배를 띄울 수 없는 날이 많았다. 항해 도중 질병으로 수많은 노예가 목숨을 잃어 큰 손해를 보기도 했다. 더구나 1718년 스페인과의 관계가 악화되면서 이 무역은 완전히 단절되기에 이른다. 결국 남해회사는 독점적인 노예무역을 통해 200만 파운드에 달하는 부채만 남았다. 이후 위기극복 방안을 모색하다가 복권을 발행하는데, 뜻밖에도 이 사업이 큰 성공을 거두어 무역업 대신 금융업으로 본격적으로 회생을 도모하게 된다.

영국정부는 1718년 또 다시 전쟁에 참여해 수천만 파운드가 넘는 빚을 진다. 남해회사는 당사의 주식과 약 3100만 파운드의 영국 국채를 교환하는 제안을 새로 내놓고, 이어 다음해에는 국채와 주식의 교환을 가능케 하는 법안을 통과시키고 경쟁자인 영국은행을 입찰 대상에서 탈락시키기 위해 영국정부에 750만 파운드라는 거액의 상납금을 약속한다. 이 외에도 남해회사는 100만 파운드가 넘는 각종 뇌물을 왕실과 의원, 정부각료에게 제공하고 네 차례에 걸쳐 발행한 주식의 15% 이상을 그들에게 배당했다. 이런 뇌물과 거액의 상납금을 통해 남해회사는 신주발행 시 가격을 결정할 수 있는 권한까지 획득하게 된다. 남해회사의 홍보책임자였던 존 블런트John Blunt는 당시 주가를 높이기 위해 '남해회사가 중남미의 무궁무진한 자원을 공짜와 다름없이 퍼 날라 큰 이윤을 남기게 되었고 이미 은광채굴권을 획득했다'는 내용의 가짜 소문을 퍼뜨려 시장의 투기심리를 부채질했다.

1720년 시작부터 주식시장은 거품을 일으키기 시작했다. 당시 빠르게 성장하고 있던 영국 중산층은 남해회사 주식에 가진 돈을 모두 쏟아 부었다. 1720년 1월 한 주당 128파운드에 불과했던 남해회사 주식이 5월에는 700파운드로 뛰어올랐고 6월 말에는 1000파운드를 돌파했다. 주가가 절정으로 치닫자 귀족과 일반서민들까지 나서서 주식을 사들였고, 남해회사의 주가폭등은 곧 경쟁사인 동인도회사와 영국은행의 주가마저 끌어올렸다. 돈 없는 사람들은 돈을 빌려서라도 주식을 샀고 돈과 수완이 있는 사람들은 벼락부자를 꿈꾸며 주식회사를 설립하기 시작했다. 경쟁자가 많아지자 자금이 분산될 것을 우려한 블런트는 주식회사 설립을 제한하기 위해 1720년 6월 의회를 동원해 소위 '거품법 Bubble Act'이라는 것을 만들게 한다.

남해회사로부터 막대한 뇌물을 제공받은 정치인들은 쉽게 이 회사의 입김에 따라 움직였다. 블런트는 이 법을 근거로 수많은 경쟁회사들을 고발했고 그의 예상대로 주식회사 난립 경쟁은 진정되는 듯했다. 하지만 거품법 제정 이후 무허가 주식회사들의 주가폭락과 함께 남해회사의 주식 값마저 떨어지기 시작했다. 8월이 되자 남해회사처럼 투기를 부추기던 프랑스의 미시시피주식회사가 무너져 내렸고 런던 주식시장의 거품도 다 꺼져버렸다. 일렁이던 거품이 사라지자 모든 것이 분명해졌다. 남해회사의 이사와 정치인들을 뺀 나머지 주주들은 투자한 돈을 거의 다 잃었다. 〈메시아〉의 작곡자 헨델은 500파운드를 잃었고 그의 후원자인 제임스 브리지 공작은 무려 70만 파운드를 잃었다. 만유인력의 법칙을 발견한 뉴턴도 2만 파운드를 날렸다. 뉴턴은 "나는 별들의 운동은 계산할 수 있지만 사람들의 광기는 계산할 수 없었다."라는 말로 자신의 잘못된 투기계산법에 대해 변명했다.

분노한 투자자들은 남해회사에 대한 조사를 요구했고, 그 결과 남해회사 주요 임원들의 주가조작과 회계장부 조작이 사실로 드러났다. 재무장관과 체신공사 총재 등 정부 관계자 여러 명이 부패와 투기에 관여했다는 사실도 밝혀졌다. 남해회사 설립자인 할리는 이미 조사 기미를 알아채고 해외로 도망갔고 미처 자리를 피하지 못했던 체신공사 총재 크랙스는 자살했으며 재무장관 아이스라비는 런던탑에 갇혔다. 남해회사에 대한 조사는 주식가격 조작과 정치인 매수의 열쇠를 쥐고 있던 블런트와 회사의 회계담당자인 나이트Robert Knight에 집중되었는데 이들의 대답은 이후 전 세계 부패한 정치인과 경제인들의 모범답안이 되었다. 블런트는 의회 조사위원회의 질문에 "잘 기억나지 않는다"는 말만 되풀이했고 나이트는 "내가 입을 열면 수습이 안 될 정도로 여러 사람이 다친다"며 노골적으로 의원들을 협박했다. 의회는 투자자들에게 나이트에 대한 철저한 조사를 약속했지만 의회가 중단된 틈을 타 나이트는 회계장부와 숨겨둔 재산을 가지고 오스트레일리아로 도망쳐버렸다. 영국의회는 오스트레일리아정부에 나이트를 체포해 영국으로 압송할 것을 요구했지만 적지 않은 의원들은 나이트가 자신들의 비밀을 간직한 채 오스트레일리아에서 잘 살기를 바랐다. 그의 체포를 위해 의회가 더 이상 강력한 요청을 하지 않았음은 물론이다.

남해회사 사건은 단지 일부 사기꾼과 투자자들의 광기가 빚어낸 해프닝이 아니었다. 이 사건은 전쟁으로 막대한 채무를 안게 된 영국정부와 의회가 이윤을 내지 못하는 부패한 기업과 한몸이 되어 만들어낸 대형 부패 사건이었다. 영국정부와 남해회사 모두 투명한 회계와는 거리가 멀었다. 의회는 남해회사 사건을 조사하기 위해 13명으로 구성된 비밀위원회를 만들었지만 계속 뜸만 들이고 조사를 진행하지 않았다. 미처 도망치지 못했던 남해회사 이사와 관련자들은 그 사이 장부와 문서를 조작하기에 바빴다. 조사대상자 중에는 남해회사의 이사였던 쏘브릿지회사Sawbridge & Company 사장도 있었는데, 이 회사의 회계장부를 조사한 찰스 스넬Charles Snell이 의회 비밀조사위원회에 제출한 〈쏘브릿지회사의 회계장부 검토 의견〉이라는 일종의 보고서는 근대 최초의 회계감사 보고서로 기록되었다. 물론 스넬이 이 보고서를 제출하기 이전에도 회계는 상업활동의 중요한 부분을 차지하고 있었다. 네덜란드 동인도회사는 10년마다 그동안 작성했던 회계기록이 맞는지 확인했으며, 영국 동인도회사의 초대 회계국장인 토마스 스티븐스Thomas Stevens가 회계보고서를 작성했다는 기록도 있다. 또한 17세기 후반 프랑스 상업회사들은 수시로 거래기록을 정부에 제출해 검사받아야 했다. 하지만 자신을 회계사라 칭하는 독립적인 회계 전문가가 공식적인 회계보고서를 작성한 것은 스넬이 처음이었다.

찰스 스넬은 1670년 생으로 런던 최고의 글쓰기학교였던 자유서법학교Free writing school에서 교사로 일했다. 대부분의 문자가 창고정리와 장부정리 과정에서 탄생했던 것처럼 당시 상업으로 돈을 번 런던의 중산층은 장부정리와 글쓰기의 필요성을 느끼고 있었다. 이를 빨리 알아챈 찰스 스넬은 그들을 상대로 글쓰기를 가르치고 회계업무도 해주며 꽤 많은 돈을 벌었다. 또한 그는 글을 읽고 쓰는 것에 대한 책과《부기의 규칙》《런던 사람들을 위한 회계》《상인회계사무소》등 회계장부 정리에 관한 책들을 펴내며 저자로서도 제법 이름을 알렸다. 그가 글쓰기와 회계업무에 관한 강의록 뒤에 덧붙였던 일종의 광고문을 보면 구체적으로 어떤 일을 했었는지 알 수 있다.

- 자신의 자녀들이 고상하고 풍부한 글쓰기를 배워 펜을 자유자재로 굴리길 원하는 사람들
- 회계장부의 계산과 검토에 쓰는 실용산술이 필요한 상인들
- 환거래와 계산, 환협상과 조정이 필요한 사람들
- 상인회계의 진정한 원조라 할 수 있는 이탈리아식 복식부기 회계장부가 필요한 사람들

위의 광고문에서 볼 수 있듯이 스넬은 복식부기에 정통한 사람이었다. 〈쏘브릿지회사의 회계장부 검토 의견〉이라는 4쪽짜리 보고서에서 그는 이 회사의 장부에 가짜 항목들이 포함되어 있으며 회사의 경영도 무척 비효율적이었다고 지적했다. 하지만 '근대 최초로 독립적인 회계사가 작성한 회계보고서'라는 점을 빼면 그의 보고서는 매우 허술하고 주관적이었다. 스넬은 당시 주요 조사대상자였던 재무부장 찰스 스탠호프Charles Stanhope를 우회적으로 변호

하기까지 했으며 그 덕분에 스텐호프는 혐의를 벗고 풀려났다. 또한 스넬의 주장을 예리하게 반박하는 익명의 투서가 조사위원회에 제출되었지만 그는 한 가지도 변변한 답변을 내놓지 못했다고 한다. 그럼에도 스넬의 보고서는 제3자에 의한 외부감사의 시초가 되었다는 점에서 의미가 있다.

자본주의 시대의 회계: 분석과 해석의 갈등

대규모 자본에 기초한 거대조직으로서 기업의 빠른 성장과 확대, 주식회사 등장에 따른 소유자와 경영자의 분리는 독립적인 회계사와 회계법인의 필요성을 증가시켰다.

1712년에 발명된 증기기관은 수많은 산업에 영향을 미치며 발전을 거듭했고 1820년대에는 증기기관차가 발명되어 대규모 자본을 필요로 하는 철도부설 산업이 본격화되었다. 주식회사 설립을 억제하기 위해 1720년에 만들어진 거품법은 이런 급속한 산업화에 따라 1825년, 100여 년 만에 폐지되었다. 1844년에는 정부의 인가를 기다릴 필요도 없이 등록만으로 쉽게 주식회사를 설립할 수 있게 되었으며, 1855년에는 주주들이 투자한 회사에 손실이 발생할 경우 투자한 금액 내에서만 책임을 지면 되는 유한책임법이 통과되어 기업 투자가 촉진되었다.

주식회사의 성장으로 투명하고 책임 있는 운영에 대한 주주들의 요구가 높아지자 경영진들은 더 이상 대차대조표를 조작하거나 주주들의 눈을 속일 수 없었다. 1840년대 이후 수차례에 걸쳐 개정된 '회사법 Corporate law'은 회계사 채용을 법제화시켰고 1890년 대에는 주주총회에서 손익계산서를 공개하는 것이 의무화되었다. 이처럼 회계업무의 중요성이 높아지면서 회계사의 전문성과 직업성을 강화하기 위해 의사협회나 변호사협회와 비슷한 칙허회계사회 Chartered Accountant가 1854년에 처음 만들어졌다. 스코트랜드의 글래스고에서 약 50명의 회계사들이 단체 결성에 동참했다. 이후 19세기 중반에서 20세기 초반 사이, 자본주의의 성장과 함께 기업투명성 강화에 대한 요구가 더 강력하게 이어지면서 대형 회계법인들이 탄생하기에 이른다.

파치올리의 윤리가 스테빈에게서 잊혀지고 스테빈의 과학적 검증이라는 원칙이 동인도회사와 남해회사에서 망각되었던 것처럼, 스넬의 제3자에 의한 독립적 회계라는 교훈 또한 후대에서 쉽게 잊혀졌다. 회계는 자본주의의 성장과 기업 발전을 위해 빠뜨릴 수 없는 업무가 되었고 회계사 역시 독립적이고 전문적인 직업으로 인정받았지만 그것이 곧 그들이 기업을 잘 감시하고 투명성을 높이는 데 효과적으로 기여했다는 것을 의미하지는 않는다. 1887년 영국의 '리즈부동산, 건축 및 투자 회사 Leeds Estate, Building and Investment Company'에 대한 판결은 기업의 투명성을 높이고 비리를 적발해야 할 회계사가 자신의 책무를 제대로 이행하지 않아 법적 처벌을 받게 된 첫 번째 사례였다. 이 회사는 주택담보대출을 취급할 목적으로 1862년에 설립되었다. 회사 정관에 따르면 경영진은 주주들의 배당금에 비례해 보너스를 받을 수 있었는데 이 보너스 금액을 높이기 위해 대차대조표와 손익계산서를 조작했다. 회사가 이익을 내지 못했음에도 회사자본에서 주주들에게 배당금을 지불하고 자신들의 보너스를 챙긴 것이다. 계속된 손실로 회사가 청산 절차에 돌입하자 주주들은 경영진이 그들을 속였다는 사실을 알게 되었고, 대차대조표와 손익계산서를 공증한 회계사를 경영진과 함께 고발했다. 회사 정관에서 "회계사는 회사의 운영상태를 정확하게 파악할 수 있는 대차대조표가 완전하고 공정하게 작성되었는가를 검증할 의무가 있다"고 규정하고 있음에도 회계사가 의무를 소홀히 했기 때문이다. 이에 회계사는 자신은 단지 피고용인에 불과하며 그런 정관 내용을 알지도 못했다고 변명했지만 담당판사는 다음과 같은 이유로 유죄를 선고했다.

회계사의 의무는 단지 대차대조표의 산술적 정확성을 확인하는 것에 그치지 않는다. 그 의무는 대차대조표의 실질적인 정확성을 검토하고 대차대조표가 회사의 운영상태를 진실하고 정확하게 대변하고 있는지 확인하는 것이다.

당시 법원은 기업 비리사건들과 관련된 재판에서 회계사의 의무를 위와 같이 규정했다. 또한 회계사는 응당 정직해야 하고, 스스로 진실이 아니라고 믿는 것을 공증해서는 안 되며, 자신이 공증하는 것이 진실한 것이라고 믿기 전에 합리적인 숙고와 기술적인 검토를 선행해야 한다고 지적했다.

또 하나의 사례를 보자. 1913년에 설립된 세계 5대 회계법인 중 하나였던 아서앤더슨Arthur Andersen사의 몰락은 고대 이후 내려

겨온 회계의 역사와 전통을 통째로 무너뜨린 상징적 사건이었다. 2002년, 미국경제는 미국 기업 역사상 가장 거대한 회계조작 사건으로 쑥대밭이 되었다. 미국의 거대 에너지 기업인 엔론은 300억 달러가 넘는 거대한 손실이 발생했음에도 마치 이익이 발생한 것처럼 회계장부를 조작했다. 엔론의 외부 회계감사 법인이었던 아서앤더슨은 이 회계조작을 방치한 것은 물론 관련 문서의 파기와 위증을 지시했던 것으로 드러났다. 아서앤더슨은 엔론뿐만 아니라 무려 1000억 달러라는 당시로는 역사상 최대 규모의 파산으로 기록된 미국 통신사 월드컴의 회계부정에도 관여한 것으로 드러나 결국 문을 닫고 만다. 엔론과 월드컴 사태 이후 미국은 기업 회계의 문제점을 개선하기 위해 2002년 사베인스-옥슬리법(상장기업 회계개혁 및 투자자 보호법)을 제정한다. 이 법에는 미국 상장회사회계감독위원회 설치, 감사인의 독립성 보장, 내부통제 시스템 강화, 경영자 부정행위에 대한 처벌 강화, 증권사 애널리스트의 이해상충 규제 강화, 내부고발자 보호 등이 규정되어 있다.

하지만 이 법이 통과한 후에도 미국은 2008년 역사상 최대 규모의 파산을 불러일으킨 리먼브라더스의 회계부정을 사전에 적발하지 못했다. 158년의 전통을 자랑하는 세계적 투자은행인 리먼브라더스는 6000억 달러에 상당하는 부채를 감당하지 못한 채 파산했으며, 19세기 중반에 창립된 세계 4대 회계법인 중 하나인 언스트앤영Ernst & Young이 리먼브라더스의 부정한 회계를 방조한 혐의로 피소되었다.

남해회사의 거품이 발생한 지 300년이 지났음에도 기업이라는 가상인격체에 대한 통제는 여전히 쉽지 않다. 맹자에 따르면 공자는 일찍이 지방의 회계업무를 담당하면서 "회계는 당當할 뿐"이라고 했다. 여기서 당當은 중국어에서 '득당得當, 흡당恰當, 정당正當, 적당適當', 즉 명확하고 공정하고 법도에 부응하며 적절해야 한다는 네 가지 의미를 포함한다. 동서고금을 막론하고 건강한 회계는 사실적이고 현실적인 숫자의 분석과 그 결과에 기초한 해석의 종합이었다. 고대 국가와 상인들은 자산관리와 비리방지를 위해 회계를 중시했으며, 로마 황제 아우구스투스는 예산의 정확한 집행과 국가 공공사업의 계획 및 실행을 위해 회계를 중시했다. 또한 파치올리와 스테빈은 사업과 윤리의 조화를 위해, 그리고 국가와 기업의 운영에서 비리를 방지하기 위해 회계를 중시했다. 하지만 분석과 해석이 종합되지 못하고 서로 긴장관계에 놓이거나 충돌할 경우 회계는 정확성도 통찰력도 얻지 못한다. 파치올리가 장부에 제일 먼저 거래날짜를 기록하면서 맨 앞에 AD를 명기한 것은 지금처럼 단순히 '서기'를 표기한 것이 아니었다. AD는 '주의 해'를 뜻하는 것으로, 그는 신의 이름 아래 모든 기록을 거짓 없이 정확하고 투명하게 남긴다는 종교적 서약이자 윤리적 책임을 상징하는 약자로 AD를 명기했다. 거대한 의사인격체인 기업의 건강성은 궁극적으로 정확성과 진실성에 기초한 회계와 독립적이고 투명한 회계감사에 달려 있다.

4장 정치권력을 길들이다: 선거제도의 역사

《걸리버 여행기》를 쓴 조나단 스위프트는 "정치란(Politics are) 단지 부패일 뿐이기 때문에 훌륭한 왕이나 장관들에게는 아무짝에도 쓸모없는 것"이라고 평가했다. 왕당파였던 스위프트에게 정치란 왕권을 옥죄이는 의회정치를 의미했다. 왕권이 도전받고 의회정치가 성장하는 17~18세기가 되면서 정치는 왕이라는 개인이 아니라 정파나 정당, 집단에 의해 실현되는 행위로 이해되었다. 따라서 스위프트가 정파나 정당에 의해 이루어지던 정치를 복수인 'are'로 받은 것은 당시로서는 당연한 언어적 관행이었다.

17세기 초 왕권신수설에 기초해 절대왕정을 주장하던 제임스 1세와 신흥 의회세력 간의 대립이 치열해지면서 '부분, 몫'을 의미하는 파티party는 정치적 견해와 신념을 공유하는 사람들의 결사, 즉 정당이라는 의미를 갖게 되었다. 영국 총리를 역임했던 디즈데일리는 "여러분은 정당과 의회 중 어떤 것을 선택할 수 없다. 정당이 없다면 의회도 있을 수 없다. 따라서 정당을 비난하는 이들은 이 나라를 위대하게 만들었고 여전히 위대하게 만들 통치체제를 공격"하는 것이라며 정당과 의회, 현대정치의 밀접한 관계에 대해 말했다. 하지만 노르웨이의 극작가 입센은 "정당은 마치 소시지 기계와 같다. 그것은 모든 종류의 머리들을 한군데로 몰아넣고 갈아서 한 종류의 멍청이들로 만들 뿐"이라며 정당의 민주적 기능을 부정했다. 또한 영국 시인 알렉산더 포프는 정당이란 "소수의 이익을 위한 다수의 광기"에 불과하다며 정당은 결국 권력을 가진 소수집단을 대변할 뿐이라는 부정적인 의견을 제시했다. 정당에 대한 의견이 긍정적이든 부정적이든 정당은 의회정치의 출현 및 민주주의의 발전과 긴밀한 관계를 맺으며 변모를 거듭하게 된다.

'낡은 부패'와 민주주의

19세기의 선거에서 개인의 정치적 의사는 사회적 영향력에 좌우되는 경우가 많았다. 소작인들은 지주의 정치적 입장을 고려해야 했고, 노동자들은 공장주와 동료들의 의견을 살피곤 했으며, 종교가 있는 사람들은 교구의 영향에서 자유로울 수 없었다. 흔히 후원자로 불리는 사회적 영향력이 있는 자들은 선거에서 그 힘을 적극적으로 행사했고 그들의 영향을 받는 자들은 투표로 충성심을 증명했다. 충성심은 이후 소작지 계약 연장이나 노동계약 갱신, 교구 및 지역 공공시설에 대한 투자와 같은 혜택으로 교환되었다.

현대 정당의 시초라고 볼 수 있는 영국의 휘그파와 토리파의 성립은 17세기 말로 거슬러 올라간다. 당시 영국은 찰스 2세의 왕위 계승을 둘러싸고 치열한 대립을 거듭하고 있었다. 의회 다수는 가톨릭 신자인 제임스의 국왕 추대를 반대했다. 왕당파들은 제임스의 왕위 계승을 반대하는 이 다수를 휘그파°라 불렀고, 반대로 이 휘그파는 다수의 입장을 거스르며 제임스의 즉위를 옹호하는 이들을 토리파°라 불렀다. 휘그파는 개신교와 입헌군주제를 옹호하며 신흥 산업부르주아로 지지층을 확대해나갔고, 토리파는 가톨릭과 절대왕정을 옹호하며 지주층의 입장을 대변했다. 휘그파는 입헌군주제를 도입한 명예혁명의 성공과 더불어 18세기 중반까지 권력을 장악했으며, 토리파는 1762년이 되어서야 첫 총리를 배출할 수 있었다. 하지만 이런 정파들은 대부분 의회를 중심으로 성립된 파벌에 불과했으며 일사불란한 지휘체계와 긴밀한 연결성을 갖춘 조직은 아니었다.

정파가 정당으로 발전하게 된 계기는 1830년대 선거법 개혁을 통해서다. 당시 영국에서 투표권은 연간 40실링 이상의 토지임대소득을 올리는 성인 남성 토지소유자에게만 주어졌다. 1811년 잉글랜드에서 실제 투표가 가능한 유권자 수는 대략 44만 명으로 추산되었고 각 선거구에서 선출할 수 있는 대표는 한 명 혹은 두 명이었다. 하지만 선거구간의 인구 차이가 상당하고 거의 20배나 인구가 많은 곳도 있어서 각 선거구에서 동일한 숫자로 선출된 이들의 대표성에는 문제가 있었다. 더욱이 투표권을 가진 이가 여러 선거구에 걸쳐 토지를 소유하고 있는 경우, 자신의 땅이 있는 모든

⊙────────

휘그파: Whigs. '모반자'를 의미하는 스코틀랜드어의 whiggamor에서 유래했다.
토리파: Tories. '깡패, 도적'을 의미하는 아일랜드어.

선거구에서 각각 투표권을 행사할 수 있었다.

당시 선거에서 가장 커다란 문제는 소위 부패선거구(rotten borough)의 존재였다. 영국의 선거구는 원래 13~14세기경 왕의 특허장에 따라 하원에 대표 두 명을 파견할 수 있는 지역을 의미했다. 17~18세기 급속한 산업화로 그중 인구가 급격하게 줄어든 지역이 적지 않고 반대로 인구가 폭발적으로 늘어난 지역도 있었지만 기존의 선거구 제도는 인구변화를 전혀 반영하지 못했다. 그 때문에 버밍햄이나 맨체스터와 같이 인구 10만 명 이상 되는 신흥 산업도시들은 의원을 한 명도 선출할 수 없었던 반면 인구가 32명에 불과했던 던위치Dunwich에서는 두 명을 하원에 보낼 수 있었다. 또한 대표적인 부패선거구였던 올드 세럼Old Sarum은 모두 세 가구가 살고 유권자는 7명에 불과했지만 하원의원을 두 명이나 선출했다.

1831년 선거 당시 잉글랜드의 하원의원 406명 가운데 152명은 유권자가 100명도 안 되는 지역구에서 선출되었고 그중 88명은 심지어 50명도 안 되는 유권자의 선택을 받았다. 문제는 이들 부패선거구 대부분이 상원에 의석을 가진 지주와 귀족들의 지배 아래에 있었다는 점이다. 이들은 부패선거구에 자신의 가족이나 심복을 심어 영향력을 유지했으며 어떤 귀족은 10개 이상의 선거구에 대리자를 두기도 했다. 특히 선거구에 따라 최소 300파운드에서 600파운드 이상의 자산을 보유한 자에게만 의원 출마 자격이 주어졌기 때문에 부유한 귀족이 아닌 이들은 출마할 엄두조차 내지 못했다. 또한 당시에 투표는 비밀투표가 아니라 강단 같은 곳에서 자신의 지지후보를 천명하는 공개투표였기 때문에 유권자들은 보복을 피하기 위해서라도 지역유지들의 뜻에 따라 투표하게 되었다. 1831년 영국의 인구는 총 2400만 명이었는데 그중 투표권이 있는 성인 인구는 51만 명에 불과했고 스코틀랜드와 아일랜드의 경우 그보다 훨씬 낮았다.

18세기 말 영국 곳곳에서는 구두공, 직조공, 재단사와 같은 수공업자들이 중심이 된 교신협회Corresponding Society가 설립되어 이를 통해 성인 남성의 보통선거권 등을 요구하기 시작했다. 최초의 교신협회였던 셰필드교신협회에서 의회와 선거의 개혁을 위해 발간한 〈셰필드 기록〉은 매주 2000부가 팔려나갈 정도로 인기가 있었는데 이는 매우 이례적인 판매부수였다. 영국정부는 이런 협회들을 대표하는 런던교신협회를 와해시키기 위해 스파이를 심어 정보를 캐내고 주요 지도자들을 체포, 구금했으며 결국 협회를 불법화시켰다.

하지만 의회와 선거 개혁을 요구하는 대중의 요구는 잦아들기는커녕 더욱 과격해졌다. 1819년 8월 16일, 당시로는 영국 역사상 가장 큰 규모였던 6만여 명의 군중이 맨체스터 성 피터 광장 앞에 모여 보통선거권과 무기명투표 등을 내용으로 한 참정권 확대 및 선거법 개정을 주장하며 평화적인 시위를 벌였다. 하지만 이 자리에서 1500여 명의 기병대와 지주의 하수인들이 칼을 휘두르며 군중에게 돌진해 수많은 사상자가 발생했다. 이 사건은 1815년의 워털루전쟁에 빗대 '피털루 학살'이라 불리게 된다. 당시 이 소식을 접한 시인 퍼시 셸리Percy Bysshe Shelley는 '맨체스터의 대학살에 관해 쓴 글'이라는 부제를 달아 〈무질서의 가면〉이라는 시를 남겼다.

> 그대들은 조용히 단호하게 서 있으라
> 소리 없이 결집한 숲처럼
> 마치 정복될 수 없는 전쟁의 무기처럼
> … (중략)
> 잠에서 깨어난 사자처럼 일어나라
> 정복될 수 없는 압도적인 숫자로
> 잠들었을 때 그대들에게 씌워진
> 사슬을 이슬처럼 땅에 털어내라
> 그대들은 다수고 저들은 소수다

이러한 일련의 사건은 선거를 둘러싼 정치부패 일소야말로 새로운 시대로 진입하기 위한 가장 중요한 관문이라는 인식을 불러일으켰다. 윌리엄 코벳과 같은 급진적인 언론인은 선거를 둘러싼 이런 부패를 '낡은 부패'라 불렀는데, 이는 프랑스 혁명에 의해 청산된 낡은 체제로서의 앙시앵 레짐과 거의 동일한 의미로 대중들 속에서 회자되었다.

영국의 선거개혁과 의회개혁은 1832년과 1867년 그리고 1884년, 이렇게 세 차례에 걸쳐 단행된다. 첫 번째인 1832년 개혁의 결과로 부패선거구들은 대거 폐지되고 버밍햄이나 맨체스터 같은 신흥 산업도시들이 자신들의 대표를 의회에 보낼 수 있게 되었다. 투표 자격도 연간 10파운드 이상의 소득을 가진 자로 확대되었다. 이에 따라 투표권자가 약 51만 명에서 81만 명으로 증가했지만 이 숫자는 여전히 성인 남성의 86%는 투표권이 없다는 것을 의미했다. 특히 영국사회에서 새롭게 성장중인 노동계급은 이 개혁에서 완전히 배제되었다.

1830년대 후반부터 1840년대 후반까지 영국 전역을 휩쓴 노동계급의 차티스트 운동은 바로 이 부족한 개혁에 대한 불만에서 표출되었다. 노동자들은 "600만 명이 넘는 21세 성인 남성 가운데 오직 81만 명에게만 선거권을 부여하는" 개혁은 진정한 개혁이 아니라며 1838년 차티스트 운동의 여섯 가지 요구사항을 〈인민헌장〉에 담아 발표했다. 그 내용은 첫째로 21세 이상의 모든 성인 남성에게 보통선거권을 부여할 것, 둘째로 비밀투표를 보장할 것, 셋째로 재산소득이 없는 노동자도 의원이 될 수 있도록 후보자의 재산 자격을 폐지할 것, 넷째로 노동자들도 의회활동을 할 수 있도록 의원에게 세비를 지급할 것, 다섯째로 부패선거구를 없애기 위해 인구비례에 맞게 의원을 선출할 것, 여섯째로 의원에 대한 일상적인 뇌물 제공을 근절하기 위해 매년 의회선거를 시행할 것이었다. 당시 영국에 거주하며 차티스트들과 교류했던 마르크스는 차티즘의 정치적 중요성을 인식하고 있었으며, 이들의 요구사항이 '민주주의를 위한 투쟁에서 승리하기 위한' 첫걸음이라고 보았다.

보통선거권은 영국 노동계급의 정치권력과 동등한 것이다. … 노동자들은 노동자 계급으로서의 지위에 대한 분명한 의식을 얻게 되었다. … 보통선거권은 혁명적이며, 귀족국가로서의 낡은 영국(Old

England)을 파괴할 것이다.

− 마르크스, 〈자유무역과 차티스트〉 중에서

실제로 영국의 선거개혁은 신분제에 기초했던 귀족 중심의 정파, 후원자제도, 정실주의와 같은 낡은 정치부패를 청산하는 첫걸음이었다. 차티스트 운동은 1848년 거의 600만 명의 서명에 기초해 선거와 의회 개혁 청원을 이끌어냈으며 그 노력이 결국 1867년과 1884년의 개혁으로 이어진다. 1867년의 개혁을 통해 선거권은 도시의 세대주에게로까지 확대되었다. 이로써 노동자들은 처음으로 투표권을 갖게 되었으며 총 유권자 수는 81만에서 240만 명으로 증가했다. 이후 1884년의 개혁을 통해 선거권이 농촌으로 더 확대되어 유권자 수는 약 560만 명으로 늘어났다.

하지만 이 일련의 개혁들은 여성이라는 특정한 집단을 철저히 배제했다는 점에서 온전히 개혁이라 불릴 만한 것은 아니었다. 프랑스의 시민운동가였던 올랭프 드 구즈Olympe de Gouges는 이미 1791년에 발표한 〈여성과 여성시민의 권리선언〉을 통해 여성은 "공직(emplois publics)"에 차별받지 않고 입문할 수 있어야 하며 남성과 마찬가지로 "연단(Tribune. 의회 연단)"에 오를 자유가 있다고 주장했다. 19세기 영국에서도 여성의 참정권 쟁취를 위한 노력이 지속되었다. 최초의 여성참정권 운동가 중 한 명인 안나 휠러Anna Wheeler는 1825년 사회주의자 윌리엄 톰슨과 함께 〈인류의 절반인 여성이 시민사회와 가정의 노예로 여성을 묶어두려는 다른 절반인 남성들의 가식에 반대하는 호소〉를 발표했다. 이 호소문은 "여성은 아버지나 남편에 의해 대표될 수 있다"며 여성참정권을 거부했던 제임스 밀에 대한 응답으로 이루어졌으며, 밀의 그런 입장은 당시 남성 다수의 생각이었다. 휠러의 노력에도 불구하고 1832년의 첫 번째 선거법 개혁은 여전히 선거권을 남성(male)에 국한시켰다. 더구나 이것은 개혁이 아니라 '개악'이라고 말할 수 있는데 그 전에는 여성의 투표를 금지하는 공식적인 법조항이 존재하지 않았기 때문이다. 이전까지 투표권에 대한 성차별은 법률이 아닌 관습에 근거해 남편의 유산을 상속받은 부유한 여성의 경우 투표가 허용되기도 했었다. 하지만 1832년의 개혁 이후부터 1928년까지, 영국 여성들은 법적으로도 참정권에서 완전히 배제되었다.

이런 한계에도 불구하고 당시의 선거권 확대는 귀족 중심의 '낡은 부패' 체제를 청산하는 첫걸음으로 받아들여졌다. 1832년 요크셔 지역에서 보수주의자들을 몰아내고 승리한 토마스 스태블리Thomas Staveley와 조슈아 크롬튼Joshua Crompton은 이 역사적인 승리를 기념하기 위해 메달을 제작했는데, 이 메달에는 '헌법으로부터 부패를 몰아낸 애국주의의 귀재' '청렴과 자주성의 승리'라는 선거권 확대의 역사적 의미가 새겨져 있었다.

반부패로서의 비밀투표: 비밀스럽고 깨끗하게

선거부패를 방지하기 위한 유권자 증가는 또 다른 정치부패를 만연케 하는 토양이 되었다. 1867년의 선거법 개혁으로 유권자 수가 대폭 늘어나자 정파들은 각기 유권자 매수를 위해 온갖 방법

을 동원했다. 이들은 직접 돈을 주고 표를 사거나 유권자들의 인두
세⊙를 대신 내주고 표를 사들였다. 또한 대출을 제공하는 방식으
로 표를 사 모으기도 했다. 길거리나 배수로 정화와 같은 구실로
선거 전 며칠 또는 몇 주 동안 유권자들을 고용해 평소의 몇 배에
달하는 급여를 지불하는 위장고용도 널리 통용된 매표 방식이었
다. 표 한 장의 가격이 최소 1파운드였으며 후보자 경쟁이 치열한
지역에서는 10파운드에 달하기도 했다. 1832년 뉴캐슬 선거에서
어떤 유권자는 15파운드에 표를 팔았고, 베레스포드 지역의 한 유
권자는 후보자에게 50파운드를 요구했으나 후보자가 35파운드를
제시해 이를 거부했다는 기록이 있다.

접대는 또 다른 선거부패의 유형이었다. 후보자들은 유권자에
게 각종 음식과 음료, 향응을 노골적으로 제공했다. 1686년 브래
드포드 지역 선거에서 한 후보자는 무려 7000파운드를 100곳에
달하는 술집에서 접대비로 지출했다. 큰 선거구에서는 접대비로
1만 파운드 이상을 지출한 경우도 적지 않았다. 또한 당시 선거구
중 상당수는 투표소가 한 곳에 지정되어 있었는데 이 경우 후보자
가 멀리서 오는 유권자에게 투표소까지의 왕복비용과 숙박을 제
공하기도 했다.

뇌물과 접대 못지않게 협박도 빈번히 동원되었다. 블랙번 지역
에서는 보수파가 고용한 1000여 명의 폭력배가 유권자들을 위협

유럽 봉건사회에서 모든 성인에게 부과했던 세금. 19세기 중반 인두세는 두당 2~3파운드에 달했다.

하고 그들의 재산을 파괴했다. 후보자 선출과정에서도 서로 용역 깡패들을 동원해 무력으로 상대후보를 선거구에서 축출하거나 상대의 사무소와 재산을 파괴하는 일이 빈번했다. 투표소 주변에서 무리를 지어 상대후보에게 투표하려는 유권자에게 고함을 지르거나 비웃고 떠밀고 침을 뱉고 옷을 찢고 주먹을 휘두르는 행위는 흔히 볼 수 있는 투표일의 풍경이었다. 이런 협박은 특히 공개된 구두투표에서 매우 위협적인 수단으로 작용해 유권자의 선택에 심각한 영향을 미쳤다. 공개 구두투표는 유권자가 허스팅즈˚라 불리는 연단에 서서 '나는 ○○ 후보를 지지한다'고 선언하는 방식으로 진행되었다. 이 때문에 후보 지지자들로 들끓는 허스팅즈 주변은 흔히 살벌한 분위기가 연출되었다. 찰스 디킨스는 《피크위크 클럽의 기록》이라는 그의 출세작에서 당시 허스팅즈의 분위기를 이렇게 묘사했다.

> 고매한 사뮤엘 슬럼키가 고용한 무리가 힘을 쓰기 시작했고… 이에 대항해 휘그파(Buffs)들이 토리파(Blues)의 머리와 어깨를 내리눌렀다. 토리파는 매우 불쾌해하며 휘그파로부터 벗어나기 위해 발버둥쳤다. 시장은 250명쯤 되는 무리들을 제압하기 위해 열두 명의 경찰을 동원했지만 싸우고 밀치고 다투는 광경은 계속되었다.

1867년 선거법 개정에 뒤이은 이듬해 총선은 선거부패의 정

---

hustings. house와 thing의 합성어로 어떤 조직의 일, 모임을 의미한다.

점을 보여주었다. 그 결과 1869년 영국정부는 선거부패를 해결하기 위한 '선거부정방지위원회'를 구성한다. 이 위원회는 1856년에 구두투표를 기명투표로 전환하면서 비밀투표제를 도입한 호주의 사례를 매우 효과적인 반부패 대책으로 제시하며 의회에 그 입법을 권고했다. 하원의 토리당과 상원의 반대에도 불구하고 1872년 비밀투표법이 제정되고, 총리 글래드스톤은 같은 해 치러진 비밀선거를 통해 당시 만연했던 정치부패 풍토를 대폭 개선할 수 있었다. 영국에 비밀투표가 도입된 후 첫 선거의 풍경에 대해 당시 신문은 아래와 같이 생생하게 적고 있다.

지금까지 투표일은 거대한 정치적 소동과 폭동의 날이었다. 하지만 오늘 모든 풍경이 바뀌었다. 투표소가 열렸지만 도시의 거리는 평소와 마찬가지로 매우 평온했다. 선거법에 따라 투표소에는 기표소가 설치되어 선거인의 투표 내용에 대한 비밀이 보장되었다. 이 기표소는 안쪽에 네 칸의 별도 공간을 가진 이동식 상자다. 별도 공간들에 받침대가 있어서 네 명의 선거인이 동시에 자신의 용지에 기표할 수 있다. 칸막이가 있기 때문에 선거인은 옆 공간에 있는 사람의 투표 내용을 볼 수 없으며 각 칸에는 투표용지에 기표할 수 있도록 끈으로 고정된 연필이 붙어 있다. … 사람들이 투표용지를 받아 기표소에서 기표한 후 큰 주석상자 상단의 좁은 구멍으로 투표용지를 넣는다. 이 모든 일이 아주 조용히 처리되었고 때론 쥐죽은 듯한 정적만 흘렀다. 어떤 노동자들은 비밀투표라는 아이디어를 정확히 이해하지 못한 것 같았다. 그들은 기표소 앞의 경찰에게 다가가 자기가 지지하는 후보자의 이름을 외쳐야 하는 장소가 어딘지 묻기도 했으며, 어떤 이들은 투표용지를 접는 것에 어려움을 겪기도 했다. … 비밀투표의 효과가 어떠하든 오늘의 경험이 분명히 보여주는 것은 사람들이 놀라울 정도로 절제와 질서를 유지했다는 것이다.

– 〈타임스〉 1872년 9월 14일자

투표일에도 술집은 조용했고 취한 자들도 없었으며 투표소 주변에 군중도 없었다. 리버풀과 맨체스터 같은 대도시 거리에도 정적만 흘렀다. 기표를 통한 비밀투표가 도입되면 문맹자들이 투표에 어려움을 겪을 것이고 신분사칭이 횡행할 것이라는 걱정은 기우에 그쳤다. 비밀투표 도입으로 공갈협박과 같은 부당한 영향력 행사는 대부분 사라졌다. 하지만 작은 지역이나 농촌의 유권자들은 고용주와 지주의 영향으로부터 완전히 해방되지 못했다. 또한 지역구가 발달하면서 조직화된 정당조직들의 유권자에 대한 강압이 점차 귀족의 영향력을 대체하기 시작했다. 비밀투표 도입으로 표 가격이 떨어지긴 했지만 매표행위와 뇌물이 완전히 근절되지는 못했다. 오히려 유권자들은 어느 한 후보자로부터가 아니라 모든 경쟁자로부터 뇌물을 받을 수 있게 되었다.

선거비용과 민주주의의 함수

명예혁명과 권리장전으로 선거의 자유가 보장되자마자 선거를 둘러싼 뇌물 문제가 심각한 이슈로 떠올랐다. 이미 1695년에 제정된 부패행위법에 의하면 의회 선거과정에서의 뇌물, 즉 선물이나 향응 제공은 금지되었고 이 규정을 위반한 자는 의석을 박탈당하고 해당 선거는 무효가 되었다. 1726년에는 뇌물수수법이 제정되어 뇌물을 제공한 자는 의석을 상실할 뿐만 아니라 피선거권도 박탈당했다. 하지만 이 법들은 명목상으로만 존재했을 뿐 실제로는 거의 효력이 없었으며 1832년 유권자 수가 확대된 후로 선거부패는 오히려 더욱 심해졌다.

1832년 첫 번째 선거법 개혁 이전까지 뇌물이 전체 선거비용에서 차지한 비율은 '단지' 1/3 정도였지만 1832년 이후로는 2/3로 급증했다. 1841년 총선은 심지어 '뇌물의회'라고 불릴 만큼 선거부패가 전국적으로 확산되었다. 의회는 1854년에 부패행위방지법을 제정해 선거부패를 막고자 했다. 이 법은 이전까지 불분명했던 선거부패의 유형을 구체적으로 정의하고 선거감사인 제도를 도입한 것이 핵심이었다. 직간접적인 뇌물과 접대, 매표를 위한 고용 제공을 모두 뇌물로 규정하고 협박을 통해 투표에 영향을 미치는 행위도 불법이 되었으며, 뇌물 제공자뿐 아니라 받는 자도 처벌토록 했고, 더 나아가 후보자들이 선거에서 실제로 지출한 비용을 감사인에게 보고하도록 규정했다. 1860년 영국정부의 조사에 따르면 이 법의 제정 이후에 직접 돈을 주고 표를 사들이는 뇌물은 사라졌다. 하지만 더 교묘해진 뇌물공여 방식과 위장고용이 횡행했고, 협박과 위협을 통한 선거개입에는 법이 거의 무력했다. 선거비용 감사 역시 보고 비용과 실제 비용 사이의 차이를 밝혀내기 어렵기 때문에 거의 효과를 보지 못하다가 1863년 별다른 성과 없이 폐지되었다. 1832년에서 1868년 사이에 뇌물, 접대, 협박으로 인한 선거무효 소송은 700건에 달했고 이 중 선거위원회가 청문회를 개최한 경우가 400건이 넘었지만 선거부패로 인해 실제로 의석이 박탈된 경우는 1854년에 9건, 1859년에는 겨우 1건에 불과했다.

문제는 선거부패를 당시의 대중과 정치인들이 모두 심각하게 생각하지 않았다는 것이다. 1832년의 개혁을 이끌었던 휘그당의 지도자 그레이 백작은 "유권자들에게 뇌물로 돈을 주는 것은 그들의 욕망과 편견에 아첨하거나 의도적으로 정치적 오류를 범하게 하는 것보다 나쁘다고 할 수 없으며 심지어 거의 무해하다"고 주장하기까지 했다.

1867년의 두 번째 선거법 개혁으로 유권자 수가 크게 늘어나자 각 정파들은 본격적으로 지역조직과 중앙조직을 구축해 선거를 체계적으로 지휘하기 시작했다. 이들이 대대적으로 개입하기 시작한 최초의 선거인 1868년 선거는 앞서도 언급했듯이 선거부패의 정점에 있었다. 선거법 개혁으로 직접적인 매표가 불가능해지자 정파들은 대신 접대와 향응, 위장고용과 같은 간접적인 뇌물을 유권자들에게 제공했다. 찰스 디킨스는《피크위크 클럽의 기록》에서 선거가 진행되는 동안 모든 물건이 "너무나 싸게 제공"되었다고 적었다. 각 정파의 지역조직은 필요 이상으로 많은 선거운동원과 유세 홍보원, 홍보물 배달원 등을 고용해 급여를 지불했다. 체스터 지역에서는 선거운동을 위해 약 500명을 채용했고 보스턴의 경우 1200명을 고용해 급여를 지불했다. 과거와 비교할 정도는 아니더라도 유권자들은 투표일에 선술집과 식당에서 공짜 맥주는 물론이고 아침과 점심을 제공받기도 했다. 일반적으로 규모가 작은 선거구는 약 400~900파운드를 선거비용으로 지출했으나 2000파운드 이상 지출한 선거구도 적지 않았다. 카운티처럼 규모가 큰 지역구에서는 최소 2000~4000파운드가 들었다. 선거비용은 점점 더 늘어나 1880년에는 각 후보자들이 작은 선거구의 경우 1000파운드, 중간 규모인 경우 5000파운드 이상을 지출했다. 특히 몽고메리카운티의 경우 약 1만 2000파운드를 써야 당선을 보장받을 수 있었다.

직간접적인 뇌물이 모두 위법이었음에도 처벌이나 벌금이 미미했기 때문에 그 풍토가 영국 곳곳에 여전히 만연했다. 문제는 불법적인 선거운동이 이제는 부유한 개인이나 귀족이 아닌 정파와 정당에 의해 더 조직적으로 이루어졌다는 것이다. 보수당의 지역 조직은 2000명이 넘는 유권자들을 바닷가 소풍여행에 초대해 지지를 호소하기도 했다. '보살피기 혹은 간 맞추기'라 불린 이런 조직적인 선거운동이 1867년 이후 일반적인 관행으로 정착되었다. 정당에 의한 조직적 부패는 범법행위자를 특정하기 어려워 법적 처벌도 불가능했기 때문에 부패선거로 당선된 의원의 의석을 박탈할 방법도 없었다.

1880년 선거에서 각 정당과 정파들의 부패행위는 극도로 심각한 지경에 이르렀다. 선거 관행을 조사했던 왕립위원회에 의하면 이 선거에서 무려 9000명이 부패행위에 연루되었다. 당시 전체 후보가 선거에서 사용한 공식 선거비용은 약 173만 파운드로

1874년 선거에 비해 무려 75만 파운드가 증가했지만 이들이 실제로 사용한 비용은 그보다 훨씬 많은 300만 파운드가 넘을 것으로 예측되었다. 이렇게 엄청난 규모의 선거부패는 대중의 정치혐오를 불러올 뿐 아니라 후보자들에게도 재정적으로 적지 않은 부담을 안겼다.

이후 1883년에 제정된 '부패 및 위법행위 방지법Corrupt and Illegal Practices Prevention Act'은 영국의 선거와 정치를 둘러싼 부정부패 척결에 결정적인 영향을 미쳤다. 이 법은 부패 및 위법행위에 대한 처벌을 더욱 강화하고 이전 법들에는 명시되지 않았던 위법행위에 대한 새로운 정의를 포함했다. 무엇보다 기존의 선거 관련법들과 달리, 역사상 최초로 선거 시 지출 가능한 선거비용을 제한하는 내용을 포함하고 있었다. 이 조항이 결과적으로 선거비용을 양적으로 줄였을 뿐 아니라 선거의 방식과 내용을 완전히 바꾸는 효과를 거두었다. 우선 그 구체적인 내용을 살펴보자.

'부패 및 위법행위 방지법'은 뇌물, 접대, 협박과 같은 부당한 압력과 사칭을 명백한 부패행위로 규정했다. 접대와 같이 애매한 항목을 분명한 부패행위로 명시하고 협박에 대해서도 정신적 위협, 육체적 상해 등으로 세분화해 모두 포함시켰다. 부패행위 외에도 이전에 선거과정에서 발생했던 많은 위법행위들을 명확히 규정해 금지했다. 이에 따라 유권자에게 여행경비나 운송수단을 제공하는 것, 밴드나 배너, 리본 등과 같이 눈에 띄는 상징물을 선거운동에 동원하는 것이 전면 금지되었다. 선거운동원의 위법행위가 유죄로 확정될 경우 해당 후보자는 당선이 무효되었다. 또한 위법이 확인된 후보자는 하원에서 영구 배제되고 향후 7년간 피선거권을 박탈당했으며 행정이나 사법과 관련된 공직수행도 할 수 없었다. 선거비용 제한은 그 내용이 더욱 구체적이었다. 유권자가 2000명 미만인 선거구의 선거비용은 최대 350파운드를 넘을 수 없고, 2000명 이상이면 1000명당 30파운드를 더 사용할 수 있었다. 선거구 면적이 넓은 경우에는 유권자가 2000명 미만일 때 최대 650파운드를 지출할 수 있고, 2000명 이상이면 1000명당 60파운드를 더 지출할 수 있었다. 또한 선거비용 사용과 관련해 선거사무소 및 선거운동원의 숫자, 공개유세, 우편발송과 광고비용 등 구체적인 항목들에 대한 세세한 조항을 포함시켰다. 더불어 불법 선거비용의 온상이 되었던 기타항목에 추가할 수 있는 잡다한 비용의 상한선을 200파운드로 제한했다.

이 법은 물론 부패가 일상화되어 있던 정치인들의 큰 저항에 부딪혔다. 일부 정치인은 이 법안이 지금까지 단 한 번도 현실에서 구현된 적이 없는 영웅들의 고결한 도덕성을 실현하려고 드는 무모한 짓이라고 비난했다. 법의 원칙에 동의하는 이들마저도 세부 내용이 지나치게 엄격하고 꼼꼼해서 결국 죽은 문서가 될 것이라고 지적했다. 토리당은 유권자에게 투표소까지의 무료 운송수단을 제공하지 못하게 한 것은 넓은 지역 선거구에서 경쟁력이 있는 토리당을 약화시키기 위한 휘그당의 음모라며 반발했다. 이런 가운데 급진파들까지 이 조항이 운송수단을 갖지 못한 빈곤층에 불리하다고 비난했다. 선거비용의 제한 역시 너무 엄격하다는 비판에 직면했다. 가령 1880년 선거에서 이미 3000파운드를 사용한 옥스퍼드 선거구의 비용을 500파운드로 줄이라는 것은 부당하다는 것이었다.

이 많은 비판에도 불구하고 부패 및 위법행위 방지법의 효과는 즉각적으로 나타났다. 1886년 선거에서 선거구당 선거비용은 규모가 작은 경우 약 380파운드, 면적이 넓은 경우 600파운드 정도로 줄어들었다. 전체 선거비용은 1880년(약 170만 파운드)보다 유권자 수가 증가했음에도 불구하고 1885년에 100만 파운드, 1895년에는 77만 파운드로 크게 줄었다. 한 표당 투표비용도 1880년에 18실링이었지만 1886년에 4실링, 1895년에는 3실링으로 떨어졌다. 더햄과 몽고메리 선거구의 경우 1880년에 각각 약 1만 2000파운드를 선거비용으로 썼지만 1900년 선거에서는 1000파운드에 불과했다. 또한 1880년 선거에서는 33건의 선거무효 소송으로 12명의 의원이 의석을 상실했지만 1885년 선거에서는 7건의 선거무효 소송으로 한 명만 의석을 잃었다.

부패 및 위법행위 방지법의 가장 큰 성과는 민주주의였다. 새롭게 선거권을 획득한 유권자들은 대부분 가난해서 권력을 노리는 부유한 권력자들에 의해 부패선거의 손쉬운 희생양이 되었다. 선거권 확대와 더불어 선거부패가 급증하면서 민주주의는 곧 금권선거의 제물이 될 위기에 처했다. 하지만 부패 및 위법행위 방지법은 선거라는 민주적 절차에 '비용의 제한'이라는 기준을 부과함으로써 민주주의가 금권력에 포획되는 것을 방지했다. 이 법의 제정은 영국 민주주의 발전에 기여한 역사적이고 획기적인 사건이 되었다.

부유한 지주와 산업자본가의 돈이 더 이상 선거를 좌우하지 못하게 되자 정치적 영향력을 행사할 수 있는 새로운 집단과 세력이 선거의 핵심 동력으로 떠올랐다. 귀족과 신흥 산업자본가를 기반으로 한 토리당과 노동자를 기반으로 한 노동당이 각자 정치세력을 공고히 하는 사이에 기반이 모호했던 휘그당은 몰락하기 시작했다. 정당조직이 강화되자 코커스^{caucus}라 불리던 당원집회 혹은 간부들의 모임을 중심으로 이전에는 없던 새로운 부패가 발생하기도 했다. 부패 및 위법행위 방지법에는 선거와 선거 사이 정당조직의 정치활동에 대한 조항은 없었기 때문에 이들은 손쉽게 부패를 저지를 수 있었다.

정치머신, 도금시대 그리고 직접예비선거

루이스 캐럴이 1865년에 발표한 《이상한 나라의 앨리스》에는 '코커스 경주와 긴 이야기'라는 단락이 있다. 앨리스와 동물들은 앨리스의 눈물로 생긴 웅덩이에 빠져 허우적거리다 겨우 빠져 나온다. 귀족처럼 지팡이를 든 도도새는 젖은 몸을 말리기 위해 코커스 경주를 하자고 제안한다. 앨리스는 "코거스 경주가 뭔데?"라고 묻지만 도도새는 가장 좋은 설명은 직접 코커스 경주를 해보는 것이라며 모두에게 달리기를 시킨다. 반시간쯤 후에 "경기 끝"을 외친 도도새는 코커스 경주에 참가한 모두가 승자라며 앨리스를 포함한 모두에게 작은 선물을 나눠준다. 하지만 이 선물은 귀족같이 부유해 보이는 도도새의 주머니가 아니라 앨리스의 주머니에서 나온 것이었다. 도도새는 앨리스의 주머니에서 나온 골무를 앨리스에게 선물한다. 앨리스는 이 모든 일이 터무니없다고 생각했음에도 도도새가 선물이라고 내미는 골무를 다른 동물들처럼 정중히 인사를 하며 받는다. 이것이 급격히 성장하기 시작한 정당과 코커스를 바라보는 당대 사람들의 인상이었다. 무슨 목적으로 하는 것인지 분명하지 않았지만 당원 혹은 당 간부들의 집회에 참여한 사람들은 모두 뇌물을 받았으며 그 뇌물은 실제로 자신들의 주머니에서 나온 것이었다.

코커스가 어디서 유래한 말인지는 분명치 않다. 혹자는 북미주 동부에 살았던 알곤킨 원주민의 말로 '연장자, 조언자'를 의미하는 코코아수caucauasu에서 유래했다고 하고, 혹자는 '술잔'을 의미하는 그리스어 카우코스kaukos에서 왔다고 주장한다. 분명한 것은 코커스라는 말이 영국보다는 영국 식민지였던 미국에서 먼저 사용되었다는 것이다. 독립투쟁의 발원지이자 정치가 발달된 보스턴 지역에서 이미 18세기 말에 정치적 의견이 같은 지역유지들이 모이는 것을 '코커스한다'라고 표현했다. 이 말이 영국으로 건너와 당시 새롭게 역사에 등장한 정당의 모임들을 지칭하게 되었다. 그리고 이 신조어가 널리 퍼져서《이상한 나라의 앨리스》에 등장할 정도로 대중적인 용어가 된 것이다.

식민지 미국의 정치에서 코커스는 정치머신(political machine)이라 불리는 부패한 정치 실력자들의 조직이 그들이 좌우할 수 있는 후보자를 밀실에서 선출하고 그로 하여금 자신들의 이익을 실현하게 영향력을 행사하는 도구로 쓰였다. 정치머신은 한마디로 보스를 중심으로 일사불란하게 움직이는 조직으로, 불건전한 수단을 통해 유권자의 표를 획득했다.

정치머신이란 말은 19세기 중반 이후에 미국에서 속어로 사용되기 시작했다. 증기기관이 등장하고 석탄이라는 에너지원이 석유로 바뀌고 자동차가 등장한 시대에 기계에 대한 이미지는 기존의 인간과 말, 즉 인력과 마력 이상의 힘을 가진 부품들의 집합체이자 시계와 같이 하나로 맞물려 움직이는 실체를 의미했다. 머신은 다른 한편으로는 공장의 공해나 소음, 불결함을 연상시켰다. 정치머신이 처음부터 부패한 정치조직이었던 것은 아니다. 애당초 토머스 제퍼슨은 특정 정치 엘리트의 부패에 대한 처방으로 정치머신을 제시했다. 하지만 극소수 엘리트 중심의 정치에 반대하는 이민자들과 지역 대중의 조직으로 출발한 정치머신은 점차 보스를 중심으로 한 이권조직으로 변질되었다.

19세기 후반과 20세기 초반의 미국은 마크 트웨인의 표현대로 '도금 시대(Gilded Age)'였다. 부패는 도시의 번쩍이는 불빛 뒤에 감추어져 있고 모든 것이 겉만 번지르르한 시대였다. 1890년대는 특히 미국이 경제적으로 큰 성장을 이룬 시기였다. 산업이 크게 발전했고 도시 인구가 크게 늘었다. 후진농업국이었던 미국은 남북전쟁을 거치면서 세계적인 공업강국으로 성장했다. 하지만 산업화 과정이 모두를 부자로 만들어준 것은 아니다. 1890년 미국 전체 1200만 가구 중에 1100만 가구의 한 달 평균 수입은 380달러에 불과했으며 이들은 몹시 가난한 삶을 살았다. 그럼에도 정치인과 기업인들은 대다수 시민의 생활조건을 향상시킬 수 있는 복지정책에 반대했다. 그들은 '가난한 사람들은 본래 열등한 존재로 태어나서 그런 것이기에 어떤 도움의 손길도 이들을 가난으로부터 구제할 수 없다'는 일부 학자들의 주장에 깊이 동조했다.

산업화를 이끈 노동자들의 처지는 참으로 비참해졌다. 공장지대의 대기오염은 어제 오늘의 일이 아니고 노동자들은 비좁은 공장에서 탁한 공기를 마시며 일했다. 하늘은 석탄 매연에 뒤덮이고 도시 곳곳에 너부러진 동물 사체들에 온갖 벌레가 들끓었다. 먹을 만한 깨끗한 물은 기대하기 힘들었으며, 집들이 다닥다닥 붙어 있는 빈민가에서 불을 밝히기 위해 사용한 등유로 인해 수시로 큰 화재가 발생했다. 기업은 농촌과 외국에서 몰려온 사람들의 노동력을 싼값에 마음껏 이용했다. 고용주들은 노동자들이 서로 단합할 수 없도록 일부러 서로 말이 통하지 않는 이민노동자들을 섞어서 고용했고, 노동자들이 노조를 만들거나 파업을 하면 모두 해고하고 손쉽게 새로운 인력으로 대체했다. 또한 고용주들은 파업을 주동한 노동자의 명단을 서로 공유하며 이들에게 절대로 일자리를 내주지 않았다.

노동자의 삶은 점점 더 열악해져 갔지만 정치인들에게 그것은 완전히 관심 밖의 일이었다. 기업에 매수된 정치인들은 노동자의 권리보다는 언제나 기업의 이익을 우선시했다. 특히 19세기 중반 매사추세츠주가 아동노동금지법을 제정했을 때 섬유기업들이 한꺼번에 다른 주로 이동하는 사태가 발생한 후로 정치인들은 더욱 기업의 눈치를 보게 되었다.

미국사회의 이런 위기는 미국을 혁신하기 위한 운동으로 이어졌다. 도시의 신흥 중산층들은 미국이 당장 혁신하지 않으면 민중봉기로 인해 사회주의 국가가 되거나 부패한 이들로 인해 국가 붕괴 사태를 맞고 말 것이라는 불안감에 휩싸였다. 이들은 미국을 혁신하기 위해서는 우선 부패한 정부를 개혁하고 시민들의 정치 참여도를 높여야 한다고 생각했다. 또한 공정한 경쟁을 방해하는 독점자본을 규제하고 부정의의 일소와 더불어 복지수준을 높여야 한다고 생각했다. 그런 생각들이 1880년대 이후 미국의 각 도시들로 퍼져나가 1890년대에는 각 주 차원에서 '혁신주의 운동(Progressive Movement)'이라는 이름으로 확산되었다. 혁신주의 운동은 시어도어 루스벨트 대통령과 우드로 윌슨 대통령을 거치며 연방 차원으로 더 확산되어 1920년까지 지속되었다. 이 운동의 성장과 발전에 중요한 역할을 했던 사람들 가운데 위스콘신주 출신의 정치인 라폴레트Robert M. La Follette가 있었다. 그의 삶은 혁신주의 운동의 시작이자 끝이었다. 미국의 혁신주의 운동은 그가 시작했던 '부패한 정치머신 개혁운동'으로 막이 올랐고 그의 죽음과 함께 막을 내렸다.

라폴레트는 25세가 되던 1880년 고향 데인지구Dane County의 검사로 출마하면서 정치를 시작한다. 그는 대학을 졸업하자마자 변호사 자격증을 취득했지만 고객이 별로 없었다. 어머니와 가족을 부양해야 했기에 많지는 않아도 정기적인 수입이 보장되는 지역검사 선거에 출마하기로 마음먹는다. 그는 공화당의 추천을 받아 출마하려 했지만 부패한 정치머신의 보스가 그를 불러 "라폴레트, 자네는 시간과 돈을 낭비하고 있네. 자네는 아직 정치의 첫 번째 강의도 듣지 못한 초짜야. 다음에 검사가 될 사람의 이름이 라폴레트가 아닌 것은 확실하네."라며 출마 포기를 강요했다. 이것이 그가 경험한 '부패한 정치머신'과의 첫 만남이었다. 정치머신의 보스는 자신들의 조직력만 믿고 라폴레트를 무시했다. 하지만 그가 고용한 사람들은 금전적 보상에 따라서만 움직였기 때문에 진심을 다해 일하지 않았다. 그 사이 라폴레트는 직접 선거구를 발로 뛰어다니며 사람들을 만났고, 그를 지지했던 대학동료들의 힘으로 결국 공화당의 지명을 받아 지역검사 선거에서 승리한다.

라폴레트는 1885년부터 1891년까지 6년간 공화당 하원의원으로 일하면서 정부에 대한 거대기업의 영향력을 제거하고 정부 조직을 개혁하기 위한 혁신정책들을 추진했다. 그는 특히 철도산업과 유착관계에 있던 공화당 지도부의 입장에 반발해 철도업계의 요금담합을 규제하는 법안과 반독점 법안을 적극적으로 지지했다.

1896년과 1898년 라폴레트는 정치를 개혁하겠다며 다시 정치에 뛰어들지만 부패한 정치머신들을 맨손으로 상대하기가 쉽지 않았다. 그의 혁신정책을 못마땅하게 여겼던 공화당 지도부는 주지사 후보자로 자신들의 입맛에 맞는 인물을 지명했다. 하지만 1900년 라폴레트는 위스콘신의 61개 카운티를 돌며 216회 연설을 한 끝에 위스콘신 주지사로 선출된다. 그가 내건 핵심 공약은 '프라이머리'라 부르는 직접예비선거의 도입과 철도개혁이었다. 라폴레트는 이미 1897년부터 밀실에서 정치머신들이 후보자를 지정하는 코커스 방식을 폐기하고 유권자와 당원이 직접 후보를 선출하는 프라이머리 방식을 도입할 것을 주장했다. 그는 정당을 장악하고 있는 거대기업의 영향력을 약화시키기 위해서는 유권자가 주인이 되는 정당정치를 실현해야 하며, 이를 위해서는 프라이머리 방식, 즉 직접예비선거가 절실히 필요하다고 강조했다. 때마침 미국을 최악의 경제위기로 몰아넣은 1893년의 경제공황은 시민들로 하여금 철도기업과 정치인들의 결탁이 결국 미국에 재앙을 불러왔다는 믿음을 갖게 했다. 라폴레트는 기업으로부터 뇌물을 받은 부패정치인의 손이 아닌 시민의 손으로 정당 후보자가 선출되면 의회는 철도회사나 목재회사와 같은 일부 특권층의 이익보다는 시민의 이익을 대변하게 될 것이라고 주장했다.

주지사에 취임하자마자 그는 자신의 공약을 실천에 옮기기 시작했다. 1903년 정치머신들의 방해를 뚫고 미국 역사상 최초로 위스콘신주에 직접예비선거 제도를 도입했으며 이에 따라 이듬해 최초의 직접예비선거가 실시되었다. 그리고 10년 뒤에는 미국 내 3개 주를 제외한 모든 주에서 직접예비선거 방식을 채택하게 된다.

라폴레트는 주지사로 일하는 동안 선거부패를 막기 위해 부패행위방지법Corrupt Practices Act을 주의회에 제안했고, 기업이 정치에 부당한 영향력을 행사하는 것을 막기 위해 반로비법Anti-lobby Law을 제정했으며, 부패한 정치인들과 연결된 공무원들의 행태를 바로잡기 위해 공공서비스법Civil Service Law을 제정했다. 이 법들로 인해 로비스트들은 이제 누구에게서 돈을 받고 누구를 위해 일하는지 공개해야 했으며, 부패한 정치인들은 더 이상 공무원을 동원해 기업의 뒤를 봐줄 수 없게 되었다. 라폴레트는 또한 새로 공직자가 된 사람은 물론이거니와 현직에 있는 모든 공직자가 자격시험을 보게 만들었다.

　라폴레트는 1905년 상원의원에 선출되어 정력적인 반부패 활동을 벌였다. 그는 세계 최초로 내부고발자를 보호하는 법안의 제정을 주도했다. 시카고우체국의 한 젊은 공무원이 상급자에게 열악하고 비위생적인 작업환경을 개선해줄 것을 여러 차례 요구했으나 모두 거절당한 후 참다못해 구체적인 비위생 사례들을 모아서 언론에 폭로한 일이 있었다. 이에 시카고 보건당국은 사건을 조사한 후 우편당국에 시정명령을 내렸는데, 화가 난 우편당국이 이 젊은 공무원을 해고해버렸다. 상급자와 의논 없이 작업환경을 공개했다는 것이 해고 사유였다. 당시 미국에는 '함구령Gag Order'이라는 제도가 있어서 공무원이 공무와 관련한 내용을 외부에 발설하지 못했고 이 때문에 공무원들은 정부와 상급자의 비리를 고발하기도 어려웠다. 상급자를 고발하려면 반드시 그의 허가를 받아야만 하는 아이러니에 빠졌기 때문이다. 반면에 상급자는 부당한 이유로 얼마든지 하급자를 탄압할 수 있는 지위를 누렸다. 정직한 공무원의 부당해고를 막고 정부조직의 부패를 줄이기 위해서는 이 기만적인 '함구령'을 깨뜨려야만 했다.

　라폴레트는 공무원들이 상급자의 부패와 비리를 고발할 수 있도록 1912년 미국 최초의 내부고발자 보호법인 로이드-라폴레트법Lloyd-La Follette Act 제정을 주도한다. 이 법은 공무원이 상급자나 행정부의 부당한 조치를 의회에 고발할 수 있으며, 정당한 사유에 의하지 않고서는 공무원을 부당하게 해고할 수 없도록 규정했다. 이 법안의 통과로 공무원들은 억울하게 해고당했을 때 국가에 항의할 수 있는 수단을 갖게 되었다. 의회는 또한 이 법에 따라 공무원들로부터 상급자와 정부의 부패와 무능에 대한 고발을 직접 받고 이에 대해 조사할 수 있었다.

라폴레트는 워터게이트 사건 이전까지 미국 최대의 부패 사건으로 기록되었던 티팟돔 스캔들(Teapot Dome Scandal)의 조사도 주도했다. 당시 내무부 장관이었던 알버트 폴은 수십만 달러의 뇌물을 받고 미해군 소유의 유전을 민간기업에 헐값으로 임대해주었다. 이 사건으로 공화당 출신의 하딩 대통령도 막심한 비난 여론에 직면했다. 그러나 공화당 상원의원이었던 라폴레트는 당파적 이익에 연연하지 않고 사건에 대한 전면수사를 위한 특별조사위원회 결성안을 상원에서 통과시킨다. 이로써 미국 역사상 최초로 현직 각료인 내무부 장관 알버트 폴이 구속되었다.

이후 라폴레트는 1924년 "민간독점재벌의 결합된 힘을 깨뜨리기 위해" 자신이 만든 진보당 소속으로 대통령선거에 나선다. 이 선거에서 그는 금융에 대한 공적 통제, 수력과 철도의 국유화, 불황 시 공공근로 공급, 노동자들의 단결권과 단체협약권 보장, 농민조합에 대한 국가지원 확대 등을 공약으로 내걸었다. 또한 미국의 라틴아메리카에 대한 제국주의적 간섭 중단, 선전포고 여부에 대한 국민투표 등을 주장했다. 노동자와 농민, 진보주의자들은 그에게 열광적인 지지를 보냈다. 라폴레트는 이 선거에서 17%를 득표해 3위를 기록하며 낙선했지만 공화당과 민주당이 아닌 제3의 후보로서는 획기적인 득표율이었다. 그러나 고된 대선 레이스로 건강이 악화된 그는 이듬해인 1925년 심장병으로 갑작스럽게 세상을 떠나고 만다. 그의 일생은 부패한 정치와의 투쟁이며 불공정한 독점과의 싸움이었다. 라폴레트는 1957년 미국 역사상 가장 위대한 상원의원 5인 중 한 명으로 선정되었고, 1982년에는 역사가들에 의해 '재임 시절의 공적으로 미국 역사에 오랜 기간 영향을 미친 최고의 상원의원'으로 뽑혔다.

냉정히 보면 그가 프라이머리 제도 도입에 열성적이었던 것은 개인적인 이해관계와 무관하지 않다. 대중적인 인기는 있지만 당내 실력자들로부터 미움을 받았던 라폴레트에게 프라이머리는 분명 유리한 선거제도였다. 하지만 개인적 이해와는 별도로, 프라이머리 제도는 라폴레트로 인해 역사적으로 매우 적합한 시기에 미국 정치에 등장했다. 정당이 정치권력의 핵심 조직으로 등장했던 시대, 그리고 거대기업이 본격적으로 경제를 좌우하며 정당과 결탁하던 시대에 프라이머리 제도는 정치를 투명하게 만들고 정당 내부의 부패를 견제하는 중요한 장치로 작동했다. 라폴레트가 1897년 선거에서 처음 프라이머리를 제안했을 때 내세웠던 기본 전제는 유권자가 직접 정당 후보자를 선출하게 되면 거대기업과 정치머신들의 정치적 지배로부터 벗어날 수 있다는 것이었다. 당시의 캠페인 구호는 그가 무엇으로부터 부패한 정치에 대한 해답을 찾고자 했는지를 잘 보여준다. "민주주의의 첫 번째 원칙으로 돌아가자. 민중들로 돌아가자!"

4부

앎과 권력 그리고 진실

권력의 부패는 대부분 내부통제와 감시만으로 견제되지 않는다. 특히 최고권력자의 부패와 같은 문제는 외부의 감시와 비판, 실천을 통하지 않고서는 좀처럼 극복되기 어렵다. 이 부에서는 권력의 바깥에서 권력의 부패를 파헤치고 대항해온 역사를 이야기한다.

우선 '알아낼 자유'라는 이름으로 언론 자유의 역사를 고찰할 것이다. 고대 그리스의 아고라가 가졌던 의미와 근대의 언론 자유가 어떻게 관련되어 있는지, 영국 신문이 왕과 귀족, 의회의 언론통제에 맞서 어떻게 자유를 쟁취했는지 살펴본다. 그리고 당대의 급진적 언론인이자 정치인이었던 윌리엄 코벳이라는 인물을 통해 언론의 자유를 위한 투쟁이 어떻게 권력에 맞선 반부패투쟁으로 변화되었는지를 고찰한다.

두 번째로 '알권리'의 역사를 살펴본다. 특히 알권리가 어떻게 핀란드, 스웨덴과 같은 유럽의 변방에서 출현했는지, 알권리 주창자들이 어떻게 중국을 알권리 주장의 근거로 사용했는지 분석한다. 또한 이렇게 변방에서 출현한 알권리가 어떻게 세계적 차원에서 정보공개제도로 발전했는지도 살펴본다.

세 번째로는 '알릴 의무'라는 이름으로 내부고발의 역사를 분석할 것이다. 먼저 내부고발의 뜻과 내부고발이 갖는 반부패적 의미를 살펴본다. 그리고 적군 포로에 대한 비인간적 처우를 고발했던 근대 최초의 내부고발 사례에서부터 미국정부의 정보통제와 감시를 고발한 에드워드 스노든에 이르기까지 내부고발자의 역사와 그 행위의 의미를 분석한다.

1장   알아낼 자유:
언론 자유의 역사

나폴레옹은 "나를 두렵게 하는 것은 수십만 자루의 총검이 아니라 세 부의 신문"이라고 말했다. 여기서 신문은 거대한 권력에 굴하지 않고 비판의 목소리를 내는 언론과 언론의 자유를 상징한다. 1803년 영국과 유럽은 나폴레옹 전쟁의 소용돌이로 뛰어든다. 당시 영국인들은 이 전쟁에 대한 정부의 입장을 자세히 알고 싶어 했지만 영국정부는 전쟁을 둘러싼 의회의 논쟁을 언론에 공개하지 않았다. 여론과 언론사들의 압력이 거세지자 영국의회는 하는 수 없이 1803년 5월 25일 의회 방청석 뒤쪽을 기자석으로 지정했다. 이로써 언론은 최초로 권력의 바로 뒤에서 그들을 감시할 수 있는 합법적 공간을 획득한다. 당대의 저명한 역사학자 맥컬레이Thomas Babington Macaulay는 이 기자석이 귀족, 성직자, 시민으로 구성된 의회의 "제4신분"이며 "공공의 자유를 위한 가장 위대한 보호장치"라고 말했다. 반부패 세계사의 일부로서 다루게 될 언론은 단순히 뉴스를 전달하는 매체로서의 언론이 아니라 부패한 권력으로부터 자유로운 언론이다. 권력으로부터 독립적이고 자유로운 언론, 즉 '언론의 자유(freedom of the press)' 혹은 '표현의 자유(freedom of speech)'는 보편적 가치 이전에 일종의 이념으로 형성되었으며 그 이념은 지금까지 지속되는 역사적 현상이기도 한다.

이 장에서는 언론 자유의 의미와 이를 위한 투쟁의 역사를 살펴볼 것이다. 언론이 권력으로부터 자유를 획득하게 된 과정을 추적하고 19세기 영국의 급진적 저널리스트 윌리엄 코벳의 삶을 통해 부패한 권력에 맞선 언론의 투쟁사를 살펴본다.

언론, 표현, 인쇄, 매체?

언론言論은 영어의 프레스the press와 미디어the media의 번역이다. 언어로 자신의 생각을 세상에 알리고 세상에서 발생하는 사건을 정기적으로 취재, 보도, 논평해서 여론을 형성하는 활동과 매체를 의미한다. 언론에서 언言은 말을 퍼뜨리는 행위를, 논論은 세간의 의견을 교환하고 논하고 정리하는 행위를 의미한다. 하지만 한국어에서 언론은 프레스나 미디어처럼 가치중립적이기보다는 '주장, 주의, 비판'이라는 의미를 담고 있는 훨씬 적극적인 어휘로 사용되어 왔다.

프레스는 원래 '(어떤 것을) 모으다, 밀다, 꽉 움켜쥐다'는 의미를 가지고 있으며, 14세기에 들어서는 직물을 누르거나 포도, 올리브 등을 눌러서 주스나 기름을 짜내는 도구를 의미했다. 프레스가 인쇄기를 의미하게 된 것은 인쇄기가 대대적으로 보급되었던 16세기 초부터다. 이 시기 유럽에서는 약 2000만 부의 인쇄물이 발간되었으며 17세기 초에는 2억 부로 그 양이 열 배가량 급증했다. 16세기 독일에서 시작된 종교개혁이 전 유럽으로 확산될 수 있었던 것도 인쇄술의 발전이 없었다면 상상하기 어려운 일이다. 종교개혁을 이끈 마르틴 루터의 가톨릭 비판 책자는 1518년에서 1520년 사이에만 무려 30만 부가 인쇄되었다. 16세기 후반에 프레스는 단순히 인쇄기계가 아니라 출판사와 출판 행위를 의미하는 단어가 되었다. 그리고 19세기 초에 들어서면서 정기적인 출판과 저널리즘을 의미하게 된다.

미디어가 언론을 의미하게 된 것은 18세기 후반에 이르러서다. 미디어의 단수인 미디엄은 원래 '중간 혹은 가운데'를 의미했다. 인문, 예술, 과학이 새롭게 눈을 뜨던 르네상스 시대에 들어서면서 미디엄은 물질과 통신을 매개하는 전달자의 의미를 띠게 된다. 18세기 후반부터 미디엄의 복수인 미디어가 점차 인쇄물을 의미하게 되었으며, 미디어는 1920년대에 이르러 신문, 라디오, 텔레비전을 망라하는 언론을 일컫는 단어로 쓰이게 되었다.

프레스와 미디어에 대한 한국어로서의 '언론'은 정확한 번역이라기보다는 적극적인 가치가 개입된 말이다. 한국과 달리 중국과 일본에서는 프레스와 미디어를 신문新聞 혹은 매체媒體로 번역한다. 한국에는 옛날부터 전해오던 '언론삼사言論三司'라는 말이 있는데, 이는 조선시대에 왕에게 비판적인 간언을 하고 세상의 민심을 전달하던 세 기관, 즉 사헌부, 사간원, 홍문관을 일컫는 말이었다. 여기서 언론은 '의지, 주장, 가치'가 개입된 개념으로 '표현, 연설, 말, 담화'를 의미하는 영어 스피치speech에 가깝다.

1950년대 한국에서 언론은 가치중립적인 뉴스 전달자라는 의미를 갖긴 했지만 주로는 '언론 자유' '언론 억압'과 같이 피수식어를 동반한 단어로 사용되었다. 1920년 동아일보 창간호의 한 기사는 "사회주의社會主義이니 노동주의勞動主義이니 하는 언론言論이 동서東西에 미만瀰滿(널리 가득 차 있음)"하다고 적었으며 한 창간 축사는 "언론기관으로서의 신문"이라고 적었다. 여기서 언론은 매체가 아니라 주의와 주장을 의미한다.

이렇게 주의와 주장, 혹은 특정한 가치를 내포한 수식어로서의 언론이 확연하게 가치중립적인 의미로 사용된 것은 1960년대부터다. 1961년 5.16 쿠데타로 집권한 박정희 대통령은 자신의 통치에 대한 비판을 억제하고 언론을 길들이기 위해 1963년 '신문 및 통신 등의 등록에 관한 법률'을 제정해 특정 시설을 갖추지 못한 소규모 언론사들을 없애고 대규모 언론사에는 여러 특혜를 제공했다. 이런 특혜가 재벌의 신문사 설립과 같은 언론의 기업화를 촉진했다. 또한 박정희정권은 1964년 '언론윤리위원회법'을 제정해 언론기관을 길들이고 기사를 통제하고 비판적인 언론을 처벌할 수 있는 근거를 마련했다. 언론사들이 이런 권력의 언론장악 시도에 강하게 반발해 언론계와 정권의 줄다리기가 이어진 끝에 이 법은 공포 한 달여 뒤 시행이 보류된다. 당시 이 법안의 본회의 통과에서 법 시행 보류까지의 과정을 '언론파동'이라 부른다.

언론파동이 한창이던 즈음, 언론이라는 단어는 신문이라는 단어와 혼재되어 여러 기사에 등장했다. 정부의 언론장악 시도를 비판하면서 서양 저명인사들의 명언을 인용한 경향신문 1964년 9

월 2일자 기사는 신문(newspaper)과 언론(the press)을 구별하지 않고 썼다. 기사에 인용된 토머스 제퍼슨의 말, "신문의 자유가 있고 마음대로 읽을 수 있는 곳에 순리가 따른다"는 문장과 "신문 없는 정부보다 정부 없는 신문을 택하겠다"는 문장 중에 앞문장의 신문은 '언론'이고 뒷문장의 신문은 '뉴스페이퍼'이지만 기사에서는 모두 신문으로 번역했다.

박정희정부는 언론인들 스스로 정한 '신문윤리'라는 용어를 '언론윤리'로 대체했다. 또한 박 대통령은 "언론의 자율적 규제"라는 말을 빈번히 사용해 언론이라는 어휘에서 비판적 의미를 제거하고 프레스와 같은 의미로 사용했다. 언론이라는 용어의 중립적 사용, 즉 '언론=프레스, 언론=미디어'라는 등식은 1980년 전두환정권의 등장으로 확연해진다. 불법 쿠데타로 권력을 장악한 전두환은 1980년 한 언론과의 인터뷰에서 "국가이익을 진정으로 지킬 줄 아는 언론 풍토"라든지 "사회혼란을 부채질하는 언론"이라는 표현을 썼는데 여기서 언론은 주의, 주장이라는 가치를 담은 언론이 아니라 보도매체라는 중립적인 의미로 사용되었다. 전두환정권은 1980년 12월 31일 제정과 동시에 시행된 '언론기본법'을 근거로 언론사를 통폐합함으로써 정권에 비판적인 언론을 제거했다. 또한 친정부적인 언론에는 윤전기 도입에 필요한 관세 감면, 정부 인쇄물 발행 특혜, 광고지원 확대와 같은 방식으로 지원을 아끼지 않았다. 언론기본법은 제5조에서 언론의 기준을 '신문, 통신 등 정기간행물 발행과 방송'으로 명확히 한정했다. 이 법에서 의미하는 언론은 명백하게 보도기관이며, 본래의 의미가 제거된 보도기관으로서의 언론은 이제 소유와 판매, 인수합병이 가능한 상품이 되었다. 실제로 2013년 한국일보는 사설을 통해 언론기관을 소유한 자의 자유가 곧 언론의 자유라는 주장을 펼친 바 있다. 당시 사주가 기자들로부터 업무상 배임 혐의로 고발당하자 사설을 통해 "언론자유의 핵심"은 "발행인의 의견과 주장을 담은 신문"이라고 천명한 것이다.

언론이라는 단어의 의미 변화는 단지 사용법만 바뀐 것이 아니다. '자유로운 주의와 주장, 비판적 의견 개진'이라는 적극적 가치를 담았던 언론이 가치중립적인 언론으로 바뀌기 시작한 시점은 공교롭게도 언론과 권력의 비판적 경계가 불투명해지기 시작한 1960년대부터였다. 권력으로부터의 독립과 비판적 여론 형성이 언론 자유의 핵심이지만 나쁜 권력은 자신으로부터 독립적인 언론, 비판적 여론을 형성하는 언론을 결코 허용하지 않았다.

아고라, 발언의 자유와 장사의 자유

지금은 서비스가 중지되어 역사 속으로 사라졌지만 한 포털사이트의 아고라agora라 불리던 토론게시판 서비스는 한국에서 인터넷 토론을 활성화시키는 데 큰 공헌을 했다. 아고라는 원래 고대 아테네의 시민들이 모여 자유롭게 자기 의사를 표현하는 넓은 광장을 일컫던 말이다. 헤시오도스가 〈일과 날〉에서 집회의 장소로 표현했던 아고라는 고대 아테네 후기로 가면서 상거래 장소로 이용된다. 공론의 장과 시장으로 사용된 이 아고라에서 '공개적으로 말하다(agoreúō)'와 '장을 보다(agorázō)'라는 말이 파생되었다. 아테네 민주주의의 핵심원리, 즉 '법 앞에서 모든 이가 평등하고 자유롭게 말한다'는 의미의 이세고리아isegoria 역시 아고라와 같은 어원을 가졌는데, 헤로도토스는 아테네의 정치가 민주주의라기보다는 이세고리아라고 했다. 이세고리아는 아고라에 모인 시민들이 신분여하를 막론하고 민회와 같은 집회에서 자유롭게 자기 의견을 표명하는 것을 의미했다. 아테네가 민주주의의 전성기를 구가할 때 여기에 불만을 품었던 귀족들은 노예와 이방인들조차 이세고리아의 권리를 향유한다며 불평을 드러내기도 했다. 가난한 이들도 강력한 귀족들에 맞서 자유롭게 자신의 의견을 말할 수 있는 이세고리아의 방식으로 아테네 민주주의는 평등과 자유 이념을 실현했다.

아테네 민주주의의 꽃이었던 '이세고리아', 즉 표현의 자유는 그로부터 약 1000년 후인 영국에서 부활한다. 1640년대 영국은 왕당파와 의회파 간의 치열한 내전에 빠져들고 있었다. 청교도와 장로교파의 지지를 받고 있던 의회파들은 1641년, 자의적으로 권력을 남용할 뿐 아니라 반대파를 숙청하는 도구로 전락한 성실청 Star Chamber을 폐지한다. 가톨릭의 금서목록을 반대했던 의회파는 막상 성실청이 폐지되어 출판을 검열할 수 있는 장치가 사라지자 출판물을 관리할 새 제도를 필요로 했다. 그래서 1643년 왕당파의 선동을 억제하고, 급진적 이념의 전파를 저지하고, 의회활동이 공공에 알려짐으로써 반대파들에 의해 악용되는 것을 막기 위해 '출판허가법'을 제정한다. 이 법에 의하면 모든 인쇄물은 사전에

허가를 받아야 했으며, 정부를 공격하는 모든 출판물은 수색·몰수·파괴될 뿐 아니라 해당 출판물의 저자·인쇄업자·출판업자는 체포, 구금될 수 있었다.

이미 이혼을 옹호하는 팸플릿을 출판해 자신이 지지하던 의회파로부터도 공격을 받고 있던 밀턴은 1644년 출판과 언론의 자유를 주장하며 〈아레오파지티카〉라는 팸플릿을 발행한다. 그 제목은 이소크라테스가 아테네 최고법원의 기능을 담당하던 아레오파고스^Areopagus를 향해 쓴 책자에서 따온 것이다. 밀턴은 고대 그리스와 로마에서도 때때로 책들이 불태워지고 저자들이 처벌받았지만 그것은 사전검열이 아니라 책이 이미 출판된 후의 문제였다며 그 시대에도 출판허가와 같은 관행은 없었음을 논증했다. 그리고 기독교 선지자들은 모두 식자들이었고 그들의 지식은 다양한 책을 두루 섭렵한 가운데 축적된 것이라고 주장했다. 밀턴은 또한 출판허가법에 대중이 나쁜 책에 전염되는 것을 방지하기 위한 목적이 있다고 하지만 책을 읽는 독자들은 이미 이성을 가지고 있기 때문에 전염을 우려하는 것은 적절치 못한 이유라고 지적하며, 정부의 선입견과 관행에 기초한 이 법이 영국이 진실과 이성으로 나아가는 길에 오히려 걸림돌이 될 것이라고 했다. 더불어 "진리는 자유롭고 공개적으로 거짓과 마주해" 경쟁할 수 있을 때 번영할 것이기에 "다른 모든 자유에 앞서서 알고 말하고 양심에 따라 논쟁할 수 있는 자유를 달라"고 주장했다.

밀턴의 주장은 표현의 자유와 경쟁의 자유라는 두 가지 이념에 기초했으며, 당대에는 환영받지 못했지만 존 로크나 제임스 스튜어트 밀과 같은 후대 사상가들에게 큰 영향을 주었다. 로크는 1694년 출판허가법의 연장을 심의하던 하원위원회의 에드워드 클락Edward Clarke 의장에게 서한을 보내 이 법이 사상의 자유로운 교환과 계몽을 가로막는다며 연장을 강력히 반대했다. 로크의 서신에 깊은 영향을 받은 클락의 주도로 출판허가법은 1695년 종말을 고한다.

　로크가 밀턴의 사상에서 '표현의 자유'를 강조했다면, 밀은 사상을 가진 각 개인들의 자유로운 경쟁이 궁극적으로 인류에 이익을 가져올 수 있다며 '경쟁의 자유'를 강조했다. 아테네의 아고라가 말하는 장소이면서 물건을 사고파는 장소였던 것처럼 밀턴의 〈아레오파지티카〉역시 표현의 자유를 시장경제의 자유와 연결시켰다. 두 가지 모두 권력으로부터의 자유와 경쟁적 여론 형성의 장을 전제한 것이다. 아고라 이래 정치와 경제, 자유와 경쟁은 언론자유의 형성에 핵심적인 논리로 쓰였다. 정치권력은 비판의 자유를 제한했으며 자유로운 사상의 경쟁을 정치논리로 억압하려 했다. 하지만 상업과 교역이 본격적으로 발전하고 시장이 확대되자 언론은 정치논리로부터 해방되기 위해 과감히 시장논리를 도입하게 된다. 직업적인 언론인과 상업적인 신문의 등장은 언론의 상업화를 촉진시키고, 다른 한편으로는 정치논리의 독점에서 해방되는 길을 열었다.

커피와 가짜뉴스 그리고 권력:
언론, 뉴스의 보급자에서 편집자로

밀턴의 〈아레오파지티카〉는 1689년 영국의 권리장전에 그 흔적을 남겼다. "의회 안에서 말하고 토론하고 의논한 내용으로 의회가 아닌 어떤 곳에서도 고발당하거나 심문당하지 않는다"는 권리장전 제9조의 내용은 의회라는 공적 영역에서의 표현의 자유를 명확히 표시하고 있다. 오늘날 국회의원 면책특권의 기원이 된 이 '발언의 자유'는 하지만 그 영역이 의회와 의원에 한정되었고, 그 영역 바깥에서 권력에 대한 비판이 자유를 얻기까지는 적지 않은 시간이 걸렸다.

신문은 16세기 이탈리아 도시국가에서 가제트Gazette라는 이름으로 처음 등장했다. 이는 원래 필사본 형태의 신문 한 부를 살 수 있는 구리동전을 의미했는데, 동전 안에 새겨진 'gazza'라는 까치(수다쟁이를 의미하기도 한다)에서 그 이름이 유래했다. 가제트는 1665년 영국정부가 발간한 〈옥스퍼드 가제트〉 이후 신문을 통칭하는 보통명사로 쓰였다. 신문은 인쇄술의 발전과 더불어 17세기 초에는 주간신문, 중반을 넘어서면서는 일간신문으로 발전했다. 영국에서는 1702년 최초의 일간신문 〈데일리 쿠란트The Daily Courant〉가 엘리자베스 말렛Elizabeth Mallet(당시 영국 출판업자들의 상당수는 여성이었다)에 의해 발간되었다. 1695년 신문에 대한 허가제가 폐지됨에 따라 1770년대까지 런던에서만 모두 9종의 일간신문이 발간되었다. 그중 하나인 〈런던 데일리〉는 1746년에 약

2500부를 발행했다. 신문들은 주로 거리를 떠도는 행상들에 의해 판매되었는데, 꾸준한 확장세에도 불구하고 여전히 권력의 영향력으로부터 자유롭지 못했다.

1712년 영국은 국가의 언론 통제력을 높이기 위해 신문에 인지세Stamp Tax를 붙이기 시작했다. 인지세가 붙어 신문 가격이 오르면 서민과 노동자계급의 구매력이 떨어지리라 판단한 것이다. 이에 출판업자들은 일간신문을 팸플릿 형태로 전환하거나 일주일에 세 번만 발행해 인지세를 피했다. 일간신문을 인지세 없이 불법적으로 계속 간행한 경우도 있었지만 18세기 중반 행상에 대한 대대적 단속으로 주요 유통경로를 잃으면서 그마저도 현저히 줄었다. 런던의 경우 국가비서국이 나서서 신문의 소매유통을 장악했고, 월폴 수상은 반정부적 기조를 유지하던 〈런던 저널London Journal〉을 통째로 사들여 편집자를 정부의 선전도구로 전락시켰다. 그는 런던의 신문사들을 장악하기 위해 재무국 자원 가운데 5만 파운드를 정부 선전에 배당하기도 했다. 영국정부는 이렇듯 직접적인 지원금이나 정치적 뇌물, 혹은 간접적인 혜택을 통해 공격적으로 언론을 길들이려 했다.

언론에 대한 정부의 강한 통제는 문해율 상승으로 신문의 영향력이 크게 확대된 배경과 관련이 있었다. 16세기 중반 영국의 문해율은 겨우 16%에 불과했었지만 17세기 말 영국 남성의 40%, 여성의 25%가 글을 읽을 수 있게 되었고, 18세기 중반에는 전체 인구의 50%를 넘어섰다. 문해율 상승으로 교역과 산업이 발전하고 중산층이 증가하자 시장에서 유통되는 다른 상품들과 마찬가지로 신문도 국가의 논리보다는 시장의 자유경쟁 논리를 따르기 시작했다.

정부의 언론통제는 또한 언론의 기능 변화와도 관련이 있었다. 초창기 신문들은 개인들 간의 서신을 양적으로 확대한 정도로, 단지 뉴스를 수집하고 전달하는 일만 수행했다. 제작 수준도 수공업에서 크게 벗어나지 못했다. 그러나 인쇄술의 확대로 신문의 질이 좋아지고 여기에 비판적 기능까지 더해지면서 정부는 출판과 인쇄에 대한 통제를 더욱 강화하게 되었다. 17세기 중반 영국왕실은 정부에서 발간하는 가제트 외에 다른 신문의 발행을 금지시켰다. 정부가 발간하는 〈런던 가제트〉는 공무원들이 기사를 작성해 주로 정부에서 전달할 뉴스와 정책, 그리고 국내 소식을 제외한 해외 소식만을 다루었다.

그러나 언론을 통제한다고 여론이 아예 막힌 것은 아니었다. 1640년대 초 영국내전 중에 싹튼 정부에 대한 비판여론이 17세기 중반 도시 곳곳에서 생겨난 커피하우스를 중심으로 급속히 퍼져나가기 시작했다. 식민지 교역과 상업으로 성장한 부르주아들은 왕실과 귀족이 독점하고 있는 정치에 대해 비판적인 입장이었는데 그 여론도 커피하우스를 중심으로 형성되고 확산되었다. 급기야 17세기 후반에 들어서는 국왕인 찰스 2세의 가톨릭 신앙이 가톨릭 세력들을 규합시켜 영국을 전복하고 말 것이라는 일명 '가톨릭 음모사건(Popish Plot)'과 같은 정부비판적인 소문들이 급속도로 확산되었고, 그 소식을 실어 나르는 다양한 팸플릿과 소식지가 정부의 공식신문을 압도하게 되었다. 그러자 찰스 2세는 1674년 '가짜뉴스 확산 억제 포고령'을 발표하고 〈런던 가제트〉는 1675년 말 불온한 여론의 온상이 된 커피하우스들을 폐쇄해야 한다고 주장하기에 이르렀다.

언론이 단순히 뉴스의 수집과 보급을 넘어 본격적으로 비판적 기능을 수행하기 시작한 것은 정당정치의 발전과도 관련이 있었다. 17세기 중반 이후 모습을 드러낸 토리당과 휘그당의 대립으로 인해 사람들은 국내정치 뉴스에 흥미와 관심을 갖게 되었다. 각 당파는 자신들의 입장을 설파하기 위해 언론을 적극적으로 활용했다.《로빈슨 크루소》의 저자 데포와《걸리버 여행기》의 저자 스위프트가 취재와 글로 생계를 꾸리는 최초의 직업기자와 소설가 대열에 이름을 올린 시기가 18세기 초였는데, 이들은 각각 휘그당과 토리당을 지지하는 잡지의 필진으로 대립했다. 정치의 영역이 확장되면서 신문과 언론은 정치적 이념을 선전하고 확대하는 기능을 도맡게 된다. 이는 그동안 뉴스의 수집과 확산에 국한되었던 신문의 기능에 편집이 추가되었음을 의미한다.

편집(edit)이라는 단어는 원래 '내놓다, 생산하다'라는 뜻의 라틴어 edo에서 유래했는데, 18세기 초 출판과 관련된 일을 하는 사람들을 에디터editor라고 부르면서 대중적으로 쓰이기 시작했다. 에디터가 '신문 편집자'를 의미하게 된 것은 그로부터 한 세기 후인 1802년의 일이지만 18세기 중반부터 이미 편집은 신문의 기능에서 정보수집 이상의 중요한 역할을 했다. 편집, 즉 정보를 그대로 시장에 내놓지 않고 가공·수정해 공개적으로 출판한다는 것은 언론이 더 이상 단순한 정보전달자에 머물지 않고 여론을 다루고 거래하는 매체가 되었다는 것을 의미한다. 신문에 편집 기능이 추가되자 언론과 권력의 갈등은 더욱 커졌다.

45호, 부패한 의회와 언론의 자유

영국의회는 1689년, 의회정치 확립의 기초가 된 권리장전을 채택한다. 이로써 왕과 의회 사이의 오랜 갈등은 의회의 승리로 마무리되고 왕권은 법 아래 놓이게 되었다. 이제 왕은 세금을 부과하고 군대를 유지할 때 의회의 동의를 얻어야 했다. 더불어 의회가 아닌 어떤 기관도 의회에서의 연설과 논쟁의 자유를 제한하거나 침해할 수 없었다. 의회는 자유롭게 행정부를 비판함으로써 권력을 견제하는 근대적 면책특권의 기반을 다졌다. 하지만 17세기 이후 갓 쟁취한 자신들의 언론과 비판의 자유를 시민들에게로까지 확대하지는 않았다.

17세기만 하더라도 국왕과 왕실에 대한 국민의 평가는 그 내용의 사실여부를 떠나 선동적인 명예훼손으로 처벌받았는데 의회가 그 행태를 그대로 이어받았다. 의회는 자신들의 의사일정과 결정이 시민들에게 공개되는 것을 수용하지 않았다. 1694년 다이어Dyer라 불리는 뉴스레터 편집자는 의회의 회의 내용을 보도했다는 이유로 의회에 소환되어 가혹한 비판을 받았다. 그리고 1738년 영국하원은 "신문의 편집자 또는 어떤 기고가들도 하원의 논쟁이나 의사진행에 대해 해설해서는 안 되며, 이런 행위는 하원의 특권에 대한 악의적인 침해이자 범죄로 간주해 극히 엄중한 처벌을 할" 것이라는 동의안을 통과시켰다.

1688년의 명예혁명으로 군주로부터 권력을 가져온 의회는 1689년의 권리장전으로 면책특권뿐 아니라 정기적이고 자유로운 의회 선거를 쟁취했다. 하지만 당시의 의회는 지금과 같이 민주적이고 투명한 과정을 통해 구성된 기관이 아니었다. 17세기와 18세기의 왕실과 의회 혹은 국가는 공공의 이익을 대표하는 기관이라기보다는 국민에 기생하는 소수 엘리트 집단에 가까웠다. 이들은 나누어먹기식 계파경쟁으로 분열되어 있었고 그 결과 의회는 언제나 족벌주의, 후원, 호혜주의, 공직매수 등의 뇌물과 부패가 활보하는 이전투구의 장이 되었다. 귀족들과 그 추종자들은 국가를 제 뜻대로 조종하기 위해 국정에 적극적으로 개입했다. 18세기의 정당정치는 좁은 당파적 이해관계에 좌우되었으며 국가정책이 수시로 이들 당파들 간의 합의에 의해 결정되었다. 상당수 의원은 자신들의 문제를 시민들이 전혀 알 필요가 없다고 생각했다. 그들은 이름만 시민의 대표였을 뿐 실제로는 특권층의 대표에 불과했던 것이다.

의원들은 무엇을 토론하고 무엇을 결정하든 자신들과 후원자들에게 득이 되는 쪽을 선택했다. 상황이 이러니 의회 활동이 시민들에게 알려지길 바랄 리 없었다. 의회는 그들이 내린 결정사항만 공개했으며 결정에 이르기까지 무엇을 의논했는지는 밝히지 않았다. 자신들만의 성에서 조용하고 은밀하게 축제를 즐기고 싶었던 의원들은 의회의 문을 굳게 걸어 잠갔다. 그들은 자신들의 토론과 발언 내용을 공개하는 출판인이 나타날 때마다 즉시 소환해 벌금을 물렸다. 하지만 출판업자들은 위험을 무릅쓰고서라도 의회기록과 의원들의 논쟁을 출판하려 했다. 당시 영국의 문화 시장은 주변 국들에 비해 월등히 앞서 있었기 때문에 다양하고 새로운 출판물에 대한 시민의 기대와 관심이 컸고, 의회기록은 그중에서도 가장 관심을 받는 이야기거리였다.

영국의 대문호 사무엘 존슨Samuel Johnson이 직업작가로 돈을 벌어 먹고살 수 있게 된 것도 바로 의회기록과 관련된 글쓰기를 시작하면서부터였다. 당시 중산층에서 선풍적인 인기를 끌었던 잡지 《신사들의 매거진The Gentleman's Magazine》이 아직 무명 티를 벗지 못한 그에게 처음으로 제대로 된 밥벌이를 제공했다. 잡지사의 제안에 따라 존슨은 〈대 릴리퍼트국 의회논쟁〉이라는 의회의 가상논쟁 기사를 연재했는데, 《걸리버 여행기》에 나오는 소인국 릴리퍼트에 대(大, Magna)자를 붙여 늘 사소한 문제로 다투는 왕국 안의 두 정당을 묘사하는 기발한 발상으로 의회의 탄압을 교묘하게 피해갈 수 있었다. 〈신사들의 매거진〉과 경쟁관계에 있던 〈런던 매거진〉의 경우, 의회논쟁을 다루면서 의원들의 실명 대신 키케로나 카토와 같은 로마 정치인의 이름을 차용하기도 했다.

18세기 중반에 이르러서는 풍자나 은유를 통한 우회적인 비판 대신 정부와 의회에 대한 직접적인 비판을 서슴지 않는 급진적 저널리즘의 기류가 형성되기 시작했다. 특히 하원의원이었던 존 윌크스는 잉글랜드인의 스코틀랜드에 대한 반감에 편승해 스코틀랜드 출신 정치인들과 국왕을 거리낌 없이 비판했다. 그는 스코틀랜드 출신의 뷰트 백작이 수상에 임명되어 〈브리튼Briton〉이라는 잡지를 발간하자 그에 대항해 1762년 〈더 노스 브리튼The North Briton〉(스코틀랜드를 암시하는 이름)이라는 잡지를 창간해 정부 비난에 앞장섰다. 정부에 대한 그의 비판은 거친 욕설과 루머로 인해 논란거리가 적지 않았으나 대중은 이런 거침없음 때문에 그를 더 자유의 상징으로 떠받들었다. 예컨대 윌크스는 뷰트 백작이 국왕의 모친과 부적절한 관계에 있다는 등의 자극적이고 증명되지 않은 소문을 근거로 정부를 비판하기도 했다. 그의 공격 때문인지 뷰트는 1763년 수상 직에서 사임하지만 윌크스는 그 뒤로도 정부 비판을 멈추지 않았다. 오히려 당시까지 비판이 금기시되었던 국왕에 대한 독설도 서슴지 않았다.

1763년 4월에 발간된 〈더 노스 브리튼〉 45호에서 그는 7년 전쟁을 종식시킨 파리강화조약을 찬양한 국왕 조지 3세의 연설에 대해 논평하며 국왕이 여전히 전제적인 관료들의 수중에서 놀아나고 있으며 그의 연설은 결코 정당화될 수 없는 기만적인 선언이라고 비판했다. 그는 "나는 이 왕국의 다른 사람들과 마찬가지로 왕의 명예가 왕가의 방식으로 유지되길 원했다. 하지만 그 명예가 심지어 매춘부 수준으로 몰락하는 것을 보니 애통할 뿐이다."라며 원색적인 비난을 퍼부었다. 분노한 조지 3세는 〈더 노스 브리튼〉 45호를 몰수하고 관련자를 모두 체포하라고 지시했다. 이에 법원은 '선동적이고 반역적인 〈더 노스 브리튼〉 45호의 저자, 인쇄업자, 출판업자'를 체포하고 해당 호를 압수하라는 일반체포영장(체포 대상을 특정하지 않은 영장)을 발부한다. 수사당국은 수사선상에 있는 모든 인물을 체포할 수 있는 이 모호한 영장에 근거해 윌크스를 포함한 50여 명의 시민을 체포했고 이것이 민중의 커다란 반발을 불러일으켰다.

불경죄와 선동적 비방죄로 기소된 윌크스는 법정에서 당국이 "사악한 방법으로 나의 자유를 박탈했다"며 의원면책 특권에 기초해 자신을 석방할 것을 요구했다. 그를 지지하는 수천 명의 시민들은 "윌크스, 자유, 45호"를 외치며 시위를 벌였다. 이에 윌크스의 재판을 담당했던 수석재판관 찰스 프랫Charles Pratt은 일반체포영장의 무효를 선언하며 그의 석방을 허락했는데, 이 재판이 영국뿐만 아니라 미국을 포함한 영국 식민지들에도 큰 영향을 미치게 된다. 그 무렵 런던에 머물고 있던 벤저민 프랭클린은 런던 시민들이 집집마다 대문에 45라는 숫자를 그려 넣었다며 훗날 그 당시의 상황을 회상했다. 윌크스가 기소되자 버지니아와 메릴랜드 시민들은 윌크스에게 45통의 담배를 보내기로 결정했으며, 그의 석방 소식이 전해지자 사우스캐롤라이나주 찰스턴의 45클럽은 7시 45분에 모여 45회의 건배를 한 후 12시 45분에 헤어졌다.

윌크스의 승리는 영국 언론이 행정부와 의회로부터 자유를 쟁취하는 과정에서 중요한 전환점이 되었다. 윌크스를 석방시키고 일반체포영장의 무효를 선언했던 찰스 프랫 재판관은 2년 뒤인 1765년 왕을 비방한 혐의로 압수수색을 당한 존 엔틱John Entick의 재판에서도 일반체포영장을 통한 사유재산 침해와 몰수는 불법임을 명확히 했다. 프랫의 판결 이후 일반체포영장은 그 효력을 상실해 정부를 비방했다는 이유로 출판 관련자들을 체포하거나 신문을 압수하는 행위는 실질적으로 불법이 되었다. 그로부터 얼마 뒤

판사 브래스 크로스비Brass Crosby는 의회의 발언과 의사일정을 보도했다가 체포된 〈런던 이브닝 포스트〉의 발행인 밀러에 대해 당시의 흐름을 거스르며 대담하게 무죄 방면을 해주었고, 나아가 의회의 부당한 명령을 교조적으로 집행한 자들을 엄중 문책했다. 이 일로 의회에 불려나가 강한 질타를 받게 된 브래스는 돌연 자신의 유죄를 선언하며 런던탑에 가둬줄 것을 요구한다. 브래스는 재판을 받을 위기에 처하지만 동료 판사들이 모두 그의 재판을 맡으려 하지 않아 결국 재판 없이 석방된다. 오늘날 '담대한, 심장이 강철 같은, 낮이 두꺼운'이라는 뜻의 영어 표현 'as bold as brass'는 바로 이 브래스의 대담한 태도로부터 나온 말이다.

왕과 귀족들의 신민(subject)이라는 그림자로부터 벗어나 독자적인 목소리를 내기 시작한 민중(the people)은 언론이라는 새로운 출구를 발견했다. 수상을 사임시키고 왕을 비판하고 행정부의 권력을 굴복시켰던 윌크스의 승리, 그리고 찰스 프랫과 브래스 크로스비의 판결은 언론이 권력을 견제하고 부패를 억제하는 유효한 도구가 될 수 있다는 것을 증명했다. 하지만 18세기 말 이전의 언론은 여전히 정부의 직접적인 뇌물을 통한 매수와 간접적인 지원금을 통한 길들이기의 영향에서 크게 벗어나지 못하고 있었다. 이런 상황에서 광고가 언론에 새로운 통로를 제공한다. 광고는 언론사의 재정뿐만 아니라 정보의 다양화, 독자층의 확대에도 도움이 되었다. 신문 1면에는 대체로 구인과 구직, 상품 소개와 판매에 관한 광고가 실렸으며 이것이 신문이 독립적으로 존립할 수 있는 기반을 마련했다.

권력으로부터 독립적인 언론 문화가 본격적으로 싹트기 시작한 것은 미국의 독립, 프랑스 혁명과 같은 자유롭고 급진적인 시대적 물결과 더 관련이 깊을 수 있다. 프랑스 혁명은 여전히 제한적인 독자에 의존하고 있던 영국 신문이 대대적으로 확산되어 정치적 토론의 장을 만드는 데 중요한 영향을 미쳤다. '낡은 체제'의 청산을 주장했던 당대의 큰 사건들은 영국에 급진적 저널리즘(radical journalism)을 탄생시켰다. 당시 급진주의자들에 따르면 "급진주의는 파괴, 총체적인 단절과 전복이며, 한 정치체제를 다른 정치체제로 바꾸는 것이 아니라 현 상태의 궁극적인 파괴"를 의미했다.

급진적 저널리스트들과 대중은 당시 영국의 기성체제를 프랑스 혁명에 의해 청산된 앙시앵 레짐과 거의 동일한 의미에서 '낡은 부패'라고 불렀다. 이 말은 왕과 귀족사회 그리고 그 사회의 특징인 인맥 중심의 후원자제도와 호혜주의, 비밀주의 등을 총괄하는 용어로 부패가 개인적인 문제가 아니라 체제의 문제임을 드러냈다. 당시 이 용어를 대중화시킨 인물은 급진적 저널리스트였던 윌리엄 코벳으로, 그는 이제 막 하나의 세력으로 성장하기 시작한 민중과 노동자의 목소리를 대변하기 위해 꾸준히 노력해왔다. 코벳은 언론의 힘을 통해 부패한 의회와 선거제도를 개혁했으며 의회에 기록제도를 정착시킨 인물이기도 하다. 그에 의해 의회기록이 투명하게 공개되었고, 부패가 당시 영국 체제의 구조적 문제에서 비롯되었다는 것이 대중적으로 알려졌다.

낡은 부패와 '2펜스짜리 쓰레기'

브래스의 판결 이후 의원들의 발언과 논쟁은 풍자가 아닌 사실적인 형태로 출판되기 시작했다. 그러나 이 출판물들에 대한 시민들의 신뢰는 크지 않았다. 출판된 발언과 논쟁들은 이미 해당 의원의 허락을 받아서 실린 것들이기 때문이다. 의원들은 출판에 앞서 자신들의 입맛에 맞게 기록을 수정하고 시민의 분노를 살 만한 내용은 지워버렸다. 시민들은 결국 의원들의 손으로 다시 쓴 소설을 읽는 셈이었다.

이런 전통과 최초로 결별한 사람이 바로 윌리엄 코벳이다. 그는 원래 프랑스 혁명에 비판적이었던 토리파의 지지자로, 19세기 초 수상을 역임한 윌리엄 피트 주니어로부터 정부신문의 편집자를 맡아달라는 요청을 받은 적도 있다. 하지만 정부와 의회에 대한 취재 경험과 서민들의 삶에 대한 관심이 그를 권력과 거기에 기생하는 언론에 비판적 입장을 취하게 했다. 코벳은 영국 언론이 "원래의 취지에서 완전히 벗어났으며, 자신들의 힘을 활용해 사람들을 계몽하고 자유롭게 하는 대신 그들을 노예로 만드는 가장 효율적인 도구로 전락했다"고 비판했다.

코벳은 오래전부터 의회의 의사진행이 있는 그대로 시민들에게 전달되어야 한다고 주장해왔다. 1803년 그는 "지금 세상에 전달되고 있는 (의회의) 논쟁들에는 이 나라에 대해 신뢰할 만한 사실이 거의 담겨 있지 않다"며 정기적이고 완벽하고 정확한 의회기록을 출판하겠다고 장담했다. 그해 12월 3일 코벳은 약속한 대로

〈코벳의 의회논쟁Cobbett's Parliamentary Debates〉을 발간한다. 약칭 〈의회논쟁〉은 그가 1802년부터 발행하고 있던 〈정치기록Political Register〉이라는 신문의 부록으로 등장했으며, 그는 이 부록 편집의 총책임자로서 의원들의 발언을 취합했다. 한 부당 1실링에 판매된 〈의회논쟁〉은 시민들 사이에서 선풍적인 인기를 끌었다. 의원들은 자신의 발언이 〈의회논쟁〉을 통해 여과 없이 시민들에게 전달되는 것에 분노하며 코벳을 향해 복수의 칼을 갈았다. 경쟁지들에 비하면 〈의회논쟁〉이 양적으로는 풍부하지 못했지만 시민들은 의회에서 진행되는 사건들과 그 내막에 대해 보다 정확하고 신뢰할 만한 정보를 준다고 생각했다. 〈의회논쟁〉 발간은 코벳의 비타협성에 대한 명성과 함께 대중적 인기를 더욱 높이는 계기가 되었다.

대중적 지지에 힘입어 승승장구하던 코벳은 1809년 커다란 난관에 봉착한다. 그해 영국정부가 고용한 독일인 장교가 등짐지기를 거부한 영국 보병을 구타한 사건이 일어났는데 이에 분노한 코벳이 〈정치기록〉을 통해 자국 군인을 구타당하게 한 영국군 지도부와 정부를 강력히 비난했다. 영국정부는 기다렸다는 듯이 〈정치기록〉의 인쇄업자인 한자드Thomas Curson Hansard와 발행인인 코벳을 당장 잡아들였다. 이 일로 코벳은 악명 높은 뉴게이트 감옥에서 2년이나 갇혀 있었다. 이 감옥은 한 세기 전《로빈슨 크루소》의 저자 데포가 정부를 비판했다는 이유로 갇혔던 곳이기도 하다.

2년 간의 감옥생활로 경제적 어려움을 겪게 된 코벳은 1812년 〈의회논쟁〉의 출판권을 인쇄업자인 한자드에게 넘겨준다. 한자드는 1829년부터 〈의회논쟁〉에 자신의 이름을 새겨 넣었는데, 이후 그의 이름 한자드 Hansard 는 '의회기록물'을 의미하는 단어가 되었고 20세기 초 의회기록물이 영국의회에 인수된 뒤에는 아예 '의회기록관'을 의미하는 공식 명칭으로 자리 잡았다. 지금도 한자드는 영국뿐만 아니라 캐나다, 호주, 뉴질랜드, 싱가포르, 우간다 등 영국의 영향을 받은 나라들에서 의회기록 기관을 가리키는 고유명사로 사용되고 있다.

코벳은 언론의 입을 틀어막으려는 정부와의 싸움을 중단하지 않았다. 오히려 그는 정부와 자본가들의 광고에 매수된 주요 언론을 거세게 비판했다. 코벳은 인지세를 피하면서도 많은 민중에게 정부와 의회의 무능과 부패를 알릴 수 있는 방법을 고민했다. 그는 영국의 '낡은 부패'를 청산하기 위해서는 우선 부패한 선거구를 없애고 제한된 투표권을 확대해 의회를 개혁해야 한다고 생각했는데, 의회에 압력을 가해 법을 개정하려면 민중의 큰 힘이 필요했다. 터무니없이 높아지는 생계비와 낮은 임금으로 고통받고 있던 노동자들은 이미 1811년부터 기계를 파괴하는 러다이트 운동으로 자신들의 불만을 표출하고 있었다. 코벳은 그들의 불만이 근본적으로는 귀족과 지주가 장악한 의회와 왕실의 낡은 부패에 기인한 것이며 이를 일소하기 위해 의회를 개혁해야 한다는 점을 설파하려 했다. 하지만 그들에게 의회개혁의 필요성을 알리기 위해서는 우선 인지세라는 고약한 장벽을 넘어야 했다.

인지세법은 원래 영국이 짊어지고 있던 빚을 줄이기 위해 주로 식민지 국가의 주민들을 대상으로 도입된 법이었는데, 영국의회는 1712년 정부와 의회에 대한 비판여론을 통제하는 방법으로 신문과 잡지에 인지세를 적용하기로 결정했다. 인지세가 신문과 잡지로 확산되자 조나단 스위프트와 다니엘 데포 같은 작가들은 이를 '지식세Taxes on Knowledge'라 부르며 격렬하게 반발했다. 하지만 의회는 꿈쩍도 하지 않았을 뿐만 아니라 그에 반발해 인지세를 내지 않은 신문사와 잡지사를 모두 형사법 위반으로 처벌했다.

신문에 대한 인지세는 계속 인상되어 1815년에는 1부당 3.5펜스에 이르렀다. 당시 신문 한 부의 가격이 6~7펜스였으니 절반이 인지세였던 셈이다. 인지세가 인상될수록 신문은 대다수 민중으로부터 멀어질 수밖에 없었다. 노동자의 한 주 급여가 10실링(12펜스는 1실링, 20실링은 1파운드)이 채 안 되던 시절에 신문 값이 하루 급여의 절반 가까이 되었으니 말이다. 신문에 대한 인지세 부과가 의도한 바는 분명했다. 신문 가격을 높여 구독자를 일부 부자들로 한정시키고, 신문 제작자 역시 자금력이 있는 사람들로 제한해 시민들 사이로 정부에 대한 비판적 생각이 퍼져나가는 것을 막고자 한 것이다.

코벳은 '4펜스 이상의 매체' 그리고 '뉴스 중심의 신문'에 부과되는 인지세를 피하기 위해 〈정치기록〉을 뉴스 중심의 신문이 아닌 주장 중심의 팸플릿 형태로 바꾸어 발간하고 가격도 4펜스 미만으로 내릴 계획을 세운다. 그리고 1816년 11월 2일 정부당국의 허를 찌르며 한 부당 2펜스인 팸플릿 〈정치기록〉을 발간했다. 정부와 코벳 반대자들은 이 팸플릿을 '2펜스짜리 쓰레기(two-penny trash)'라 조롱했고, 코벳은 이를 비웃기하도 하듯 스스로도 〈정치기록〉을 '2펜스짜리 쓰레기'라고 부르고 다녔다. 그리고 이 2펜스짜리 쓰레기를 통해 노동자들에게 폭동 대신 부패한 의회를 개혁하는 데 힘을 모아야 한다고 설파했다. 처음에는 불과 1000여 부의 판매부수를 기록했던 〈정치기록〉은 가격을 2펜스로 내리자마자 무려 4만4000부가 팔려나갔고, 영국에서 최초로 5만 부 이상 팔리는 신문이 되었다.

코벳의 이런 시도는 인지세를 거부하는 다양한 행동들을 불러일으켰다. 급진적 언론인인 칼라일Richard Carlile은 인지세를 내지 않고 신문 〈공화주의자Republican〉를 발간했다. 정부는 당장 그를 구속시켰는데, 그러자 그 뒤를 이어 그의 부인 제인 칼라일Jane Carlile이 〈공화주의자〉를 계속 출판했다. 그의 부인 역시 구속되자 〈공화주의자〉는 칼라일의 여동생에 의해 계속 출판되었고, 칼라일 가족의 투쟁을 지지하는 시민들이 당시로서는 엄청난 금액인 500파운드를 모금해 〈공화주의자〉가 계속 발간될 수 있도록 지원했다. 의회와 정부는 사람들을 계속 잡아들이면 여론도 잠잠해질 것이라 생각했지만 오히려 시민들이 거리로 뛰쳐나와 직접 〈공화주의자〉를 팔기 시작했다. 이 시위로 인해 수년간 150여 명의 시민이 감옥에 갇혔고 이들이 받은 형량을 모두 합치면 200년이 넘는다. 그럼에도 인지세를 거부하는 언론인과 출판인의 수는 계속 증가했고 1836년에는 인지세를 거부한 신문을 구독하는 숫자가 20만 명을 넘겼다. 언론의 자유를 위한 시민과 언론인들의 연대투쟁에 무릎을 꿇은 정부와 의회는 결국 신문인지세폐지위원회를 구성하고 1855년 신문에 대한 인지세를 폐지한다.

인지세에 대한 대규모 투쟁을 불러일으킨 코벳에게 당국은 바짝 약이 올랐다. 정부는 갖은 방법을 동원해 〈정치기록〉의 보급을 막으려 했다. 〈정치기록〉을 들여놓은 서점에 고객의 발길을 끊어놓겠다고 위협하는가 하면 인쇄업자에게는 인쇄허가증을 취소하겠다고 협박했고, 가판대 상인들에게는 가판대를 압수하겠다며 경찰을 동원해 위협했다. 또한 〈안티 코벳〉과 같이 직접적으로 코벳에 반대하는 잡지를 발간하고 〈주간 애국기록〉과 같이 코벳의 〈정치기록〉을 겨냥한 비슷한 가격의 경쟁매체를 만들어 영업을 방해했다. 하지만 이런 시도들은 오히려 〈정치기록〉과 코벳에 대한 일반시민의 관심과 지지도만 올려놓았을 뿐이다.

　1819년 영국정부와 의회는 급기야 과격한 공공집회와 혼란을 야기하는 선동적인 글을 방지한다는 구실로 소위 '6개 법안Six Acts'을 통과시킨다. 그런데 이 법안의 절반에 해당하는 3개 조항이 노골적으로 코벳을 겨냥한 것이었다. 코벳은 1806년 이후 의회개혁과 선거권 확대를 위해 공공연히 집회를 조직해왔는데, 6개 조항 중 '선동집회예방법'은 50명 이상이 참여하는 정부나 교회와 관련된 집회는 사전에 허가를 받아야 한다고 규정했다. 또한 '신문 및 인지세 의무법'은 4펜스 미만의 출판물로 뉴스보다 주장을 중심으로 발간되는 매체들도 이제 인지세를 내야 하며 출판업자는 일정한 금액 이상의 보증금을 정부에 납부해야 한다는 내용을 담고 있었다. 이 법안이 〈정치기록〉을 겨냥한 것은 너무도 분명했다. 그리고 '모독 및 비방중상법'은 당연히 코벳과 같은 급진적이고 비판적인 언론인의 입을 틀어막기 위한 것이었다. 사람들은 이 법을 함구령Gag Order 혹은 보도금지령이라 부르기도 했다.

코벳은 1817년 헤비어스 코퍼스⊙의 효력을 정지시키는 강압법Coercion Law이 통과되자 체포 직전 미국 망명길에 오른다. 그는 미국에서도 계속 〈정치기록〉을 발간하다가 1818년 헤비어스 코퍼스가 다시 효력을 발휘하게 되자 영국으로 돌아온다. 언론의 자유를 위한 코벳의 투쟁은 귀국 후에도 계속되었고 비판적인 언론을 굴복시키기 위한 정부와 의회의 노력도 계속되었다. 영국정부와 의회는 못마땅한 신문에 법적인 제재만 가한 것이 아니었다. 그들은 기업에 압력을 넣어 신문에 광고를 내지 못하게 함으로써 배고픈 언론을 길들이려 했다. 그러나 코벳은 광고를 얻기 위해 〈정치기록〉의 논조를 포기하지는 않았다. 심각한 재정상황 속에서도 거침없이 날카로운 기사와 논설을 쏟아냈고 시민들의 힘에 의지해 위기를 헤쳐 나갔다.

내가 발간하는 신문처럼 광고가 없는 신문도 있지만 오늘날 우리 언론의 가장 큰 수입원은 광고다. 따라서 신문은 매매행위이지 사실보도가 아니다. 언론사 경영자는 광고주들을 위해 글을 쓸 사람들을 고용한다. 그리고 대형 광고주를 기쁘게 할 수 있는 글을 쓰게 한다. 정부도 지난 수백 년 간 스스로 광고주 노릇을 해왔으며 일부 매체에 거대한 자금을 투여해 광고를 게재했다. 귀족과 성직자, 일

⊙─────────

habeas corpus. '몸을 가지다'라는 뜻의 라틴어로 인신보호청원을 의미한다. 영국 청교도 혁명 당시 헤비어스 코퍼스법(1679년)을 통해 제도적으로 확립되었다. 원래 법원에서 사건 당사자나 배심원에게 출두요청을 할 때 사용했지만 나중에는 구금의 적법성을 가려 부당한 인신구속을 바로잡는 가장 유력한 수단이 되었다.

부 지역의 판사들, 거대상인들, 이들 모두가 언론에 지휘권을 발동해왔다.

— 〈정치기록〉 1830년 8월호

부패한 의회의 개혁

코벳은 러다이트 운동이 한창이던 1816년 의회개혁의 핵심으로 보통선거권을 주장했다. 그는 "한 나라의 진정한 힘과 모든 자원은 노동을 하는 사람들로부터 나오며" "노동하는 사람들이 없었다면 이 나라는 황무지에 불과할 것이기 때문에" 이들이 진정으로 영국이라는 나라를 대표해야 한다고 생각했다. 그의 이런 생각은 1832년 의회개혁과 차티스트 운동에 결정적인 영향을 미쳤다.

미국 독립과 독립선언에 지대한 영향을 준 토마스 페인Thomas Paine은 《인간의 권리 Rights of Man》라는 책에서 당시의 영국의회와 선거에 대해 다음과 같이 탄식했다.

약 100만 명의 인구를 가진 요크셔는 이 인구의 백분의 일에 불과한 루트랜드와 마찬가지로 두 명의 의원밖에 선출할 수 없다. 세 가구도 안 되는 올드새럼 마을이 두 명을 의회에 보낼 때에도 인구 6만 명에 달하는 맨체스터는 단 한 명의 의원도 보낼 수 없다. 도대체 이게 무슨 원칙이란 말인가?

1830년 프랑스에서는 언론의 자유를 억압하고 의회를 해산하고 극소수에게만 선거권을 부여하는 등 절대왕정의 부활을 시도한 샤를 10세에 대한 반발로 7월 혁명이 일어났다. 이를 기점으로 유럽 전역이 혁명의 물결로 술렁이는 가운데, 코벳은 지금이야말로 부패한 의회를 개혁할 절호의 기회라고 생각했다. 그는 직접 사람들을 조직하기 위해 지방 순회강연에 나섰다. 수많은 노동자와 농민, 자영업자가 강연에 참석했고 그에게 감동받은 사람들이 곳곳에서 시위를 펼쳤다. 정부는 첩자를 보내 코벳의 강연을 염탐하며 그를 잡아넣을 기회만 엿보고 있었다. 코벳의 순회강연이 큰 호응을 불러일으키던 1830년 10월, 영국 동남부는 흉작과 낮은 급여, 정부의 형편없는 빈민구제 정책에 분노한 스윙 반란자들◉의 시위로 매우 어수선한 상황이었다. 당시 가장 가난하게 살고 있던 농업노동자들은 자신들의 일자리를 빼앗아간 탈곡기를 부수고 임금인상과 빈민구제 활동의 확대를 요구하며 시위를 벌였다. 그러던 중 코벳의 강연에 참석했다고 주장한 한 노동자가 건물에 불을 질렀는데, 정부는 이 사건을 빌미로 재빨리 코벳을 체포했다. 코벳이 〈정치기록〉에 스윙 반란자들을 지지하는 논설을 실은 것이 혐의 사실로 덧붙여졌다. 선동죄로 체포된 코벳은 변호사도 고용하지 않은 채 법정에서 자신을 변론했다.

◉────────────

Swing Riots. 1830년 영국 남동부를 휩쓴 농업노동자들의 봉기다. 이들은 가혹한 노동조건과 농업 생산의 기계화에 반대해 타작기 등의 농기계를 파괴했다. 스윙은 지주, 치안판사, 교구 목사 등에 보내는 협박편지의 서명자 이름으로 사용된 '캡틴 스윙'에서 유래했다. 그는 가공의 신화적 인물로 당시 폭동의 우두머리로 여겨졌다. 스윙은 또한 농업노동자들이 사용하는 손타작용 도리깨 위쪽에 달린 휘추리 막대기를 의미하기도 한다.

코벳을 잡아넣으려는 정부의 시도는 결국 법원의 무죄 방면으로 무산되고 만다. 코벳의 석방은 의회개혁 지지자들의 승리를 예고하는 상징적 사건이었다. 코벳이 법정에서 승리한 이듬해인 1831년, 드디어 의회개혁을 위한 첫 단추가 꿰어진다. 하원과 내각은 시민들의 압력에 못 이겨 부패선거구 폐지와 유권자 확대, 매표행위 처벌이 명시된 개혁법을 통과시키는데 대부분 귀족들로 구성된 상원에서 이 법을 완강하게 거부해 부결시켰다. 개혁법은 이듬해 다시 하원을 통과하지만 상원은 이번에도 부결로 답했다. 개혁법이 무산될 위기에 처하자 분노한 시민들이 거리로 뛰쳐나와 걷잡을 수 없는 시위가 촉발되었다. 상원은 이 사태가 혁명의 위기로까지 치닫게 될 것을 우려해 결국 1832년 6월 의회개혁법을 통과시키게 된다.

코벳은 매우 독특한 성격의 소유자였다. 그의 정치적 성향은 보수적인 토리당 지지자로 출발해 급진주의에 이르기까지 종잡을 수 없었지만, 그의 전기작가였던 스미스Edward Smith의 말처럼 그와 그의 "펜은 어떠한 가격으로도 매수할 수 없을 만큼" 일관되게 고집불통이었다. 코벳의 삶이 보여주듯 언론은 정치권력과 시장권력으로부터 자유로울 때 아무런 두려움 없이 권력의 부패를 파헤치고 비판할 수 있다. 그리고 언론의 비판할 자유를 지탱해주는 것은 언제나 민중의 광범위하고 끊임없는 지지였다.

2장　알권리:
　　　진리 추구의 권리

　　민주주의 사회에서 정보에 대한 접근권은 시민이 정치의 대상
이 아닌 주체가 되기 위한 가장 기본적인 권리이다. 세계인권선언
제19조는 "모든 인간은 의견과 표현의 자유를 가지고 있다. 이 권
리는 간섭받지 않고 의견을 주장할 자유와 모든 매체를 통해 국경
과 상관없이 정보와 아이디어를 추구하고 입수하고 전달하는 자
유를 포함한다"고 규정하고 있다. 즉, 의견과 표현의 자유라는 기
본적인 인권은 정보와 아이디어를 제한 없이 찾고 전달받으며 이
를 전달할 자유, 즉 '알권리(the right to know)'에 기초하고 있다는
것이다.

　　스웨덴과 독일에서는 알권리가 인간의 가장 기본적인 권리로
헌법에 명시되어 있다. 한국은 헌법에 알권리를 기본권으로 명문
화하지 않았지만 이미 1989년 헌법재판소가 판례를 통해 알권리
를 실질적인 기본권으로 인정했다. 즉 "사상 또는 의견의 자유로
운 표명은 자유로운 의사의 형성을 전제로 하는데, 자유로운 의사
의 형성은 충분한 정보에의 접근이 보장됨으로써 비로소 가능하

며, 다른 한편으로 자유로운 의사 표명은 자유로운 수용 또는 접수와 불가분의 관계에 있다고 할 것이다. 그러한 의미에서 정보에의 접근·수집·처리의 자유, 즉 알권리는 표현의 자유에 당연히 포함되는 것"이라는 판례를 남겼다.

민주주의가 확대되고 주권자로서 시민들의 주권행사를 위해 정보에 대한 접근이 중요해지면서 알권리에 대한 인정이 전 세계적으로 확산되고 있다. 정부가 '감출 권리(the right to secrecy)'와 국가안보를 내세워 국민의 알권리를 무차별적으로 제한하는 행위는 이제 시대착오적인 것이 되었다. 알권리를 법적으로 보장하는 정보공개법은 20세기 중반까지만 해도 오직 스웨덴에만 있었고 1990년 이전까지도 이 법을 제정한 나라는 고작 10개국에 불과했다. 하지만 2018년 현재 이 법은 119개국으로 퍼져 나갔으며 세계 인구의 약 90%가 정보공개제도의 권리를 누리고 있다. 한국은 1996년 아시아 최초 그리고 세계에서 16번째로 이 법을 제정했다.

부패로 오염된 권력일수록 국민들이 들여다볼 수 없도록 정부를 어둡고 불투명하게 만든다. 만약 알권리가 법적으로 보장되어 있지 않다면 우리는 우리가 가진 권리를 지키기 위한 어떤 질문에 대해서도 해답을 찾을 수 없게 된다. 즉, 중앙정부와 지방정부가 국민의 세금을 낭비하고 있지는 않은지, 국회의원이나 지방의회 의원들이 특정한 기업이나 지역유지와 결탁해 이권을 추구하고 있지는 않은지, 정보기관이 함부로 국민을 감시하거나 인권을 침해하고 있지는 않은지, 사스나 메르스 같은 전염병에 대해 보건당국은 제대로 대처했는지, 내가 사는 지역의 지방축제는 과연 효율적으로 운영되고 있는지, 내가 뽑은 의원이나 도지사, 시장이 판공비라는 이름으로 세금을 축내고 있지는 않은지에 대한 해답을 얻기 위해서는 국민의 알권리 보장이 우선되어야 한다. 더욱이 정부가 국민이 알아야 할 정보에 대해 사전검열을 하거나 정보를 통제하는 경우, 혹은 그런 정보를 알리려는 사람들을 블랙리스트에 올려 감시하고 보복하는 경우, 법으로 보장된 알권리는 정부의 부패를 드러낼 수 있는 유위한 도구이기도 하다. 따라서 정보공개법은 정부를 투명하게 만들고 정부기관들의 부패를 방지하기 위해 매우 중요한 수단이다. 이번 장에서는 알권리를 지탱하는 정보공개법이 언제 어떻게 생겨났는지를 살펴본다.

유럽 변방에서 출현한 정보의 자유

세계 최초의 정보공개법은 1766년 12월 2일 스웨덴에서 '언론과 출판의 자유에 대한 폐하의 관대한 조례'라는 명칭으로 처음 제정되었다. 이 법은 다음과 같은 전문으로 시작된다.

저술과 언론의 법적 자유가 대중들에게 제공할 수 있는 큰 이득을 헤아려볼 때, 수많은 유익한 주제들에 대한 제한 없는 배움의 교류는 과학을 비롯한 유용한 기술의 발전 및 보급을 촉진하며, 이는 우리 정부체제에 대한 충성스러운 국민들의 식견과 평가를 향상시킨다. 이 자유는 또한 언론을 통해 권력 남용과 불법행위가 폭로될 때 도덕성을 개선하고 법 준수를 촉진하는 최고의 수단이다. … 우리는 과감히 다음과 같은 결정을 내렸다. 이전에 설립된 검열관 사무소는 폐쇄될 것이다. 출판을 기다리는 문서들을 감독, 승인, 불허하는 것은 더 이상 수상관저의 임무가 아니다. 출판물에 실리는 내용에 대한 책임은 오로지 저자와 출판업자의 몫이다. 이 조치에 따라 기존의 검열제도는 완전히 철폐된다.

이 법은 왕국의 종교적 신조와 그 신조에 기초하고 있는 국왕과 왕국, 의회에 대한 부당한 비난과 명예훼손이 아니라면 그 어떤 저술과 출판도 검열하거나 금지하지 않을 것을 세부적인 법조항으로 명기하고 있다. 또한 제10조에서 언론은 정부와 법원 그리고 각종 공공기관의 기록과 공공문서를 출판할 수 있으며 이를 위해 "문서를 그 자리에서 복사하는 것, 그리고 자료를 획득하기 위해 모든 아카이브에 자유롭게 접근하는 것이 허용되어야 한다"고 명시함으로써 정보에 대한 접근과 취득 및 사용의 자유, 즉 알권리를 보장했다.

이 최초의 정보공개법은 스웨덴의 성직자 안데르스 쉬데니우스Anders Chydenius의 주도로 제정되었다. 쉬데니우스는 1729년 스웨덴의 변방이었던 지금의 핀란드 숏카모Sotkamo시에서 태어났다.◉ 그는 1753년 웁살라 대학에서 석사학위를 취득하고 네데르베틸Nedervetil에서 루터교 목사인 아버지와 같이 목사보로 임명되었다.

◉ 핀란드는 1809년 러시아에 점령되기 전까지 스웨덴의 일부였다.

쉬데니우스가 태어났을 때 스웨덴은 1709년 북방전쟁 패배와 1718년 칼 12세의 사망으로 왕권이 급속도로 약화되어 성직자, 귀족, 시민, 농민의 4계급으로 구성된 의회의 권력이 강화되는 자유시대(Frihetstiden)를 경험하고 있었다. 당시 유럽에서 의회권력이 왕권을 견제했던 나라는 영국 정도에 불과했다. 스웨덴의 자유시대는 1772년 구스타브 3세가 쿠데타를 일으켜 절대왕정을 구현하기 전까지 계속되었다. 쉬데니우스는 자유시대의 대표적 사상가 중 한 명으로, 이 기간에 정력적인 정치활동을 이어갔다.

당시 스웨덴의회는 둥그런 차양이 있는 모자인 하타르를 썼다고 해서 하타르나Hattarna라 불리는 정당과 챙이 없거나 야구모자처럼 앞쪽에만 있는 모자인 뫼소르를 썼다고 해서 뫼소르나Mössorna라 불리는 정당이 서로 대립하고 있었다. 귀족의 이해를 대변하는 하타르당과 달리 쉬데니우스가 속해 있던 뫼소르당은 성직자와 농민의 이익을 대변했다. 하타르당이 프랑스친화적이고 반러시아적인 외교정책과 전쟁에 몰두해 있는 데 반해 뫼소르당은 프랑스와 거리를 두며 자신들의 지지층인 농민들의 바람대로 전쟁을 반대했다. 이 때문에 군인들이 쓰던 나폴레옹식 삼각모로 상징되는 하타르당은 뫼소르당을 수면용 모자나 쓰는 소심한 정당이라고 놀려댔다.

뫼소르당은 보호무역과 언론검열을 정당화하는 하타르당에 반대하며 영국을 모델로 삼아 무역과 언론의 자유를 보장해야 한다고 주장했지만 당시 영국에도 언론, 출판, 정보의 자유를 규정하는 법은 아직 존재하지 않았다. 더욱이 하타르당은 대러시아 전쟁에 쏟아 부은 과도한 전쟁비용과 정부의 엄청난 재정적자와 같은 중요한 정보들이 반대세력의 손에 들어가지 않도록 철저히 차단해 시민들의 높은 불만과 원성을 사고 있었다.

쉬데니우스는 성직자였지만 농업과 경제 문제에도 관심이 높았다. 스스로 양을 키우고 담배를 재배하기도 한 그는 열렬한 자유무역 옹호자였다. 그는 아담 스미스의 《국부론》이 출판되기 11년 전인 1765년에 《국익론 Den Natiiionella Vinsten》을 출판해 철저한 자유무역을 옹호했고, 이런 그의 핵심사상이 아담 스미스의 국부론에 반영되기도 했다. 쉬데니우스는 1765년 스웨덴의회에 진출해 급진적인 개혁을 추진했다. 그는 당시 스톡홀름과 투르크의 무역독점에 반대하며 자신이 사는 지역과 같은 지방도시에도 무역을 허용하라고 주창했고, 나아가 직업제한 철폐를 주장했다.

1760년대 초반, 그가 살던 지역의 농민들은 자신들이 생산한 물건을 직접 교역할 수 없다는 사실에 큰 불만을 품고 있었고 무역의 권리를 작은 도시들로 확대하는 문제를 논의하기 위해 일련의 지역모임을 조직했다. 쉬데니우스는 농민들의 요청으로 이 모임에 나가 무역의 자유를 주장하지만 의회에 의해 모임은 탄압받고 그는 투옥 위기에 처한다. 무역독점권의 상실로 그때까지 누리고 있던 막대한 이득과 혜택을 잃을까 두려웠던 스톡홀름 상인들은 당시 부패한 하타르당이 장악하고 있던 의회에서 이 문제를 논의해줄 것을 요청하는데, 쉬데니우스는 국가의 자유는 자신들의 의도대로 행동하는 의회에 있는 것이 아니라 그들이 편파적으로 행동할 수 없도록 제한하는 '국가의 빛', 즉 국민들에게 있다며 의회를 강력히 비판했다.

쉬데니우스는 정보공개법 통과를 위한 의회 연설에서 자유는 불가분(indivisibility)하다고 주장했다. 즉 '분할된 자유는 자유가 아니며, 분할된 제약은 절대적 제약'이라는 것이다. 그는 자유는 그 어떤 부분적 제한도 없이 그 자체로서 온전히 보장되어야만 의미가 있다고 생각했다. 후에 그 스스로 "내가 국회에서 저술과 출판의 자유와 관련된 것만큼 부지런히 일한 것은 아무것도 없다"고 자랑스럽게 밝혔을 만큼 그는 언론과 알권리를 위해 특히 정력적인 활동을 펼쳤다.

쉬데니우스는 상업의 자유와 언론 및 정보의 자유가 별개가 아니라는 것을 그의 다양한 저작을 통해 주장했다. 또한 사회를 통치하기 위해서는 사람들을 빈곤하게 만들어서 게으를 틈이 없게 해야 한다는 당시 통치자들의 사고에 대해 매우 비판적이었다. 그는 사회가 모든 생산자 계급을 보호해야 하며, 사람들은 천부적으로 부지런하기 때문에 자유는 그 부지런함을 촉진할 뿐 결코 약화시키지 않을 것이라고 믿었다. 더불어 자유는 폭넓은 배움과 지식에 대한 제한 없는 접근을 통해 이루어질 수 있으며, 더 많은 사람이 더 자유롭게 토론에 참가해야만 위협이나 뇌물이 더 이상 시민들을 침묵시킬 수 없게 될 것이라고 생각했다.

알권리의 대변자로 등장한 중국

쉬데니우스는 자신의 주장을 뒷받침하기 위해 중국을 인용했다. 왜냐하면 그의 의회활동과 정치관에 가장 큰 영향을 준 스웨덴 정치인 노던크란츠^{Anders Nordencrantz}가 중국을 자기주장의 중요한 근거로 삼았기 때문이다. 노던크란츠는 하타르당의 언론과 정보의 자유에 대한 억압을 강력히 비판한 사람이었다. 영국은 이미 17세기 말 출판허가제도를 폐지했기 때문에 노던크란츠는 이를 근거로 언론의 자유와 알권리를 주장할 수도 있었지만 그 자신이 당시 영국 집권당인 휘그당의 정치적 입장에 동의하지 않았기 때문에 그 대신 중국을 자기주장의 근거로 삼았다.

당시 스웨덴사회는 동인도회사를 통해 중국에서 들여온 도자기, 차, 비단을 비롯한 각종 중국 제품에 흠뻑 빠져 있었다. 18세기 중반 프레드리크 왕은 왕비의 생일을 맞아 왕실 정원에 중국식 궁궐을 지어 선물하기도 했다. 당시 중국은 청나라의 3현제 중 한 명인 건륭제가 통치하던 시대로 경제와 문화 모든 면에서 번영을 꽃피우고 있었다. 중국을 방문했던 유럽 선교사들이 이에 관해 많은 저술을 내놓았고 당시 유럽 지식인들 사이에서 큰 사랑을 받으며 널리 읽혔다. 덕분에 18세기 유럽은 마치 오늘날의 한류처럼 중국 문화에 흠뻑 빠져들게 된다. 벽난로는 기괴한 중국식 모형으로 뒤덮이고 집안의 가구들조차 온통 중국식으로 만들어졌다는 한탄이 여기저기서 들려올 정도였으니 그 유행을 짐작하고도 남음이 있다.

특히 프랑스 출신의 예수회 선교사인 장 밥티스트 뒤 알드^{Jean-Baptiste du Halde}가 선교사들의 서신을 모아 1735년에 출간한 책 《중화제국과 중화 타타르의 지리, 역사, 연대기, 정치, 물리에 대한 서술^{Description Géographique, Historique, Chronologique, Politique, et Physique de l'Empire de}

la Chine et de la Tartarie Chinoise》은 당대 유럽사회의 중국에 대한 이해에 큰 영향을 미쳤다. 소위《중국지中國誌》라고 축약해서 부르는 이 책은 발간 1년 만에 유럽의 선진국이었던 영국과 네덜란드에서 번역 출판되었으며 독일어와 러시아어 번역본도 등장할 만큼 인기가 높았다.

총 4권으로 구성된《중국지》는 중국의 지리와 역사, 과학과 문화, 도덕과 풍속 그리고 국가와 정치 등 방대한 영역을 다루고 있다. 한반도의 위치가 서양사회에 처음 소개된 것도 바로 이 책에 수록된 지도를 통해서였다. 책의 대부분은 중국에 대한 찬양으로 채워져 있는데 그중 제2권은 중국의 정치, 경제, 교육 등을 중점적으로 다루어 유럽의 기존체제에 비판적이었던 지식인들 사이에서 널리 읽히고 인용되었다. 볼테르, 몽테스키외, 디드로, 루소와 같은 계몽사상가들과 케네와 같은 중농주의 경제학자들의 사상 발전에도 깊은 영향을 미쳤다. 계몽사상의 선구자였던 볼테르는 "사람들의 생명과 명예, 복지가 법으로 보호받는 국가가 있다면 그것은 바로 중화제국"이라고 말했으며 루소는 중국을 "영예로운 문사들이 국가의 최고 존엄을 이끄는 아시아의 거대한 나라"라고 찬양했다. 중국에 다소 비판적이었던 몽테스키외조차 "우리 선교사들에 의하면 그 광대한 제국은 존경할 만한 정부를 가지고 있으며 그 정부에는 공포와 명예와 미덕이 적절히 배합되어 있다고 한다"며《중국지》를 언급했다.

"거대한 권력을 쥔 황제가 있음에도 중국 관료들은 황제의 통치에 문제가 있으면 언제든 그를 비판할 수 있었다"는 뒤 알드의 지나치게 편향적인 중국 소개는 노던크란츠나 쉬데니우스와 같은 급진적 개혁주의자들이 언론과 출판, 정보의 자유를 주장하는 데 좋은 근거로 쓰였다. 특히 세계 최초의 신문으로 인정받기도 하는 중국의 관보는 당시 스웨덴 개혁주의자들이 언론과 정보의 자유를 주장하는 주요 근거였다. 중국의 왕조들은 중앙정부와 지방정부 간의 소통을 촉진하기 위해 한나라 시대에 〈저보邸報〉를 발행했는데 이것이 당나라 시대에 들어서 내용과 편집, 조판기술의 발전으로 더 성행했고 이후 청나라의 〈경보京報〉로 이어졌다. 이 〈경보〉가 뒤 알드에 의해 〈북경 가제트Peking Gazette〉라는 제목으로 번역, 소개되었던 것이다. 당시 〈경보〉에는 조정의 소식, 관료의 임명과 파면, 전쟁과 형벌에 관한 정보가 담겨 있었다. 감찰관의 감독 하에 제작되어 재해나 민중봉기, 혹은 조정 내 분란과 망동에 대한 소식은 당연히 실리지 않았다. 〈저보〉와 〈경보〉는 중국 관료들 사이에서 주로 회람되었지만 나중에는 백성들도 볼 수 있게 성문에 게시하기도 했다.

노던크란츠는 "펜과 출판물을 통해 구현되는 이성은 많은 정부가 활용하는 비밀스러운 조치들을 드러낼 수 있는 가장 정교한 도구를 제공한다"며 표현의 자유와 정보에 대한 접근의 중요성을 강조했다. 그리고 그 사례로 뒤 알드의 저술을 적극 인용했다.

관료들을 잘 다스리고 그들의 잘못을 방지하는 데 북경에서 출판되었던 이 가제트만큼 훌륭한 것은 없다. … 가제트에서는 관료가 관직을 박탈당한 이유를 소상히 다룬다. 가령 관료가 황제의 조공을 거두는 데 소홀했거나 재정을 낭비했거나 또는 너무 관대하거나 너무 가혹하게 통치를 했거나 하는 경우 관직을 박탈당한다. … 간단히 말해서, 북경 가제트는 관료들에게 통치 방법에 대해 잘 안내하고 있으며 … 이 제국에서 벌어지고 있는 공적 문제에 대해 설명을 제공한다.

― 뒤 알드 《중국지》, 노던크란츠 《이성과 펜, 언론사용의 자유에 대한 사고》에 수록

하지만 노던크란츠는 청나라의 〈경보〉가 황실의 엄격한 검열을 받았다는 뒤 알드의 소개는 의도적으로 누락시켰다. 당시 스웨덴의회에도 의회의 결정을 알리는 일종의 의회보와 같은 출판물이 있었지만 의회 내부의 논쟁과 비판은 전혀 소개하지 않았기 때문에 단지 의회권력을 강화하는 도구에 불과했다. 노던크란츠는 자신이 취사선택한 편향적인 정보만으로 〈경보〉를 소개하면서 스웨덴의 의회보도 〈경보〉와 같이 의회 내 논쟁과 비판을 담고 대중이 이를 알 수 있게 해야 한다고 주장했다. 그러나 언론의 자유를 주장하고 비밀주의를 반대한 그도 당시 검열의 완전한 폐지까지 주장하지는 않았다.

진리 추구와 알권리: 특권적 의견이란 없다

노던크란츠의 영향을 받은 쉬데니우스 역시 뒤 알드의 저작으로부터 많은 영향을 받았다. 농민과 성직자들의 지지로 의회에 진출한 그는 스톡홀름의 무역독점을 반대하는 농민들의 이해를 대변하기 위해 중국을 이용했다. 그는 1765년 〈왕국의 무능의 원천

Källan til Rikets wan-magt〉이라는 팸플릿을 출판해 중국은 도시 간 무역 장벽이 없어서 부유한 반면 스웨덴은 무역의 자유가 없기 때문에 가난하다고 주장했다. 또한 그는 중국의 부를 언론과 정보의 자유와 연결지었다. 그는 1766년 4월 〈중국의 저술 자유에 대한 설명 *Berättelse om Chinesiska Skrif-friheten*〉이라는 팸플릿을 출판했는데, 이것은 뒤 알드의《중국지》중 중국의 언론과 정보체계를 축약적으로 소개한 덴마크 번역본을 쉐데니우스가 다시 스웨덴어로 소개한, 일종의 번역서를 가장한 정치적 저작물이었다. 여기서 그는 상품과 인구 면에서 세계에서 가장 부유한 중국이 수천 년 동안 통치를 지속할 수 있었던 이유는 유럽인들이 흔히 생각하는 그 나라의 습관과 기후, 비옥한 토양 때문이 아니며 중국과 같이 언론과 정보의 자유가 주어지면 어떤 왕국도 번영할 수 있다고 스웨덴 국왕과 독자들에게 호소했다.

쉐데니우스는 중국 역사에서 가장 번영했던 시기인 당태종의 정관의 치(貞觀之治) 시대에 특히 관심이 많았다. 언론과 정보의 자유와 관련해 그 이전까지는 허울뿐이던 감사기구 어사대御史臺가 당태종에 이르러 관리들을 비판, 감독할 뿐 아니라 시중의 비판적 의견을 모아 황제에게 전달하는 언론의 기능을 담당했고 황제에게 간언도 서슴지 않았다는 사실에 주목했다. 쉐데니우스는 이런 언론과 정보의 자유가 결국 중화제국을 부유하게 만든 원천이라고 보았다.

쉐데니우스는 또한 서로 다른 의견들 간의 제한 없는 경쟁이 진리에 다가갈 수 있는 가장 훌륭한 수단이라고 생각했다. 이런 생각은 지금 시대에는 지극히 당연한 것이지만 당시 언론의 자유와 알권리의 수준에서 보면 매우 중요한 의미를 담고 있었다.

쉬데니우스가 주도한 알권리 관련 법안의 초안은 의회에서 다른 경쟁 안들과 함께 제출되었다. 그의 초안이 제출되기 전까지는 관련 토론의 내용이 자유로운 저술과 출판에 좀 더 초점이 맞추어져 있었고 검열 철폐는 논의의 대상조차 아니었다. 하타르당의 지원을 받은 쉰베르그Schönberg의 초안과 세데르스트룀Cederström의 초안에는 대중의 접근 및 출판을 가능하게 해야 할 정부문서의 목록이 제시되어 있었다. 즉, 목록에 제시되지 않은 문서들에 대해서는 대중의 접근을 금지하고 검열을 허용해도 된다는 의미였다. 반면에 쉬데니우스는 시민들에게 모든 정부문서에 대한 접근의 자유를 보장함과 동시에 완전한 검열 철폐를 주장했다. 그의 이런 주장은 서로 다른 의견들 간의 자유로운 공개경쟁이 진리를 가져올 것이라는 신념에 기초한 것이었다. 이는 국가의 의견이 다른 의견들에 우선한다는 전제, 그리고 다른 의견을 검열할 수 있는 특권적 지위를 누리는 의견이 존재한다는 전제 자체를 강력하게 부정한 혁명적 주장이었다.

특권적 지위와 권위를 가진 의견에 대한 부정은 알권리의 확대와 긴밀하게 관련되어 있다. 당시 스웨덴의회에서는 의회의 기록과 정보에 대해 일반인들은 아무것도 알아서는 안 된다는 의견이 지배적이었다. 왜냐하면 의원들은 의회 안에서 특권적 자유를 누리며 스스로 발언하는 내용들에 대해 참견당하거나 비난받고 싶어 하지 않았기 때문이다. 그러나 쉬데니우스의 정력적인 노력으로 1765년, 의회는 출판의 자유를 위한 특별위원회를 구성해 언론과 출판 및 알권리를 위한 법 제정에 대해 논의하게 된다. 쉬데니우스는 이 위원회에서 실무를 담당하는 서기로 활동했다. 같은 해 12월 위원회는 정부와 법원의 모든 결정과 문서, 기록물, 심지어 엄격히 비밀로 분류되지 않은 외교문서들에 대해서까지 시민들의 자유로운 접근을 허용해야 하며 이런 정보 공개를 거부하는 공무원은 파면될 수 있다는 내용을 담은 성명을 발표했다. 이는 당시로는 매우 급진적인 내용이었다. 쉬데니우스는 알권리야말로 높은 권력을 가진 자들에게 책임을 물을 수 있는 유일한 방법이라면서 이 성명을 옹호했다. 그가 준비한 초안이 큰 반대 없이 1766년 8월 상임위원회를 통과하고 12월 2일 의회총회에서 비준되었다. 하지만 이처럼 너무 급진적인 주장으로 인해 쉬데니우스는 자신이 속한 뫼소르당 지도부로부터 눈총을 사 결국 당에 의해 의회에서 쫓겨나고 만다.

알권리에 대한 쉬데니우스의 가장 큰 기여는 언론과 출판의 자유를 검열 폐지와 결합시켰다는 점이다. 즉, 다른 모든 의견을 검열할 수 있는 특권적 지위를 가진 국가의 눈이란 없으며 그 특권적 지위와 의견에 따라 정부기록에 대한 접근과 열람, 출판을 가로막는 것은 진리 추구를 가로막는 것과 다름없다는 강고한 생각이 언론자유의 역사를 크게 진보시켰다. 언론과 출판의 자유는 알권리를 전제하지 않으면 결코 이루어질 수 없다는 사실을 그는 이미 250여 년 전에 깨닫고 있었고 이를 인간의 '근본적인 권리'로 옹호한 것이다. 이후 1772년의 쿠데타로 스웨덴의 자유시대를 종식시키며 절대왕정을 수립한 구스타브 3세는 즉위와 더불어 이 쉬데니우스의 법안을 기존 헌법과 함께 폐지해버리고 만다. 하지만 이 절대왕정도 19세기 초 대러시아 전쟁에서의 패배로 크게 약화되고 의회는 1809년에 다시 쉬데니우스의 법을 부활시키면서 다음과 같이 선언했다. "진정한 시민정신은 공개적으로 수행되는 정부의 업무를 공개적으로 꼼꼼히 검토하는 자유롭고 열렬한 사람들 속에서 충만할 것이다."

알권리의 전제:
공적인 것의 변화와 '정보를 가진' 시민

쉬데니우스가 옹호했던 근본적인 권리는 200년 후인 1966년 미국에서, 그리고 230년 후인 1996년 한국에서 정보공개법을 통해 실현되었다. 정보공개법은 2차 세계대전 이후 확대되기 시작해 1990년대 이후 급속히 전 세계로 퍼져 나갔다. 1990년 이전까지 정보공개법을 제정한 나라는 10개국에 불과했지만 1990년대에는 30개국, 2018년에는 119개국으로 크게 증가했다. 알권리가 이렇게 급속도로 확산된 데에는 여러 가지 배경이 있다.

중세 유럽에서 '공적인(public)'이라는 단어는 대부분 왕이나 왕실과 관련된 것이었다. 이 단어가 영어의 어원처럼 '국민과 관련된'이라는 뜻으로 쓰이기 시작한 것은 16세기에 들어서부터다. 공적인 일(public affairs)과 관련되었다는 말이 그 집단에 속한 전체 성원과 관계된 일이라는 의미로 사용된 것도 16세기 중반부터이며, 국민과 관련된 일을 공무(public service)라고 칭하기 시작한 것도 이때부터다. 그리고 유럽사회에 관료주의가 본격적으로 정착하기 시작한 19세기에 들어서 이런 업무를 담당하는 직책을 공직(public office)이라 부르게 되었다. 19세기 이후로 공적인 것은 더이상 왕이나 왕실이 아닌 일반국민과 관련된 것, 그리고 국민들의 삶과 무관하지 않은 정부의 업무를 의미하게 되었으며, 자신들과 관련된 정보에서 배제되어서는 안 된다는 국민의 기본적 사고가 알권리에 대한 인식을 크게 확산시켰다.

하지만 공적인 것에 대한 보편적 인식의 전환만으로 정보의 자유와 알권리가 보장되지는 않았다. 여기에는 '정보를 가진(informed)' 시민, 혹은 깨어 있는 시민이 민주주의의 기초라는 또 다른 중요한 전제가 필요했다. 19세기 이후 비대해진 관료사회는 정보에 대한 시민의 접근을 국가안보와 기밀 등을 이유로 대부분 차단했다. 엘리트들 사이에는 정보를 가진 시민이 반드시 민주주의에 도움이 되는 것은 아니라는 사고가 널리 퍼져 있었다. 즉, 시민들은 투표로 정치인을 뽑는 것에 만족해야 하며 정치는 '현명한' 엘리트들에게 맡기면 된다는 것이었다. 그런 사람들에게 정보를 가진 시민의 민주적 역할은 그리 환영할 일이 아니었다.

19세기 초 미국의 대통령 토머스 제퍼슨은 "국민들은 충분한 정보를 가지고 있을 때만 자신의 정부를 신뢰할 수 있다"는 발언을 했는데 이는 국민의 무지가 오히려 정부에 대한 불신을 강화한다는 의미였다. 즉, 민주주의는 국민의 무지에 기초해서는 통치할 수 없는 체제라는 것이다. 정보에 대한 자유는 국민이 주권을 가진 민주주의 시대에 그들 스스로 주권을 행사하기 위한 가장 기본적인 조건 중 하나이기 때문이다. 이 점이 바로 정보공개법을 채택한 나라들의 약 절반이 정보 접근의 자유 혹은 알권리를 헌법이 보장하는 근본적인 권리로 인정하고 있는 이유이다.

알권리의 확산: 변방에서 세계로

이번 단락에서는 알권리를 위한 수많은 노력과 변화의 배경 가운데서 첫째로 정보의 자유를 위한 투쟁, 둘째로 정보 자체의 의미와 그 사용의 변화 과정, 셋째로 부패의 심각성과 알권리의 중요성에 대한 인식의 확대라는 세 가지 측면에 대해 이야기해보겠다.

우선 첫째로, 정보의 자유 혹은 알권리는 공짜로 주어진 것이 아니며 그 권리를 쟁취하기 위한 부단한 투쟁이 있었다. '알권리(the right to know)'라는 말은 미국 건국의 아버지 중 한 명으로 불리는 제임스 윌슨James Wilson이 처음 공식화했다. 그는 1787년 미국의 헌법 제정을 위한 각 주 대표자들과의 회의에서 의회에 대한 대중의 접근을 막아야 한다는 주장에 반대하며 "사람들은 그들의 대리인이 무엇을 하고 있는지 알 권리가 있으며 의회의 의사진행을 감추는 문제가 입법부에서 결정되어서는 안 된다"고 말함으로써 '알권리'라는 말을 공식화했다. 하지만 이 말이 2차 세계대전 이전까지는 널리 사용되지 않았다. 두 차례의 세계대전을 통해 관료국가가 비대해지면서 군사기밀과 국가안보를 이유로 성행했던 비밀주의가 시민들의 알권리를 극도로 제한했기 때문이다.

알권리라는 말이 본격적으로 대중화된 것은 언론의 자유를 주장한 미국 언론인들에 의해서였다. AP통신사의 사장 켄트 쿠퍼 Kent Cooper는 시민들의 알권리와 언론의 자유를 주장하며 "알권리에 대한 존중이 없는 나라나 세계에 정치적 자유는 없다"는 말로 이 단어를 부활시켰다. 또한 언론인 허버트 브루커Herbert Brucker는 1949년 '정보의 자유(freedom of information)'라는 말을 알권리와 동일한 의미로 사용했고, 법학자인 헤롤드 크로스Harold Cross는《국민의 알권리》라는 책을 출간해 이 말을 대중화시켰다. 당시 공공정보를 공식적으로 제공하던 연방관보는 정부의 최종적인 결정만 알렸을 뿐 과정에 대한 정보는 제공하지 않았다. 언론과 기업은 공공정보에 대한 자유로운 접근을 원했고 그 결과로 1946년 행정절차법이 제정되어 '공지와 비평'의 권리가 생겼다. 이 법에 따르면 정부는 새로운 조치가 제안되었을 때 이를 일정 기간 동안 공지하고 대중의 비평을 수렴해야 한다. 이 과정을 통해 시민 참여로 정부정책이 변화될 수 있는 가능성을 열어놓은 것이다. 하지만 행정절차법은 관료들이 정보공개를 자의적으로 거부할 수 있는 권한도 함께 주어져 알권리를 완전하게 보장하지는 못했다.

1950년대 중반 미국은 거대한 소용돌이 속에 빠져 있었다. 2차 세계대전 직후 국내정치에 비판적인 세력들을 모두 공산주의자로 매도하고 처벌하는 매카시즘 광풍이 일었고, 그 동안 정부는 공공정보에 대한 강력한 통제를 유지했다. '철의 장막Iron curtain'이라 불린 냉전과 매카시즘으로 인해 시민들의 권리는 극도로 제한되었고, 1960년대 초 케네디 대통령은 언론들이 보도를 하기 전에 국가가 직면한 엄중한 상황을 직시하고 스스로 자기검열을 할 것을 주장하기도 했다.

하지만 이런 광기 어린 분위기에도 불구하고 1950년대 중반, 미국 민권운동의 시초가 된 '몽고메리 버스 보이콧 운동'⊙이 시작된다. 이 운동은 1960년대 미국을 휩쓴 베트남 전쟁 반대운동의 서막이라 할 수 있었다. 몽고메리 버스 보이콧 운동이 시작된 1955년, 미국 언론인들은 정부문서에 대한 언론과 시민의 접근을 가로막고 있던 미 국방부에 대항하는 알권리 운동을 전개하며 의회를 압박해 '정부 정보에 대한 특별분과위원회'를 결성하게 만든다. 이 분과위원회를 이끌었던 민주당 하원의원 존 모스John Moss는 1956년 연설에서 "우리가 시민과 정부 사이에 내려져 있던 문서의 장막(paper curtain)에 구멍을 몇 개 뚫은 것 같다"고 말했다. 분과위원회는 정보의 자유를 주장하는 수많은 언론인과 법률가들을 초청해 법 제정을 위한 청문회를 열었다. 그리고 수백 건에 이르는 정부의 정보제한 사례를 밝혀냈으며 그 가운데 상당수가 국가안보와 무관했다는 사실도 밝혀냈다. 정보의 자유를 위한 운동은 결국 1966년 7월 정보공개법 제정으로 결실을 맺는다. 이 법에 결코 동의하지 않았던 존슨 대통령은 수도인 워싱턴이 아닌, 기자도 텔

⊙─────────

1955년 미국 앨라배주 몽고메리에서 시작된 인종차별에 대한 저항운동이다. 1955년 12월 1일, 몽고메리 시내버스에 설치된 유색인종 전용좌석에 앉아 있던 흑인여성 로자 파크스에게 운전자가 나중에 승차한 백인들을 위해 자리 양보를 지시했지만 그가 거부한 것이 이 운동의 발단이 되었다. 운전자의 신고로 로자 파크스는 그 자리에서 체포되었으며, 마르틴 루터 킹 목사를 비롯한 민권운동가들은 이 사건을 계기로 흑백분리정책에 반대하며 버스 보이콧 운동을 대대적으로 전개했다. 결국 1956년 11월 13일, 미국 대법원은 공식적으로 인종분리정책에 대해 위헌 판결을 내렸다.

레비전 카메라도 없는 자신의 텍사스 목장에서 법안에 서명함으로써 불만을 표시했다.

알권리를 위한 투쟁사에서 우리가 놓치지 말아야 할 것은 정보의 자유에 관심을 가진 이가 언론과 적극적인 시민만은 아니었다는 사실이다. 기업들 역시 정보의 자유에 많은 관심과 이해관계를 갖고 있었다. 이미 1부에서 언급했듯이 세계은행과 기업들은 개발도상국들에 대출해줄 조건으로 그 나라 정부의 투명성 강화를 요구했다. 정보의 자유는 확실히 정부의 투명성을 확장했지만 이는 양날의 검으로 사용될 수 있었다. 정부의 속을 들여다봄으로써 시민들은 국정운영에 대한 감시를 강화할 수 있었던 한편, 기업들은 그들의 이익에 반하는 정보를 알아낼 수 있었다. 예를 들어 영리를 목적으로 하는 병원은 무상 혹은 최소한의 비용으로 건강 서비스를 제공하고 있는 보건소와 같은 기관들이 그들의 영업 확장에 방해가 된다고 생각할 수 있으며 그 전체적인 서비스 상황을 파악하기 위해 공공의료에 대한 정책과 예산, 관련 시설의 규모 등 상세한 정보를 알고 싶어 할 것이다. 국민들에게 비교적 안전하고 질이 높은 공공시설과 서비스를 가능한 한 낮은 가격에 공급하고자 하는 정부는 협상력을 높이기 위해 업체나 제품 선정의 절차를 공개하길 꺼리겠지만 기업들은 이런 정보를 미리 파악해 협상력을 높이려 할 것이며 심지어 담합을 통해 가격을 인상할 수도 있다.

1966년 미국에서 정보공개법이 통과된 이후 정보공개를 둘러싸고 법적소송까지 갔던 초기 사건들은 모두 국가안보와 관련된 것이 아니었다. 석유회사 쉘이 내무부를 상대로 토지특허 정보와 관련해 제기했던 소송이나 부당노동행위로 고발된 푸에르토리코의 신발 회사가 전국노동관계위원회를 상대로 관련 조사정보에 대해 제기했던 소송처럼 기업의 이익과 관련된 것이 대부분을 차지했다. 언론은 정보공개법 제정에 중요한 역할을 했지만 정작 정보공개를 둘러싼 초기 100건의 소송 가운데 언론이 제기한 소송은 단 한 건도 없었다. 실제로 2013~14년도 조사에 따르면 미국 정부에 대한 정보공개 신청 가운데 민간기업이 차지한 비율은 국방물류국의 경우 96%, 환경보호국은 79%, 식품의약품안전청은 75%에 달했다.

정보공개법은 그 공개 과정이 매우 더디게 진행되어 신속한 정보를 요구하는 언론보다는 시간이 걸리더라도 규제 철폐와 정부 내부정보 수집을 원하는 기업들에게 훨씬 유용한 제도였다. 기업의 정보공개법 활용은 종종 공공의 이익과 충돌했다. 1999년 미국의 보수 정치인들과 기업들은 정부가 제안한 환경규제 조치에 반대하기 위해 환경오염이 건강에 미치는 영향에 관한 자료를 필요로 했다. 이들은 자료를 획득하기 위해 과학적 데이터 조사에 대한 미국정부의 보조금 공개 등을 요구했고 이것이 시민단체들의 강력한 반발을 샀다.

둘째로, 알권리 확대와 관련해 정보 자체의 의미와 그 사용의 변화 과정을 언급하지 않을 수 없다. 정보는 이제 어떤 사실에 관한 데이터가 아니라 일종의 자원과 권력이 되었다. 지식과 정보의 활용에 제한이 있는 지적소유권과 같은 자원뿐만 아니라 그런 제한이 없는 정보들도 점차 중요한 자원이 되어가고 있다. 그래서 디지털 정보는 '새로운 자원' '디지털 황금'이라고 불리기도 한다. 유럽위원회European Commission는 사람들이 제한 없이 원하는 대로 사용 · 가공 · 확대 재생산할 수 있는 개방자료 또는 오픈 데이터open data의 가치가 유럽 내에서만 2020년까지 757억 유로에 달할 것이라고 밝혔다. 정보가 단지 자원일 뿐만 아니라 권력이라는 것은 모든 인터넷 소통에서 중립을 지키며 사용자와 장비, 접속과 소통의 방식에 어떤 차별도 없어야 한다는 '망중립성(net neutrality)'이라는 용어를 통해서도 잘 알 수 있다.

변한 것은 정보의 의미만이 아니다. 정보 사용자와 사용법도 변했다. 트위터, 페이스북, 유튜브와 같은 소셜미디어의 확산은 정보가 더 이상 신문과 방송과 같은 전통적인 매체에 의해서만 생산되지 않는다는 것을 보여준다. 시민들은 이제 단순한 정보 소비자가 아니라 정보 창출 · 재가공 · 확산을 담당하는 실질적인 정보생산자이자 참여자가 되었다. 따라서 지금 우리가 살고 있는 사회는 단순히 정보의 의미만 중요한 '정보사회'가 아니라 '정보를 둘러싼 쌍방향 소통사회'인 것이다. 정부에서 공개하는 정보 또한 이를 필요로 하는 수요자의 요청에 따라 수동적으로 제공되는 데 그치지 않고 '적극 공개(proactive disclosure)'하고 개방하는 방향으로 전환되고 있다. 이런 정보의 의미와 사용 변화를 잘 반영한 것이 최근 들어 많이 회자되고 있는 전자정부e-government이며, 이와 관련해 한국은 2015년에 2013년의 G8회담에서 합의되었던 오픈데이터헌장Open Data Charter에 서명했다. 데이터는 비공개가 아닌 공개를 원칙으로 한다는 것, 가급적 수정되지 않은 품질 높은 데이터가 정확하고 신속하게 제공되어야 한다는 것, 관료적 장벽을 낮춰 모든 이가 수집·재사용할 수 있어야 한다는 것, 그리고 이렇게 할 때 제도와 행정의 투명성이 강화될 수 있다는 것이 이 헌장의 골자다.

셋째로, 알권리의 확산은 부패 문제의 심각성과 알권리의 중요성에 대한 인식 확대를 통해 이루어졌다. 1970년대 초반 미국은 사회 전체를 충격에 몰아넣은 두 가지 사건에 직면한다. 스티븐 스필버그가 감독하고 메릴 스트립과 톰 행크스가 주연을 맡았던 영화 〈더 포스트The Post〉는 국방부 최고 기밀자료인 펜타곤 문서에 대한 언론의 폭로를 주제로 다루었다. 이 영화의 모티브가 된 것은 1971년 〈뉴욕타임스〉와 〈워싱턴포스트〉가 트루먼 대통령부터 존슨 대통령에 이르기까지 30년 동안 미국이 어떻게 베트남 전쟁에 개입했는가를 다룬 기밀문서를 대중에게 폭로한 사건이었다. 당시 두 신문사는 펜타곤 문서를 입수해 그 사실을 폭로했고 미국정부는 국가안보에 치명적인 손상을 입힌다는 이유로 법원으로부터 보도금지 명령을 받아냈다. 하지만 두 신문사는 알권리를 구속하는 미국정부와 법원의 명령에 불복해 연방대법원에 보도허용 청구소송을 제기했고 결국 승소했다. 이 보도를 통해 미국인들은 베트남 전쟁이 실은 북베트남에 의해 도발된 것이 아니라 미국의 도발로 시작되었다는 사실, 그리고 이 전쟁에는 미국의 반공주의자들과 군산복합세력의 이해관계가 긴밀하게 얽혀 있다는 사실을 알게 되었다.

펜타곤 문서 사건과 더불어 미국사회를 뒤흔든 두 번째 사건은 워터게이트 사건이다. 불법 침입과 도청으로 야당을 감시했던 닉슨 대통령과 행정부는 그 사실을 부인하고 은폐하려 했다. 닉슨은 사건과 관련된 핵심적 자료의 제출을 대통령으로서의 모든 권한을 사용해 완강히 거부했다. 하지만 그가 제출을 거부한 증거자료는 결국 1974년 7월 대통령의 특권을 무효화한 대법원의 판결에 의해 특별검사에게 제출되었고, 닉슨은 의회의 탄핵 가결이 확실시되는 가운데 결과가 나오기 전 대통령 직에서 사퇴했다. 워터게이트 사건을 통해 1966년에 제정된 정보공개법의 한계가 드러나자 시민사회와 야당은 법 개정에 착수한다. 개정의 핵심 내용은 정부가 정보공개를 거부할 경우 그 신청자는 법원에 심의를 요청할 수 있다는 것이다. 즉, 이제 시민들은 정부의 자의적인 정보공개 거부에 대해서도 소송을 제기하고 재판을 통해 다투어볼 수 있게 되었다. 닉슨정부의 부통령이었던 포드 대통령의 거부권 행사에도 불구하고 의회는 1974년 이 정보공개법 개정안을 의결한다.

부패 문제와 알권리에 대한 인식의 확대는 1980년대 민주화 물결 속에서 더욱 분명하게 드러났다. 알권리를 헌법적 권리 혹은 그에 준하는 권리로 인정한 나라는 대부분 1980년대 이전의 남유럽과 라틴아메리카 국가들, 그리고 1990년대 이전의 동유럽 사회주의 국가들처럼 권위주의 정권의 독재와 정보통제에 시달렸던 곳들이다. 부패한 독재정권에 의해 감시·고문·학살을 당한 피해자와 유족들에게 있어 지난 독재정권의 정부문서에 대한 접근권은 진실에 다가가기 위한 필수 관문이었다. 폴란드의 경우 헌법 61조를 통해 "공직을 수행하는 이들 이외의 일반시민들도 공공기관의 활동에 관한 정보를 얻을 수 있는 권리를 가져야 한다"고 규정했다. 피해자와 유족들의 경우 1998년 당시 폴란드 대통령의 거부에도 불구하고 의회를 설득해 과거 공산주의 정부의 비밀기록에 접근할 권리를 허용 받은 일이 있는데, 이를 명문화한 '국가기억원'에 대한 법령이 나중에 제정되었다. 또한 아파르트헤이트 Apartheid라는 인종분리정책에 지배당했던 남아프리카공화국은 민주화 이후 세계에서 가장 포괄적인 알권리를 헌법으로 보장하고 있다. 남아프리카공화국 헌법 32조는 정보에 대한 접근과 관련해 모든 사람은 첫째 국가가 보유한 모든 정보, 둘째 타인이 보유하고 있는 정보로서 권리의 행사 또는 보호를 위해 필요한 모든 정보에 접근할 권리를 가진다고 명시하고 있다.

1948년 세계인권선언이 채택된 이래 알권리의 중요성에 대한 인식은 지속적으로 확대되었다. 1993년 발효된 유럽연합조약, 2001년에 채택된 아태반부패행동계획 Anti-Corruption Action Plan for Asia-Pacific, 2003년 아프리카연합 정부수반들이 채택한 '부패방지 및 척결에 관한 아프리카연합협약', 2004년에 제정된 '인권에 대한 아랍헌장'은 모두 알권리에 대한 조항을 포함하고 있다. 알권리를 부패방지와 투명성 강화, 인권 보호에 있어 반드시 필요한 권리로 인정한 것이다. 2005년에 유엔에서 채택한 반부패협약의 10조는 '공공보고'를 부패방지와 투명성 강화를 위한 필수적 조치라고 규정했다. 나아가 13조는 시민들의 '사회참여'가 부패의 심각성에 대한 대중적 인식을 고양시킬 수 있다고 명시했다. 더불어 시민들의 '사회참여'를 위해서는 의사결정의 투명성을 확보하고 정보에 대한 대중의 용이한 접근을 보장해야 한다고 밝혀두고 있다.

국가별 공공서비스와 시민 참여, 투명성 그리고 정부의 책임성을 함께 측정하는 유엔의 전자정부발전지수E-Government Development Index에서 한국은 비교적 좋은 성적을 보여주고 있다. 2003년 1점 만점에 0.744점으로 193개국 중 13위를 차지했고 2018년에는 0.901점으로 덴마크, 오스트레일리아에 이어 3위를 차지했다.

한국의 정보공개제도는 1992년 청주시에서 처음 행정정보 공개 조례를 제정한 이래 1996년 '공공기관의 정보공개에 관한 법률'이 국회를 통과해 1998년부터 본격적으로 시행되고 있다. 청와대에서부터 공공기관의 지원을 받는 유치원에 이르기까지 공공정보의 공개가 법률로 의무화된 것이다. 1998년 2만6338건에 불과했던 정보공개 청구건수는 2018년 106만5549건으로 20년 사이 무려 40배나 증가했다. 처리건수에 대한 정보공개율도 2012년 이후 줄곧 95%를 넘기고 있으며 비공개율은 4~5%에 불과했다. 2018년에 비공개로 결정된 건수들 중 70% 이상은 개인의 사생활 비밀 침해 우려가 있는 정보, 법령상 비밀 또는 비공개 정보, 법인 등 영업상의 비밀 침해, 그리고 공정한 업무수행에 지장을 주는 정보에 해당했으며, 국방 등 국익 침해로 인한 공개거부는 2%에 불과했다. 전체 처리건수 중 5%에 해당하는 비공개율에 대해서도 시민들은 해당기관에 이의를 신청하거나 행정심판 또는 소송을 제기해 비공개가 합당했는가를 따져볼 수 있다. 이런 이의신청과 소송제기의 실제 사례를 살펴보면, 2018년 정보공개 신청자 본인이 스스로 취하하거나 자격요건을 갖추지 못해 각하된 것을 제외하면 이의신청의 경우 기각이 41%, 이의를 받아들인 인용이 37%

였고, 행정심판의 경우 기각 27%, 인용 9%, 그리고 행정소송의 경우 기각 25%, 인용 42%였다.

이제 시민들은 정보공개제도를 통해 그전까지는 알 수 없었던 공공기관장들의 판공비, 그동안 감추어졌던 국회의 특수활동비, 이전까지 기관장이나 단체장의 친인척들에게 특혜처럼 주어지곤 했던 각종 용역이나 공모사업의 내역을 속속들이 들여다볼 수 있게 되었다. 최근에는 정보공개를 통해 4대강사업 비리와 공공기관 채용비리에 대한 감사 결과가 널리 공유되기도 했다. 진실한 정보가 귀했던 과거로부터 가짜정보가 넘쳐나는 현재에 이르기까지 정보의 자유를 위한 싸움의 전제는 언제나 깨어 있는 시민이고, 이런 시민들이야말로 건강한 민주주의를 존립하게 하는 근거이다.

3장 알릴 의무:
공익과 내부고발

진실은 좀처럼 스스로 모습을 드러내지 않는다. 앞서 보았듯 진실은 그것을 찾고 알리기 위해 노력하는 사람들이 없다면 영원히 거짓 속에 감추어진 채 세상에 드러나지 않을 수도 있다. 미국의 유명한 록밴드 레이지 어게인스트 머신의 기타리스트 톰 모렐로 Tom Morello는 "내부고발자들의 또 다른 이름은 정의로운 영웅들이다. 브래들리 매닝에서 스노든까지, 그들은 우리 정부의 범죄를 외면하지 않은 양심적인 사람들"이라며 내부고발자를 지지한 바 있다. 진실을 감추는 거짓이 거대한 권력이며 더구나 그 권력이 자신이 몸담고 있는 조직이라면 진실을 말하는 것은 모렐로의 말처럼 영웅적인 용기를 필요로 하는 일일 것이다.

독일인으로서 독일의 2차 세계대전 준비를 폭로한 칼 폰 오시에츠키 Carl von Ossietzky, 스위스연합은행의 홀로코스트 유대인 재산 문서 파기를 폭로한 크리스토프 메일리 Michel Christoph Meili, 워터게이트 사건을 제보했던 전 FBI 부국장 마크 펠트 Mark Felt, 펜타곤 문서의 폭로자 대니얼 엘스버그 Daniel Ellsberg, 이스라엘의 비밀스러운 핵

무기 개발을 세상에 알린 이스라엘 핵기술자 모르데하이 바누누 Mordechai Vanunu, 담배회사의 니코틴 자료조작을 폭로한 제프리 비간트 Jeffrey Wigand, 미국 엔론사의 회계조작을 고발한 쉐론 왓킨스 Sherron Watkins, 미군의 이라크 민간인 학살을 폭로한 첼시 매닝 Chelsea Elizabeth Manning, 미국 중앙정보국과 국가안보국의 도감청 기록을 세상에 알린 에드워드 스노든 Edward Snowden, 세계 각국 정부와 기업 등의 기밀정보를 공개하는 위키리크스의 줄리언 어산지 Julian Assange 등은 사회·정치적으로 거대한 파장을 불러일으켰다. 이들은 세계적 사건들의 촉발자로서 역사에 이름을 남겼지만 공익과 진리를 위한 용기의 대가로 개인적으로는 적지 않은 피해를 감수해야 했다. 한국의 경우도 보안사의 불법적인 민간인 사찰을 폭로한 윤석양 이병, 감사원과 재벌의 결탁을 세상에 알린 이문옥 감사관, 삼성그룹의 비리를 폭로한 김용철 변호사, 군입찰 비리를 폭로한 김영수 소령, 황우석 줄기세포 논문조작을 알린 김선종 연구원 등 다양한 분야에서 내부고발과 내부고발자들이 있었다.

내부고발이란: 노출과 도덕적 판단 그리고 결단

이번 장에서는 거대한 권력에 맞서 두려움을 딛고 진실을 밝히는 내부고발에 대해 살펴본다. 내부고발이란 무엇인지, 역사적으로 어떤 내부고발자들이 있었는지, 내부고발이 반부패 역사에서 어떤 역할을 했는지를 탐구할 것이다.

미국의 저명한 환경운동가 랜프 네이더 Ralph Nader는 내부고발을 다음과 같이 정의했다.

> 내부고발이란 공익이 자신이 소속된 조직의 이익보다 우선한다고
> 믿고 그 조직이 관여하고 있는 부패, 불법, 사기 또는 유해한 활동
> 에 대해 호루라기를 부는 행위이다.

내부고발이 성립되기 위해서는 최소한 다음의 네 가지 전제조
건을 충족시켜야 한다. 먼저 어떤 조직이나 공동체의 내부정보를
공개하려는 개인이나 집단의 행위가 있어야 하며, 그 개인이나 집
단은 해당 조직 혹은 공동체의 내부자(insider)여야 하며, 그들이 공
개하려는 정보는 사소한 것이 아니라 조직이나 공동체의 중요한
정보여야 하며, 그 정보가 조직 혹은 공동체의 외부에 전달되고 공
개되어 공공의 기록이 되어야 한다. 즉, 내부고발은 외부자인 기
자들의 취재나 시민들의 정보 취합과 구별되는 행위로, 조직에 치
명적인 위협을 가할 수 있는 중대한 정보가 내부자의 결단의 의해
공개되는 것을 의미한다. 물론 모든 내부고발이 숭고한 도덕적 결
단에 의해 이루어지는 것은 아니다. 내부고발자들 가운데는 종종
처벌을 모면하려는 범죄 공모자나 가담자가 있고 다른 이익을 얻
기 위해 내부고발을 이용하는 경우도 있다. 하지만 그 어떤 경우라
도 내부고발은 복잡한 셈법을 요구하는 고도의 정치적 행위이다.

내부고발자를 영어에서는 '호루라기를 부는 사람'이라는 의미
로 휘슬 블로어Whistleblower라고 부르며, 중국어에서는 '경종을 울리
는 사람'이라는 의미로 츄이샤오롄吹哨人(취초인), 스페인어에서는

'경고하는 자'라는 의미로 알레르타도르^{Alertador}라고 부른다. 영어에서 호루라기를 부는 사람이 어떻게 내부고발자를 의미하게 되었는지는 불분명하다. 일각에서는 19세기 영국에서 경찰이 좀도둑이나 소매치기를 쫓을 때 시민들에게 위급함을 알리기 위해 호루라기를 불던 관행에서 비롯되었다고 하고, 다른 일각에서는 반칙을 범한 운동선수에게 호루라기를 불며 경고를 주었던 심판들의 관행에서 비롯되었다고 한다. 어쨌든 두 가지 이야기가 시사하는 바는 내부고발이 위급한 일이나 비상사태를 알리는 경종을 의미할 뿐만 아니라 규칙의 준수를 보장하기 위한 행동을 의미한다는 것이다.

내부고발을 좀 더 정확히 이해하기 위해서는 일단 내부고발의 공간적·도덕적·행위적 의미를 알아야 한다. 첫째, 내부고발은 공간적으로 보면 기자들의 취재나 시민들의 정보공개 청구처럼 외부에서 내부로 향한 것이 아니다. 밖에서 안으로 진입하는 공간운동의 가장 큰 장애물은 정보의 유출을 막는 높은 진입장벽, 즉 내부기밀이다. 내부고발은 안에서 바깥으로 향하는 공간운동이기 때문에 외부에 대한 차단막으로서의 기밀은 정보 접근에 아무런 장애가 되지 않는다. 내부고발자는 본인이 고발하고자 하는 조직에 속한 자이며, 따라서 조직 내의 다양한 인맥과 연결되어 있을 뿐 아니라 많은 경우 본인의 생계수단이 이 조직으로부터 나온다. 내부고발자의 밖으로 향하는 운동을 가로막는 공간적 장애물은 그와 조직 간의 높은 연계성과 고발자로서의 신분 노출이다. 주변의 상사나 부하직원 혹은 동료와의 관계에 의해 내부고발 행위

가 가로막히거나 신분이 노출된다면, 내부고발은 외부로 알려질
수 없게 된다.

둘째, 도덕적으로 내부고발은 네이더의 정의처럼 공익이 조직
의 이익보다 앞선다는 도덕적 관념, 알리려는 그 정보가 사소한 것
이 아니라 공익에 중대한 영향을 미친다는 판단이 있어야 한다. 첼
시 매닝은 이라크에서 미군 정보분석병으로 일하던 중 〈부수적 살
상Collateral Murder〉이라는 미군의 이라크 민간인 학살 동영상과 전쟁
일지 등의 군사기밀을 폭로한 죄로 2010년에 체포되어 35년형을
언도받았다(2017년에 사면으로 석방). 그가 폭로한 동영상에는 미군
들이 "뒈진 놈들(dead bastards)"이라고 외치며 아무런 죄책감 없이
이라크 어린아이들과 비무장 민간인들을 살상하는 장면이 나온
다. 그들은 심지어 서로의 살상 기술을 칭찬하기도 한다. 동영상
속 미군들에게서 "돋보기를 들이대고 개미를 괴롭히는 아이들"이
연상되었다는 매닝은 기밀을 폭로한 동기에 대해 다음과 같이 설
명했다.

> 나는 늘 진행되고 있는 일에 대해 의문을 제기했고 진실을 찾기 위
> 해 조사했다. 하지만 나는 내가 철저히 반대하는 어떤 일에 관여되
> 어 있으며 내가 그 일의 '일부'에 속해 있었다는 사실을 깨달았다.
> … 나는 이 자료들을 러시아나 중국에 팔 수도 있었지만 그러지 않
> 았다. 왜냐하면 이것은 공적인 자료이고 공적인 영역에 속하기 때
> 문이다. 정보는 자유로워야 한다. 이 자료가 공개된다면 이것은 공
> 공재(public good)가 되어야 한다. … 나는 스파이가 아니다. 스파이

는 세상이 모두 볼 수 있도록 자료를 공개하지 않는다.

매닝의 발언은 내부고발자 혹은 공익제보자가 금전적 대가를 추구하는 프락치나 스파이와 어떻게 다른가를 분명히 알려준다. 최후진술을 통해 매닝은 민간인 학살과 같은 군사기밀을 감추어 미군의 위신을 지키는 것보다 자료를 공개해 세상이 진실에 대해 토론하는 것, 그래서 미군을 개혁하는 것이 훨씬 커다란 이익이 될 것이라고 말했다. 그는 또한 자신이 세상에 내놓은 자료로 인해 "이라크와 아프가니스탄의 모든 주민까지 무력화 대상으로 삼아서는 안 되며, 그들은 비대칭적인 전쟁의 엄청난 압박 속에서 살아남기 위해 애쓰는 사람들이라는 것을 미국인들이 알기를 바란다"고 했다.

셋째, 행위의 측면에서 보면 내부고발은 기자들의 취재 열기에 따른 수집행위, 언론의 폭로행위, 시민들의 정보 획득을 위한 청구행위와는 다른 차원의 행위를 필요로 한다. 내부고발은 당사자에게 기존 관계의 단절과 새로운 관계를 위한 결단을 요구한다. 역사적으로 정치인과 부패한 조직들은 진실보다는 거짓과 비밀을 더 가까이했다. 국가의 안보, 정권의 안위, 조직의 이익 등 소위 숭고한 대의와 목적을 위해 진실은 흔히 희생을 강요당했으며, 수많은 거짓 속에서 진실이 생존할 가능성은 크지 않았다. 나치즘과 같은 악은 광신자들이 아닌 국가에 순응하며 묵묵히 그 악을 수행했던 평범한 독일인들에 의해 실현되었다며 '악의 평범성(Banality of evil)'을 주장한 정치학자 한나 아렌트Hannah Arendt는 1971년 펜타곤 문서 사건을 평가하면서 이 사건의 가장 심각한 문제는 "미국 행정부가 미국 시민과 의회를 속였을 뿐만 아니라 공공서비스, 군대, 공무원에 이르기까지 모든 차원에서 거짓말이 번성할 수 있도록 허용한 것"이라고 지적했다.

　내부고발의 커다란 장애물 중 하나인 신분 노출은 고발자가 자신이 고발하고자 하는 조직에 소속되어 있고, 거기에 생계를 의존하고 있으며, 그의 삶이 조직의 구성원들과 직접 관련되어 있기 때문에 불가피하게 발생하는 문제다. 본인이 속한 조직에 대한 고발은 조직과의 단절은 물론이고 본인의 삶 전반에 급격한 변화를 가져올 수밖에 없다. 더 나아가 집단따돌림과 보복의 위험을 감수하며 거대한 권력에 맞서야 하는 힘든 싸움이다. 실제로 많은 내부고발자들이 자신이 속했던 조직들로부터 배신자로 낙인 찍혀 이후의 삶에 적지 않은 곤란을 겪는다.

　플라톤은 유명한 동굴의 우화에서 동굴 밖에 햇빛, 즉 진리가 있다고 알리는 자는 동굴이라는 공동체의 그림자와 어둠 속에서 거짓의 환영 아래 안락한 삶을 사는 사람들에게 살해당할 수 있다고 경고했다. 진리를 찾는 데 그치지 않고 그 진리가 자신이 속한 공동체의 이익과 정면으로 대립함에도 그것을 말하고자 하는 자는 고난과 위협에 직면할 수밖에 없다는 의미이다. 따라서 내부고발자에게 가장 필요한 것은 노출로부터의 보호와 그의 결단을 촉진할 수 있게 하는 제도적 장치, 그리고 도덕적 판단을 지원하는 사회환경의 조성일 것이다.

내부고발자, 권력에 맞서 적군의 인권을 보호하다

현재 전 세계적으로 내부고발자를 보호하기 위해 독립적으로 공익제보자보호법을 제정한 나라는 약 30개국이다. 2000년까지 이 법을 제정한 나라는 미국, 이스라엘, 영국, 뉴질랜드와 남아프리카공화국 등 5개국에 불과했다. 2000년대 들어 공익제보자보호법을 제정한 나라가 부쩍 늘어난 것은 2003년 유엔반부패협약 채택과 무관하지 않다. 유엔반부패협약의 제32조는 각국이 범죄에 관해 증언하는 증인, 범죄와 관련된 각종 증거를 감정하는 전문가, 그리고 범죄 피해자를 국내법으로 보호해야 한다고 명시하고 있다. 또한 33조에서는 선의와 합리적 근거에 따라 공익을 해치는 범죄를 관할당국에 신고한 모든 이가 부당한 대우를 받지 않도록 국내법으로 보호해야 한다고도 규정했다. 한국은 2008년 유엔반부패협약에 서명했으며 3년 뒤인 2011년 공익신고자보호법을 제정했다.

미국상원은 2018년 만장일치로 7월 30일을 '전국 내부고발자 감사의 날'로 지정했다. 이 날짜는 갓 태어난 신생국 미국이 영국과 독립전쟁을 벌이던 18세기 후반에 일어났던 사건과 관련돼 있다. 미국은 1776년 영국으로부터의 독립을 선언했지만 선언과 상관없이 독립전쟁은 계속되었다. 독립선언문이 발표되고 몇 달 후인 1777년 초, 미국의 전함 워렌USS Warren호는 로드아일랜드주에 머물면서 영국의 해상침공에 대비해 해안을 경계 중이었다. 이 준엄한 전쟁의 와중에 장교후보생 새뮤얼 쇼Samuel Shaw와 준위 리처드 마벤Richard Marven을 포함한 10명의 수병과 해병들이 비밀리에 회합을 가졌다. 이는 영국의 침투를 대비하기 위한 것이 아니라 제독인 에섹 홉킨스Esek Hopkins에 대해 논의하기 위해서였다. 홉킨스는 붙잡힌 영국 포로들을 비인간적이고 야만적인 방식으로 고문하고 있었다. 포로들에 대한 홉킨스의 잔학한 행위를 용납할 수 없었던 이들은 결국 그를 의회에 고발한다. 당시 이들의 행동은 매우 위험한 일이었는데, 왜냐하면 일단 영국은 미국의 교전상대국이었고 따라서 영국 포로에 대한 고문은 미국인들에게는 충분히 용납될 수도 있는 문제였기 때문이다. 더구나 당시 홉킨스의 형은 로드 아일랜드 주지사이자 미국독립선언문의 서명자 중 한 명인 스테판 홉킨스였기에 해병들의 행동은 바위에 계란을 던지는 것과 마찬가지였다. 하지만 이런 위험에도 불구하고 이 근대 최초의 내부고발자들은 의회와 해양위원회에 다음과 같은 탄원을 제출한다.

존경하는 여러분, 이 탄원서를 제출하는 우리는 조국에 봉사하고자 하는 간절한 바람과 확실한 기대를 가지고 '워렌'호에 탑승했습니다. 우리는 여전히 미국의 안녕을 간절히 바라고 있으며 미국의 평화와 번영을 무엇보다도 진심으로 원하고 있습니다. 우리는 소중한 것을 위해 모든 위험을 무릅쓸 준비가 되어 있으며, 필요하다면 국가의 안녕을 위해 우리의 삶을 기꺼이 희생할 것입니다. 우리는 폭정과 억압의 부당하고 잔인한 요구에 맞서 헌법의 자유와 특권을 수호하기 위해 적극적으로 행동하고자 합니다. 하지만 이 구축함에서 벌어지고 있는 모든 상황을 고려할 때 우리는 현재 위치에서 제대로 복무할 수 있는 어떠한 전망도 찾을 수가 없습니다. 우리는 오랜 시간 동안 이같은 상황에 놓여 있었습니다. 우리는 사령관 홉킨스 제독의 실제 품성과 행동에 대해 개인적으로 잘 알고 있습니다. 이러한 사실을 호소할 다른 기회를 가지지 못한 우리로서는 진지하고 겸허하게 명예로운 해양위원회가 그의 품성과 행위에 대해 조사해주길 청원합니다. 그는 현재 맡고 있는 공적 부서에 아주 부적합한 품성의 소유자이며 부적합한 범죄를 저질러왔습니다. 우리는 그가 저질렀던 범죄들을 충분히 증명할 수 있습니다.

1777년 3월 26일 해양위원회는 선원들의 탄원에 대한 조사결과를 의회에 제출했다. 의회는 내부고발 병사들을 지지하며 에섹 홉킨스의 미 해군사령관 지위에 대한 정직 처분을 결정했다. 이듬해인 1778년 1월 의회는 홉킨스의 복무를 완전히 정지시키고 미 해군으로부터 축출했다. 이 사건에 대한 청문회 기간 동안 의회 출석을 거부한 홉킨스는 의회의 결정에 불만을 품고 자신을 고발한 병사들에게 복수하기로 결심한다. 그는 서명을 주도했던 마벤을 명예훼손으로 고소하고 이들을 군사법정에 세웠다. 군사법정은 홉킨스의 아들을 포함한 그의 추종자들로 채워져 있었다. 살벌한 분위기의 법정에서도 마벤은 결코 주눅 들지 않고 선처를 호소하지도 않았다. 그는 오직 자신의 의무를 다했을 뿐이라고 강조했다. 홉킨스는 마벤에게 그들 외에 또 누가 서명을 했으며 해양위원회와 의회에 어떤 정보를 제공했는지 추궁했다. 하지만 마벤은 "의회에 출석하거나 해양위원회의 위임에 의해 그 사건에 대해 진술할 기회를 갖기 전까지는 질문에 답하기를 거부"했다. 군사법정에서 마벤은 사령관에게 '최대의 모욕'을 가하고 의회와 해양위원회에 '부정의하고 잘못된 불평'을 제기한 죄로 유죄 선고를 받고 파면당한다. 그러나 마벤의 파면에도 분이 풀리지 않은 홉킨스는 나머지 내부고발자들의 신원을 알아내 모조리 고발했으며 그들에 대한 실형과 1만 파운드의 보상금을 요구했다.

이런 권력의 탄압과 무차별적인 보복과 관련해 쇼와 마벤은 1778년 7월 23일 의회에 다음과 같은 청원을 제출한다.

청원자들은 부유한 사람들이 아니며 전쟁이 개시된 이래 잔인한 적들에 맞서 대부분의 시간을 바쳤던 청년들입니다. 이 청년들은 이전부터 순전히 의무라고 믿었고 여전히 의무라고 믿고 있는 것을 실행에 옮겼다는 이유만으로 체포되었습니다. 이 청년들은 전쟁을 이용해 막대한 부를 축적한 간교하고 힘 있는 권력자 앞에서 자신을 방어할 수 있는 모든 관계로부터 단절된 이방인과 같은 상황에 처해 있습니다. 때문에 우리는 의회가 가장 위엄 있는 기구로서 지도와 명령의 지혜를 발휘할 수 있도록 의회의 개입을 겸허하게 간청하는 바입니다.

이 청원을 접수한 의회는 7월 30일에 만장일치로 다음과 같은 결정을 내린다.

미국에 거주하는 자뿐만 아니라 미국을 위해 복무하는 사람들은 자신들이 알게 된 공직자 혹은 정부를 위해 일하는 개인에 의해 저질러진 위법행위, 사기 또는 경범죄에 대한 정보를 의회나 다른 적절한 당국에 신속히 제공할 의무를 지고 있다. 쇼와 마벤에 대해 홉킨스가 제기한 소송과 관련해 … 의회는 쇼와 마벤을 변호하는 데 필요한 합리적인 비용을 미합중국이 부담할 것을 결정한다.

의회는 정부의 재정난에도 불구하고 내부고발자들이 명예훼손 혐의에 맞서 싸울 수 있도록 재정지원을 약속했다. 그리고 전시중임에도 홉킨스의 파면과 관련된 기록을 모두 공개할 것을 결정했다. 의회의 이런 지원 덕분에 쇼와 마벤은 법정투쟁에서 승리한다. 1779년 의회는 이들의 변호를 담당했던 변호사에게 1418달러를 지불했다. 그리고 마벤은 군사법정의 결정과 상관없이 그가 병사로 복무했던 기간에 해당하는 군인연금을 수령할 수 있게 되었다.

미국에서 '7월 30일'을 내부고발자를 기념하는 날로 지정한 것은 이 최초의 내부고발과 그에 대한 국가의 대응을 상징적으로 기리는 의미가 있다. 이 최초의 사례는 내부고발을 둘러싼 공익과 사익, 권력의 탄압과 보복, 내부고발자 보호와 같은 주요 문제점을 집약적으로 보여준다. 당시 내부고발자들은 전시라는 엄혹한 상황에서도 적군 포로에 대한 가혹한 고문은 미 헌법에 의해 결코 용납되어서는 안 된다는 신념을 가지고 있었다. 그들은 해군이라는 조직의 이익보다 헌법 가치의 수호, 인권 존중이라는 공익을 더 우선시했다. 하지만 해군사령관의 문제가 결코 해군 내에서 해결될 수 없으리라고 생각해 이를 해양위원회와 의회에 알린 것이다. 권

력을 등에 업은 부패한 권력자는 실제로 법정을 손아귀에 넣고 내
부고발자들에게 보복을 가했다. 하지만 전시라는 엄중한 상황 속
에서도 국가는 시민과 병사로서 자신의 의무를 다한 내부고발자
들에게 보호의 우산을 제공했다.

내부고발자 보호를 위한 길고 험한 여정

　근대 최초의 내부고발이 국가적 보호와 지원을 받았음에도 내
부고발자를 보호하기 위한 독립적인 법률은 그로부터 200여 년이
흐른 1989년에야 제정될 수 있었다. 내부고발자보호법은 어느 날
불쑥 등장한 것이 아니며 점진적 과정을 통해서 마련된 것이다.
　내부고발을 보호할 일련의 제도들은 미국에서 노동운동이 활
발히 발전하는 가운데 마련되고 정착되었다. 1929년 대공황 이
후 미국의 노동자들은 기업과 정부의 가혹한 탄압 속에서도 부단
히 노동운동을 발전시켰고 1930년대에 이르러서는 전국 곳곳에
서 성공적으로 파업을 조직했다. 노동운동이 활발해짐에 따라 노
동조합들은 기업과 정부의 탄압으로부터 노조활동가를 보호할 수
있는 노동 관련법 제정을 위해 노력했다. 그 결과 가혹한 노동조건
등 기존의 노동법에 위배되는 행위를 고발한 자에 대한 보복을 금
지하는 법이 제정되었다. 또한 1950년대 말 캘리포니아를 포함한
일부 주에서는 기업의 보복으로 해고된 노동자들을 구제하는 한
방안으로, 기업의 불법행위를 관계당국에 신고했다가 해고된 사
람을 공공기업이 재량에 따라 임의로 채용할 수 있게 한 공공정책

예외조항을 채택했다. 하지만 이 법안들은 노동자를 위한 것이었을 뿐 정부의 비리를 폭로하는 공직자들을 보호하는 법은 아니었다.

1968년 일리노이주 윌 카운티의 교사 마빈 피커링Marvin L. Pickering과 교육위원회Board of Education 간에 벌어졌던 재판은 연방공무원의 내부고발을 보호할 수 있는 근거를 마련하게 했다. 피커링은 교육위원회와 그 위원장 그리고 교사협회가 교육예산을 잘못 사용하고 있으며 그들이 교육의 질을 개선하기 위해 교육세를 높여야 한다고 홍보한 것은 잘못된 정보라는 사실을 지역 신문사에 투서했다. 피커링의 투서에 분노한 교육위원회는 "학교의 효율적 운영과 행정에 해악을 끼쳤다"는 이유로 그를 해고했다. 피커링은 자신의 투서는 표현의 자유를 보장하는 미국수정헌법 1조에 의한 것이기 때문에 해고는 부당한 처사라며 소송을 제기했지만 윌 카운티와 일리노이주 법정에서 연이어 패소했다. 하지만 대법원은 "상고인의 진술이 거짓이거나 무모하다는 것을 증명할 근거가 없다면 그를 공직으로부터 해임한 교육위원회의 결정은 정당화될 수 없"으며 또한 그의 행위가 표현의 자유를 보호하는 미국수정헌법 1조에 해당한다면서 최종적으로 피커링의 손을 들어주었다.

1970년대 들어 미국은 산업안전보건법Occupational Safety and Health Act과 환경 관련법 등 공공의 안전에 관한 법들에 내부고발자에 대한 보복금지 조항을 추가했다. 그리고 1978년 공무원제도개혁법에서 별도의 내부고발 보호조항을 신설해 내부고발 공직자에 대한 보호 규정을 구체화했다. 이 법에 의하면 공직자는 내부고발로 인해 부당한 보복을 당한 후 이를 바로잡고자 소송했음에도 주 또는 하급 연방법원에서 패소했을 경우, 연방정부의 실적제보위원회 Merit Systems Protection Board에 항소를 신청할 수 있다.

내부고발자를 보호하는 제도의 시작과 확산은 이렇게 더뎠던 반면, 내부고발을 촉진하는 제도는 이미 19세기 중반에 법으로 제정되었다. 링컨 대통령이 서명했다고 해서 '링컨법'이라 불리는 부정주장법 The Federal False Claims Act이 바로 그것으로, 1863년 내부고발을 장려하고 고발자들에게 보상을 해주기 위해 제정되었다. 이 법은 남북전쟁이 진행중이던 당시 군수물자의 조달과 관련한 사기와 허위청구, 정부자원의 낭비와 같은 비리행위를 금지시키고 이를 신고하는 자에게 보상금을 제공하기 위한 퀴탐규정 Qui Tam action을 포함했다. 퀴탐은 라틴어에서 온 말로 '국왕과 자기 자신을 위해 소송을 거는 사람'을 의미한다. 즉, 내부고발자가 정부 대신 부정청구에 대해 소송을 걸고 환수금의 일부를 보상금으로 받을 수 있게 했다. 하지만 미국은 이후 2차 세계대전을 치르면서 군수물자 확보를 위해 내부고발자의 소송범위를 제약해 실질적으로 이 법을 무력화시켰다.

1968년 미공군 경영체제부의 부책임자였던 피츠제랄드 Ernest Fitzgerald가 의회 청문회에서 록히드 항공사와 관련한 증언을 하고 파면된 사례는 이때까지도 내부고발자를 보호하는 장치가 제대로 마련되지 않았다는 사실을 보여준다. 피츠제랄드는 록히드의 항공기 프로그램이 막대한 정부예산을 낭비했으며 항공기에는 기술적인 결합이 있다고 증언했는데, 닉슨은 이 고발 사실을 접하고는 "저 개자식을 제거해"라고 말할 정도로 적개심을 감추지 않았다고 한다. 미국의회는 이후 1986년이 되어서야 부정주장법을 개정해 내부고발자를 보호할 수 있는 장치를 마련한다. 이 개정법에 따라 내부고발자는 이제 내부고발에 대한 보복으로 발생한 소송비용은 물론이거니와 내부고발로 인해 받은 고통과 해직에 대한 손해배상을 받을 수 있게 되었다. 또한 내부고발자가 제보한 비리의 실체가 입증될 경우 그 비리와 관련해 회수된 비용의 최대 30%까지 보상받을 수 있었다.

　　이런 과정을 거쳐 마침내 1989년, 세계 최초의 독립적인 내부고발자보호법Whistleblower Protection Act이 제정된다. 이 법은 정부를 위해 일하는 이들이 법과 규칙을 위반하거나 경영상의 문제를 야기하거나 공적자금을 탕진하거나 권한을 남용하거나 공중보건과 안전에 중대하고 구체적인 위험을 야기한 경우, 그 행위를 당국에 신고한 내부고발자를 보호하도록 규정했다. 세부 조항을 보면 기존의 미연방특별조사국Office of Special Counsel을 행정부 산하의 독립적인 수사기관으로 강화하고 여기서 직접 내부고발자의 신고를 받아 사건을 처리하도록 했다. 특별조사국은 내부고발자에 대한 보복과 같은 '금지된 관행'을 수사하고 시정조치를 권고할 수 있으며, 필요한 경우 실적제보위원회에 내부고발자 보호를 요청할 수 있었다. 또한 이 법은 내부고발자가 필요하다고 느낄 경우 특별조사국을 거치지 않고 곧바로 실적제보위원회에 내부고발을 할 수 있도록 규정했다. 무엇보다 중요한 것은 이전까지는 내부고발자가 불이익을 당할 경우 그 주된 원인이 내부고발에 있음을 스스로 증명해야 했으나, 이제 내부고발이 불이익을 당하게 된 한 요인임을 밝히기만 하면 되었다. 즉, 내부고발자는 내부고발과 자신이 받은 불이익의 필연적인 인과관계를 증명하는 대신 상관성만 제시하면 내부고발 프로그램의 보호를 받을 수 있었다.

시민불복종과 내부고발

1960년대 중반까지 미국사회에서 내부고발에 대한 사회적 시선은 매우 부정적이었다. 그런 인식이 변화하기 시작한 것은 민권운동과 반전운동이 전국적으로 확산된 1960년대 말부터다. 이 두 가지 운동에 영향을 끼친 헨리 소로와 톨스토이, 간디의 시민불복종 및 비폭력 평화운동은 '부당한 제도와 부정한 행태에 대한 불복종'으로서 내부고발의 이해를 도왔으며, 불복종과 고발로 인해 보복과 처벌을 감수해야 했던 내부고발자에 대한 사회적 관용을 촉진했다.

내부고발자에 대한 미국인의 시각을 배신자에서 영웅으로 바꿔놓은 결정적인 사건은 '베트남 미라이My Lai 학살사건'에 대한 고발이었다. 1968년 미군은 남베트남의 미라이와 인근 마을에서 남베트남민족해방전선의 공격에 대한 보복으로 임산부를 포함한 여성 183명, 유아를 포함한 어린이 173명 등 모두 500여 명의 민간인을 살상했다. 당시 헬리콥터 조종사였던 휴 톰슨 주니어Hugh Thompson, Jr. 준위는 이 학살을 헬기에서 똑똑히 목격했다.

우리는 많은 시신이 누워 있는 구덩이를 발견했고 그 안에서 움직

임도 목격했다. … 나는 착륙해서 그 주변에 있던 병사에게 부상자들이 나올 수 있도록 도와줄 것을 요청했다. 그러자 그는 저들을 이 비참함에서 꺼내 줄 수 있다며 농담을 건넸다. 내가 다시 헬기로 돌아와 이륙한 지 얼마 안 되었을 때 우리 헬기의 병사가 아래를 보더니 "세상에, 저 자가 구덩이를 향해 사격을 하고 있어."라고 외쳤다.

톰슨은 헬기를 몰고 다시 민간인들이 있는 곳으로 가서 작전을 수행중인 부대에게 재차 민간인 구조를 요청했지만 그들이 "우리가 수류탄으로 쟤네들을 꺼내줄게."라고 장난스럽게 대답하자 그들을 제지시키고 생존 민간인들을 병원으로 호송할 수 있도록 구조기를 요청했다. 그리고 여전히 살상을 자행하고 있던 미군중대를 향해 민간인들을 계속 공격하면 자신이 발포하는 대상은 베트남 민간인이 아닌 미군이 될 것이라고 경고했다. 톰슨은 베트남 생존자들을 안전한 곳으로 이동시킨 후 상부에 학살중지 명령을 내려달라고 요청했다. 그의 요청에 따라 미라이 마을에 파견되었던 부대에 민간인 살상 금지명령이 내려졌다.

미라이 학살의 진상은 1년 뒤인 1969년 당시 베트남에 파견되었던 미군 로널드 리데나워Ronald Ridenhour에 의해 세상에 알려진다. 그는 당시 미라이 학살 현장에 있었던 미군들과 함께 근무했는데 "도덕적으로 상처 입었지만 아직 죽지 못한" 동료로부터 전해들은 학살 현장의 이야기를 꼼꼼히 정리해 30여 명의 의원들과 국방부에 제보했다.

대부분의 인간들과 마찬가지로 정부기관들 또한 부패와 잘못된 행동의 폭로에는 비슷한 반사적인 반응을 보인다. 설혹 그들이 투명하기 위해 노력했다 해도 그들의 첫 번째 반응은 거짓말을 하고 숨기고 은폐하는 것이다. 또한 인간처럼 한 기관이 특정한 사건을 은폐하기 위해 특정한 거짓말을 하기 시작하면 그 기관은 영원히 자신의 결백을 주장할 것이다.

리데나워의 말처럼 미국의 베트남전 참전을 지지했던 세력들은 일제히 내부고발자를 비난하고 나섰다. 실례로 미라이 학살의 진상을 조사하기 위한 의회 진상조사위원회의 비밀청문회에서 위원장은 증인으로 출석한 톰슨 주니어 준위를 향해 미라이 사건과 관련해 유일하게 처벌받아야 할 군인은 학살을 자행한 미군들이 아니라 그 미군을 향해 총을 겨누었던 톰슨이라며 그를 비난하고 군사법정에 세우려 했다. 하지만 미라이 학살이 국제적으로까지 널리 알려지게 되면서 미군의 베트남전 참전에 대한 지지 목소리는 급격히 수그러들었다.

환경운동가 랠프 네이더는 1972년 《호루라기를 불다Whistle Blowing》라는 책을 출판해 내부고발이라는 용어의 대중화에 크게 기여했다. 이 책은 록히드사의 군수송기 C-5A의 개발과정에서 과도한 예산 낭비를 폭로한 피츠제랄드와 미라이 학살을 고발한 리데나워를 포함해 인공감미료에 발암물질이 함유된 것을 공개한 식품안전청 과학자, 국방정보국의 민간인 감시를 폭로한 정보장교, 의사에게 특정 약품을 과대 처방하도록 유도한 제약회사의 관행을 폭로한 연구소장, 원자력발전소의 방사능 노출 위험을 고발한 원자력에너지위원회 사원 등 내부고발의 중요한 사례들을 망라해 소개하고 있다. 네이더는 이 책을 통해 내부고발이 공익과 직업윤리의 측면에서 사회적으로 큰 기여를 했다는 점을 강조하면서 내부고발자 보호를 위한 구체적인 방법도 제시했다. 여기에 제시된 방법들은 나중에 실제로 내부고발자를 보호하는 입법조치에 반영되었다.

내부고발자에 대한 대중의 시각을 변화시키는 데 또 한 번 결정적인 역할을 한 것은 워터게이트 사건이다. 워터게이트 사건은 펜타곤 문서 사건으로부터 약 일 년 후에 발생했다. 펜타곤 문서 사건은 미라이 학살 사건 이후 미국 내에 확산되고 있던 반전 여론에 큰 힘을 실어주고 있었다. 펜타곤 문서를 폭로한 대니얼 엘스버그는 미국정부에 의해 스파이법과 절도 및 반역죄 등 최대 115년형의 선고가 예상되는 범죄 혐의로 기소되어 1973년 1월 법정에 섰다. 그는 배심원들 앞에서 자신을 변호할 기회마저 재판장으로부터 박탈당했지만 뒤이어 워터게이트 사건이 발생하면서 그에 대한 모든 소송도 취하되었다. 닉슨정부의 FBI가 법원의 허가 없이 엘스버그를 도청했던 사실이 드러난 데다 정부의 비밀정보 유출을 막는다는 의미로 '백악관의 배관공'이라 불리는 비밀조직이 그의 정신과 의사 사무실에까지 침입해 자료를 빼돌리려 한 사실이 워터게이트 사건 조사과정에서 드러났기 때문이다. 펜타곤 문서 사건은 국민들의 눈과 귀를 거짓으로 가리려 했던 정부의 비리를 만천하에 드러냈을 뿐 아니라 진실에 대한 용기 있는 내부고발이 세상으로부터 인정받을 수 있는 중요한 발판을 마련했다. 이 사건으로 궁지에 몰린 닉슨정부는 워터게이트라는 미국 역사상 최대의 정치부패 사건을 맞아 결정적 타격을 입는다.

 워터게이트 사건은 1972년 6월 17일 민주당사가 있던 워싱턴 D.C. 워터게이트빌딩에 다섯 명의 괴한이 도청기를 설치하기 위해 침입했다가 체포되면서 시작되었다. 당시 대통령인 닉슨이 이 도청에 관여했고 CIA와 정부부처를 동원해 사건을 무마하려 했다. 이들은 범죄의 결정적 증거인 녹음테이프 기록을 변조하고 공공연히 특별검사를 해임함으로써 재판에 관여하는 등 온갖 권력을 동원해 자신들의 비리와 부패를 덮으려 했다. 닉슨은 결국 의회의 탄핵에 직면해 1974년 8월 9일 대통령 직에서 사임한다.

 이 사건의 실체는 〈워싱턴포스트〉 밥 우드워드Bob Woodward와 칼 번스타인Carl Bernstein 기자의 취재로 세상에 알려졌다. 이들은 2005년까지 비밀에 덮여 있던 일명 '딥 스로트deep throat'라는 내부고발자의 용기 있는 제보를 받아 닉슨 행정부가 어떻게 워터게이트 사건에 깊숙이 개입되어 있는지를 자세히 보도할 수 있었다. 우드워드와 번스타인은 가장 깊숙한 곳의 정보를 제공한다는 의미에서 그들의 정보자를 당시 유행했던 성인영화 제목(딥 스로트)으로 불렀다. 당시 FBI 부국장을 역임했던 마크 펠트는 훗날 자신이 딥 스로트였음을 세상에 고백했다. 우드워드에 따르면 펠트는 닉슨이 FBI 조직의 독립성과 체계를 훼손했을 뿐 아니라 CIA를 통해 FBI의 워터게이트 사건 조사를 방해한 것에 불만을 품었고, 최고권력자인 대통령이 부패에 깊이 관여된 것에 큰 회의를 느꼈다고 한다. 워터게이트 침입 사건과 백악관은 절대로 아무런 관계가 없다는 닉슨의 강력한 부인으로 인해 사건 발생 당시에는 세간의 주목을 끌지 못했던 이 사건은 이듬해인 1973년, 내부고발자 펠트의 제보를 바탕으로 한 〈워싱턴포스트〉의 대대적인 보도로 대중의 이목을 집중시킨 가운데 미국 역사상 최대의 정치부패 사건으로 세상에 몸통을 드러냈다.

시민4, 두려움 없이 진실을 말하다

고대 그리스에서는 두려움 없이 진실을 이야기하는 행위를 '파레시아parresia'라고 했으며 그런 행위를 하는 사람을 파레시아스트라고 불렀다. 파레시아란 '모든 것pan'과 '말하다rhema'라는 단어의 합성어로 다수의 의견에 반하더라도 진실을 두려움 없이 말한다는 의미를 갖고 있다. 프랑스 철학자 푸코에 따르면 파레시아는 고대 아테네의 민주주의와 로마 공화정에서 정치적, 도덕적으로 중요한 미덕이었다. 파레시아스트들은 항상 그들이 문제를 제기한 대상보다 약자이고 낮은 계층이었다. 즉, 그들의 비판은 강자와 높은 계층을 향했으며 그들이 말하는 진실은 흔히 그들이 속한 공동체에 해가 되거나 높은 계층의 분노를 불러일으켰다. 때문에 그들은 빈번히 생사의 경계에서 위험한 진실게임을 해야만 했다. 파레시아는 장황하고 복잡한 설복 대신 담백하고 솔직한 담화 방식을 기본으로 삼았으며 거짓, 침묵, 이기심 대신 진실과 위험을 무릅쓴 비판과 도덕적 의무 수호를 추구했다.

푸코에 따르면 파레시아의 조건으로는 첫째, 파레시아스트의 진정성과 신념이 뒷받침되어야 한다. 친구와 지인들이 분노할 줄 알면서도 그들의 문제점을 지적하는 자, 다수의 의견에 반대하며 진실을 이야기하는 자, 참주의 독재가 민주주의와 양립할 수 없다며 목숨을 걸고 비판하는 자들은 모두 파레시아를 행하는 파레시아스트들이며, 이들의 공통점은 그저 사실을 이야기하는 자와 달리 위험을 무릅쓰고 자신의 신념에 기초해 진실을 밝힌다는 것이다. 파레시아는 권력을 가진 자에 대한 아첨(flattery)과 다수를 현혹하는 수사(rhetoric)가 아니며 오로지 용기에서 비롯되는 행위이다. 어둠에 안주하는 동굴 거주자들에게 햇빛을 이야기하는 자, 아테네의 악법에 저항했던 소크라테스가 바로 파레시아스트였다.

둘째로, 파레시아스트들이 파레시아를 행하는 이유는 그의 비판이 제 잘못을 인식하지 못하는 동료, 통치자 그리고 그가 속한 공동체에 종국적으로 도움이 될 수 있다는 믿음을 바탕으로 한 의무감에서다. 이 의무감은 파레시아의 공익성에서 나온다. 푸코는 아테네 민주주의에 대해 말하면서 시민들이 발언의 평등과 자유를 의미하는 이세고리아isegoria와 법 앞의 평등을 의미하는 이소노미아isonomia 그리고 두려움 없이 진실을 이야기하는 파레시아의 세 가지 권리를 향유했던 정치체제라고 정의했다.

셋째로, 파레시아는 일상적 시간인 크로노스chronos(신화에서 시간의 신을 의미하기도 한다)와 구별되는 결정적 시간 카이로스Kairos와 연관된 행동이다. 카이로스는 단순히 타이밍이 아니며 화살이 과녁을 꿰뚫을 수 있는 힘으로 발사되는 순간, 직조기에서 북실이 날실 사이를 오가며 씨실을 넣어 직물이 만들어지는 순간을 의미한다. 즉, 파레시아는 진실이라는 이상과 그 이상의 실천 사이를 매개하는 환경으로써 카이로스와 만날 때 그 힘을 발휘할 수 있다. 진실은 한 개인이 사실을 진술하는 것만으로는 실현될 수 없다. 대중이 진실을 받아들일 준비가 된 순간과 진실이 발휘되는 순간이 일치할 때 비로소 실현된다.

내부고발의 조건은 바로 푸코가 말한 파레시아의 세 가지 조건에 그대로 부합한다. 내부고발의 공익성, 내부고발자의 진정성, 그리고 내부고발에 대한 사회의 수용능력이 맞물릴 때 강력한 힘을 발휘하게 된다. 미국 정보당국의 무차별적이고 불법적인 정보감시체계를 고발한 에드워드 스노든의 경우만큼 이 세 가지 조건의 합을 잘 보여주는 사례는 없을 것이다.

2007년 7월, 무장한 연방수사국 수사관들이 국가안보국에서 일했던 직원 세 명의 집에 급습해 컴퓨터와 파일들을 압수했다. 그들은 2002년 국가안보국이 개발중이던 트레일블레이저Trailblazer라는 감청 프로그램이 엄청난 국가예산을 낭비할 뿐 아니라 불법적인 도감청에 사용될 위험이 있다는 사실을 국방부 감사국에 제보한 이들이었다. 이 제보로 트레일블레이저는 국가안보국, 국방성 감찰감실의 조사와 국회청문회를 거친 끝에 결국 용도폐기되었다. 하지만 내부고발자였던 세 명은 연방법 위반으로 기소되었고, 국가안보국은 테러방지를 명목으로 대규모의 국내외 감시체계를 발동했다. 이 사건이 있고 얼마 후, 중앙정보국CIA과 국가안보국NSA에서 일했던 컴퓨터 기술자인 에드워드 스노든은 국가안보국의 국가보안 전자감시체계인 프리즘 프로젝트(PRISM)에 대해 폭로하기로 마음먹는다. 하지만 그는 정부 안에서 정부를 비판했다가 기소된 세 시민의 실패를 답습하지 않기 위해 그들과 달리 정부 밖에서 정부를 비판하기 위한 계획을 세운다.

스노든은 미국정부의 점령 하에 있던 이라크인들의 삶을 다룬 영화를 찍었다는 이유로 감시를 받고 있던 다큐멘터리 영화감독 로라 포이트라스Laura Poitras와 그에 대해 우호적인 기사를 쓴 영국 〈가디언〉의 글렌 그린왈드Glenn Greenwald에게 2012년 말부터 이메일로 접촉을 시도한다. 스노든은 먼저 그린왈드에게 각각 킨키나투스Cincinnatus와 베락스verax라는 아이디로 미국정부의 개인정보 감시와 관련해 중요한 정보를 제공하겠다는 메일을 보냈다. 베락스는 '진실을 말하다'라는 의미의 라틴어다. 그리고 킨키나투스◉는 고대 로마 정치인의 이름에서 따온 것으로, 원래 농부였던 킨키나투스는 기원전 5세기경 로마가 외부의 침략으로 위태로울 시기에 독재관◉으로 임명되어 로마를 구한 후 모든 권력을 포기하고 다시 농부로 돌아간 사람이었다. 두 아이디에는 공공의 이익을 위해 진실을 이야기하겠다는 스노든의 의도가 담겨 있었다.

◉━━━━━━━━━

킨키나투스: 루키우스 퀸티우스 킨키나투스(Lucius Quinctius Cincinnatus). 미국 오하이오주 신시내티시의 명칭도 그의 이름에서 유래했다.

독재관: dictator. 평상시에 로마의 최고 정무관직은 매년 집정관으로 선출된 2명이 담당했다. 하지만 전쟁과 전염병, 정치적 혼란 등으로 인한 국가 비상사태 시 원로원은 효과적인 대처를 위해 집정관 대신 1명의 독재관을 선출해 권한을 집중시켰다. dictator는 원래 '받아쓰게 하다, 지시하다'는 뜻의 dictare(영어의 dictate)에서 온 말로 '명령을 주는 자'라는 의미다. 현대에 사용되는 독재자(dictator)의 어원이 되었다. 로마의 독재관은 무제한 권력을 행사할 수 있지만 임기는 보통 6개월로 제한되었다. 기원전 44년 카이사르는 임기제한이 없는 종신독재관에 취임했으며 그가 황제가 되는 것을 두려워했던 공화파에 의해 암살되었다.

그린왈드가 보안 프로그램을 설치하는 데 어려움을 겪자 스노든은 2013년 1월 포이트라스에게 메일을 보낸다. 스노든은 그들에게 이메일 통신을 보호하기 위한 별도의 프라이버시 보호 프로그램 설치를 요구했고 그 프로그램을 설치한 경우에만 정보를 제공하겠다고 밝혔다. 그들이 프로그램을 설치하고 나자 그는 미국 정부가 프리즘이라는 정보감시 프로그램을 통해 어떻게 시민들을 감시하고 있는지, 기업들이 그 프로그램에 어떻게 협력했는지를 보여주는 파일을 전송했다.

스노든에 대한 기록영화 〈시티즌포 citizenfour〉는 끝이 보이지 않는 긴 암흑 속의 홍콩 터널을 배경으로 이 영화를 감독한 포이트라스가 스노든으로부터 받은 첫 번째 이메일을 읽으면서 시작된다.

로라,

이 단계에서는 이 말씀밖엔 못 드리겠군요. 저는 정보계통의 고위 공무원입니다. 당신에게 연락하는 데 상당한 위험이 있다는 것을 이해해주길 바라고, 더 많은 내용을 공유하기에 앞서 다음과 같은 주의사항들을 이행해줄 의향이 있으시길 바랍니다. 시간낭비는 아닐 겁니다.

복잡하게 들리겠지만 기술자에게는 단 몇 분이면 끝나는 일입니다. 당신을 감시하는 사람들이 우리가 교환한 키를 가로채서 교체하지 않았다는 것을 이메일 외의 수단으로 확인하고 싶습니다. 당신의 개인키를 아무도 복사한 적이 없고 강화된 비밀문구를 사용하신다는 것을 확인해주세요. 상대는 초당 조 단위의 연산을 한다고 가정하셔야 합니다. 당신의 개인키를 저장하고 비밀문구를 입력하는 장치가 해킹을 당했다면 우리의 통신을 해독하기는 쉬워집니다.

이런 단계들이 완벽한 것은 아니라는 점과 숨 쉴 정도의 틈을 가질 의도라는 점을 알아주셨으면 합니다. 당신이 결국에 원자료를 출판하면 저는 아마 즉시 연루될 것입니다. 그렇다고 해서 제가 제공할 정보를 공개하길 단념하시면 안 됩니다.

수고하시고 조심하세요.

시민4(citizenfour)로부터

스노든이 이후 포트라이스에게 보낸 암호 메일의 내용은 다음과 같다.

당신이 건너는 모든 국경, 당신의 모든 구매행위, 당신의 모든 전화통화, 당신이 지나는 모든 송신탑, 당신이 사귀는 친구, 당신이 쓰는 글, 당신이 방문하는 곳, 당신이 입력하는 문장의 주제, 당신이 가는 길, 이 모든 것이 이제 감시범위는 무한하지만 그에 대한 안전장치는 없는 시스템의 손아귀 안에 놓여 있습니다. … 우리는 인류 역사상 가장 거대한 억압의 무기를 만들고 있습니다. 그러나 이 작전의 지휘자들은 책임성으로부터 완전히 벗어나 있습니다. … 나의 안전에 대한 우려에 감사드립니다. 하지만 나는 이 일이 나에게 어떤 종말을 안겨줄지 이미 잘 알고 있으며 그 위험을 감수할 것입니다. 만약 나에게 행운이 있고 당신이 주의를 기울여 주신다면 당신은 당신이 필요로 하는 모든 것을 얻게 될 것입니다. 내가 당신에게 원하는 것은 오로지 당신이 이 정보를 미국의 대중들에게 전달하겠다는 것을 보장해주는 것입니다.

그린왈드는 2013년 6월 6일자 〈가디언〉에 미국 국가안보국이 통신사들을 통해 무작위로 개인통화 기록을 수집하고 있으며, 2001년 9.11 테러 이후 횡행하던 부시 행정부의 이런 행태는 오바마 정부 이후 엄청난 규모로 성장했다고 폭로했다. 이 폭로에 따르면 국가안보국은 구글, 야후, 애플, 마이크로소프트, 스카이프, 페이스북과 같은 거대한 정보통신 관련 기업의 협조 아래 매월 30억 건의 국내 통신정보 그리고 약 1000억 건에 달하는 인터넷 사용내역과 통화내용을 감시, 감청하는 것으로 드러났다. 더구나 이런 정보수집 대상이 테러리스트나 마약 유통업자와 같은 특정 범죄 혐의자에게만 국한된 것이 아니었다. 이들은 법원으로부터 영장을 발부받지도 않은 채 무작위로 정보를 수집했으며, 심지어는 외국 정상들 간의 통화내용도 감청했다. 하지만 미국정부는 도감청이나 정보수집은 법원의 영장을 받아 진행했고 특정 대상자들에 국한됐을 뿐 결코 무차별적으로 진행하지는 않았다며 스노든과 언론의 주장에 반박했다. 또한 미국정부는 이런 정보수집 덕택에 수십 건의 테러 음모를 사전에 예방할 수 있었다며 정보통신 감시 시스템의 유용성을 강조했지만 미국정부가 제시한 사례들 가운데 많은 경우는 이 시스템이 아닌 다른 경로로 테러를 예방했다는 것이 밝혀졌다. 언론이 언급한 관련 정보통신 기업들도 혐의를 부인하기는 했지만 어차피 해외정보감시법에 따르면 기업들은 정부로부터 정보제공 요청을 받았다는 사실과 그 내용이 무엇인지에 대해 밝힐 수 없었다. 또한 구글은 법원으로부터 연방수사국이 영장 없이 사용자의 데이터를 요구할 경우 그에 따라야 한다는 판결을 이미 받았다는 사실이 밝혀졌다. 그러니 미국정부의 협력을 거부했다는 기업들의 주장은 충분히 신뢰하기 어려웠다. 행정부와 기업뿐만 아니라 의회와 사법부 역시 시민들의 비판을 피해가지 못했다. 의회는 정보당국이 불법행위를 용이하게 하는 법을 제정해주었고, 법원은 정보기관의 필요에 따라 기계적으로 영장을 발부했기 때문이다.

스노든은 이 폭로 이후 미국정부에 의해 배신자로 낙인 찍혔다. 미국의 주류언론들은 여전히 그를 내부고발자로 부르길 거부하며 아직까지도 폭로자(leaker)라고 명명하고 있다. 내부고발에 대한 정부와 관련기관들의 대응은 대부분 내부고발자에 대한 흠집내기로부터 시작된다. 내부고발자가 정보를 획득하고 유출하게 된 경로의 불법성을 부각시켜 공익정보에 대한 대중의 관심과 시선을 다른 곳으로 유도하는 것이다. 한국에서 박근혜정부 시절에 대통령을 측근에서 움직이던 최순실과 문고리 3인방에 대한 청와대 감사문건이 언론에 처음 공개되었을 때 그 내용보다는 정보유출의 불법성을 내세워 유출자 색출에 정부기관과 언론이 동원되었던 것도 이런 사례 중 하나다. 나아가 정부관련 기관들은 사람들의 시선을 내부고발자의 인성, 근무태도, 동료와의 관계, 조직에 대한 평소 행실과 같은 개인적인 문제로 돌리려 한다. 그리하여 내부고발자들이 최초에 목표했던 공익은 사라지고 사고뭉치의 배신과 불법행위라는 결과만 남겨 타격을 최소화하려는 것이다.

진실을 말하는 일은 이처럼 많은 경우에 위험과 고립을 감수하게 한다. 영화 〈시티즌포〉에서 스노든을 인터뷰하는 기자들은 언제 대중에게 정체를 공개할 계획이냐고 묻는다. 스노든은 그들에게 어떤 경우에도 자기 개인보다는 자신이 폭로하는 내용의 공익성에 집중해 달라고 요청한다. 스노든에 대한 수사가 본격화되면서 미국정부가 그를 스파이로 몰아가자 스노든은 스스로 정체를 공개하며 자신이 폭로한 정보는 미국인은 물론이거니와 전 세계가 알아야 하는 정보라고 주장했다. 그는 또한 이를 통해 시민들이 권력과의 관계 속에서 '힘의 균형(balance of power)'을 맞출 수 있게 될 것이라고 주장했다. 앞서 카이로스를 천이 직조되는 순간의 타이밍에 비교한 것처럼, 그는 스스로가 직조기의 북실이 되어 시민이라는 무수한 날실들과 만날 때 비로소 진실을 드러낼 수 있다고 보았던 것 같다.

부정직하고 부패한 권력이 있는 한 시민4는 언제 어디서든 다시 나타날 수 있다. 스노든의 말처럼 부패한 자들이 "나를 짓밟을 수 있겠지만" 인터넷에서의 히드라효과와 같이 "나를 대신할 7명이 더 있을 것"이기 때문이다.

시민과
반부패

5부는 시민들의 직접적인 반부패 활동에 대한 이야기다. 지금까지 반부패에 대한 대부분의 책은 공공부문, 즉 정부의 반부패 활동을 중심으로 서술되어 있었다. 반부패가 세계적으로 이슈화되는 가운데 반부패 활동의 가장 큰 원동력인 시민의 역할을 간과하고 넘어갈 수 없다. 이 부에서는 세계적인 반부패 비정부단체인 국제투명성기구와 한국의 촛불혁명 이야기를 통해 현대에 와서 더욱 복잡해진 반부패 문제를 다룰 것이다.

먼저 첫 장에서는 국제투명성기구의 형성과 발전과정을 살펴보며 부패가 어떻게 세계적 이슈로 떠올랐는지, 반부패를 위해 세계가 어떤 노력을 해왔는지를 고찰한다. '위임된 권력의 사적 남용'이라는 오늘날 가장 널리 통용되는 부패 개념은 국제투명성기구에 의해 정의되고 보급되었다. 즉, 국제투명성기구의 역사는 반부패 역사와 떼래야 뗄 수 없는 관계에 있다. 이 장에서는 반부패의 세계화 물결 속에서 지금의 부패 개념이 갖는 한계에 대해서도 살필 것이다.

이 책의 마지막 장은 2016~17년 한국에서 벌어진 촛불혁명과 코로나19 방역을 주제로 다룬다. 이 장의 목적은 단지 촛불혁명의 과정을 고찰하는 데 있는 것이 아니라 오늘날 널리 통용되는 부패 개념의 허점이 박근혜정부에서 어떻게 드러났는지, 촛불혁명이 어떻게 그 한계를 극복했는지, 그리고 코로나19 대역병 속에서 반부패가 어떻게 실현되었는지를 분석하는 것이다. 우선 근대적 부패 개념에 입각한 반부패 활동으로써 '예방, 처벌, 교육'이 국가권력의 사유화 및 폭력이라는 부패 앞에 무력할 수밖에 없는 이유에 대해 살펴본다. 그리고 대한민국 부패의 역사를 체제부패, 개발시대의 부패, 신자유주의적 부패의 3단계로 나누어 살펴보고, 박근혜정부의 신자유주의적 부패가 어떻게 공적인 국가권력의 사유화를 불러왔는지 고찰할 것이다. 또한 박근혜정부 하에서 발생한 사고와 전염성 질환이 끝내 재난과 참사로 이어진 원인에 대해서도 살펴본다. 이어 근대적 부패 개념으로는 설명하기 어려운 국가권력의 사유화와 반헌법적 부패를 혁명적으로 극복하게 한 반부패의 실천으로서 한국의 촛불투쟁에 대해 서술한다. 마지막으로 코로나19 대역병 앞에서 미국과 유럽의 소위 '선진국'들이 갈피를 잡지 못하고 동요하는 가운데 대한민국정부와 시민사회가 국가적 재난과 촛불혁명 등의 과정 속에서 축적된 반부패 역량을 바탕으로 이를 잘 극복하고 모범적인 방역 모델로 주목받게 된 과정을 분석한다.

1장 부패와 반부패의 세계화

　자유, 평등, 인권, 민주주의, 비폭력, 평화, 환경보호 등 1990년대 이전에 글로벌 의제가 되었던 사안들은 이미 유엔 같은 국제조직에 관련기구가 구성되어 있으며 국제회의와 국제협약도 추진되고 있다. 하지만 '부패'가 세계적 차원에서 중대한 문제로 인식되고 이를 극복하기 위한 '반부패'가 세계적인 의제로 부상한 것은 비교적 최근의 일이다. 동서고금을 망라해 부패는 언제나 심각한 문제였지만 세계적으로 이목을 집중시킬 만한 대형 사건이 아니고서는 세계적 차원의 반부패 실천과 조치를 이끌어내기가 어려웠다. 1970년대 중반까지 그런 대형 사건은 일어나지 않았거나 일어났어도 거의 세인의 주목을 받지 못했다. 그러나 1970년대 중반에 터진 미국의 항공기 제조업체 록히드 사건은 미국은 물론 해외 여러 나라의 정계와 왕실의 최고 실력자들이 뇌물수수에 연루된, 말 그대로 세계적 차원의 부패 사건이었다. 이 사건에 직면해 미국의 증권감독위원회가 주요 기업을 대상으로 조사를 벌인 결과, 무려 400여 개의 미국기업이 3억 달러 이상의 뇌물을 해외정부 관계자에게 제공한 것으로 밝혀졌다. 적지 않은 기업들이 뇌물을 사업을 위한 '윤활유' 쯤으로 인식하고 있었다. 미국의회는 이런 잘못된 관행을 뿌리 뽑기 위해 1977년 해외부패방지법을 제정해 외국공무원에 대한 뇌물 제공을 금지하고 그 제공여부를 확인하기 위해 회계규정을 강화했다. 법을 위반하는 기업에게는 200만 달러 이하의 벌금, 개인에게는 5년 이하의 징역이나 25만 달러 이하의 벌금을 부과했다. 그리고 법이 규정한 부패행위로 이득을 본 자는 그 이득의 두 배, 상대방에게 손해를 입힌 경우에는 손해의 두 배에 해당하는 벌금을 물어야 했다.

해외부패방지법이 제정된 이후 미국은 자국기업들이 해외에서 뇌물을 제공하지 못해 다른 기업들과의 경쟁에서 뒤처질 것을 우려해 이와 유사한 세계적 차원의 반부패법 제정을 추진하려 했다. 그 일환으로 1970년대 후반 경제협력개발기구OECD는 미국의 주도하에 반부패법을 확산시키기 위해 다국적기업 가이드라인을 제정하려 했지만 경쟁업체들과의 치열한 경쟁에서 이기기 위해서는 뇌물과 접대 등 기존의 관행을 깰 수 없다는 기업과 정치인들의 반대로 결국 통과되지 못했다.

부패가 본격적으로 국경을 초월한 문제로 인식되고 반부패 활동이 세계적 차원으로 발전하게 된 것은 이로부터 10여 년이 더 흐른 1980년대 말에서 1990년대 초부터다. 1980년대 라틴아메리카 국가들은 관료와 기업의 부패로 인해 최악의 채무위기를 맞이하게 된다. 더욱이 저개발국가에 대한 개발원조금마저 부패한 정치인들의 비밀계좌로 흘러들어가 민중은 더욱 피폐한 삶으로 내몰렸다. 당시 개발도상국을 대상으로 활동하던 국제상업신용은 행의 자금은 중남미와 아랍의 독재자를 지원하는 데 사용되었을 뿐 아니라 돈세탁과 무기·마약의 밀매에까지 사용되었다. 1990년대 들어서는 본격적인 세계화의 움직임에 기업의 활동 범위와 네트워크 그리고 기업과 정부 간의 관계가 확대되었고, 이와 함께 부패 문제도 세계적인 차원으로 확산된다. 신자유주의의 등장으로 국영기업의 민영화가 급증하면서 기존 동구권국가들은 물론이거 니와 세계 각지에서 이를 둘러싸고 벌어지는 이권다툼과 부패가 심각한 수준에 이르렀다.

이런 분위기 속에서 1990년대 중반에 이르러 국제적으로 투명성 재고에 대한 요구가 높아졌다. 1993년 '국제투명성기구'의 결성은 반부패를 위한 다양한 조치와 지속적인 노력의 필요성을 현실성으로 바꾸는 전기가 된다. 이후 부패와 반부패 이슈는 개별 국가를 넘어 국제적인 의제로 발전했다. 국제투명성기구의 발족과 더불어 부패에 대한 관심이 폭발적으로 증가해 '커럽션 이럽션 corruption eruption', 즉 '부패의 폭발'이라는 말이 나올 정도였다.

세계은행과 부패 그리고 국제투명성기구의 발족

국제투명성기구는 1990년대 초 세계은행에서 아프리카와 라틴아메리카의 개발지원 프로그램 매니저로 활동했던 페터 아이겐Peter Eigen의 주도로 설립되었다. 아이겐은 독일 아우크스부르크의 풍족한 가정에서 태어났다. 프랑크푸르트대학에서 법학을 전공한 그는 1963년 포드재단 장학생으로 1년 동안 미국에 체류한다. 그리고 1년간의 미국 생활을 정리하며 자신의 인생을 바꿔놓게 될 라틴아메리카 종단여행에 나선다. 때론 걷기도 하고 때론 히치하이킹을 하면서 아이겐은 라틴아메리카를 종단했다. 그는 니카라과에서 독재자 소모사 주변의 권력자들을 만나기도 했는데 그들의 엄청난 부에 놀라고 그들이 농민들을 농노처럼 대하는 것에 놀랐다. 코스타리카의 바나나 농장에서는 미국의 다국적 자본들이 라틴아메리카를 경제적으로 착취하는 것을 목격했으며, 아르헨티나에서는 전범재판을 피해 독일에서 도망쳐 아르헨티나 군부에 몸담고 있는 나치주의자를 만나기도 했다. 칠레에서는 미국의 라틴아메리카 수탈을 격렬하게 비난하는 공산주의자들과 한동안 함께 살았다. 여행 도중 아이겐은 한 선장으로부터 선원으로 일해주면 칠레까지 배를 태워주겠다는 제안을 받고 에콰도르의 한 항구에서 약속된 배를 타기 위해 택시를 잡았는데 좁은 골목길에서 군인들이 택시를 세우고 계속 시간을 끌었다. 배가 출발할 시각이 다 되도록 군인들이 보내주지 않자 아이겐은 초조한 마음에 주머니에서 꼬깃꼬깃 꾸겨진 10달러짜리 미국 지폐를 꺼내 한 군인에게 건넸다. 그러자 택시를 가로막고 있던 군인들이 금방 길을 비켜주어 가까스로 배에 오를 수 있었다. 그의 인생에서 처음이자 마지막이 된 이 뇌물은 후에 그가 부패와의 싸움을 결심하는 첫 번째 계기가 된다.

여행 중 아이겐은 세계은행의 지역책임자도 만났다. 그는 아이겐에게 학업을 마치면 세계은행에 합류할 것을 권했고, 아이겐은 프랑크푸르트대학을 졸업한 후 그의 권유대로 1968년 워싱턴에 있는 세계은행 본부의 법무부서에 들어간다. 1983년 아이겐은 세계은행 라틴아메리카 프로그램의 책임자로 승진했고, 5년 뒤인 1988년에는 100명의 직원을 둔 세계은행 동아프리카 지역책임자가 되었다. 제2차 세계대전 직후 파괴된 세계경제를 되살리기 위해 설립된 세계은행은 서유럽국가들이 경제를 완전히 회복한 후에는 주로 개발도상국 지원에 힘써왔다. 세계은행은 도로, 댐, 통신시설 등과 같은 대형 건설 프로젝트에 장기적인 자금을 공급하는 방식으로 개발도상국을 지원했다. 하지만 세계은행이 지원한 자금은 부패한 공무원들의 호주머니나 그들의 스위스은행 비밀계좌로 흘러들어가는 일이 적지 않았다.

아프리카에서 의욕적으로 업무를 시작한 아이겐은 오래지 않아 현지의 노골적인 부패와 마주하게 되었다. 적지 않은 아프리카 정부들이 어떤 공사를 하던 가장 비싼 값을 부르는 기업을 선택해 일을 맡겼다. 기업이 남기는 이익이 많을수록 자신들이 받을 뇌물의 액수도 높아지기 때문이다. 부패한 정부의 관료들에게는 그들의 부패로 국민들이 더 비싼 비용을 지불해야 한다는 사실이 전혀 문제되지 않았다. 예를 들어 케냐정부는 4000만 달러면 낡은 상수도 시설을 고칠 수 있었는데 그 다섯 배를 들여 킬리만자로 산기슭의 건조한 지역에 있는 샘에서 물을 끌어오는 황당한 공사를 선택했다. 이 공사를 맡은 일본과 독일 기업들은 케냐정부가 외국은행들로부터 문제없이 공사비를 대출받을 수 있도록 도와주기까지 했다. 그들은 물론 이 터무니없는 공사를 밀어붙이기 위해 힘을 쓴 케냐의 정치인들에게도 뇌물을 듬뿍 안겨주었다. 이런 식의 부패가 아프리카 전역에서 반복되고 있었으며, 부패한 정치인들이 배를 불리는 동안 대다수 민중은 가난과 질병에 시달렸다. 아이겐은 자신의 경험담을 다음과 같이 서술했다.

세계은행은 케냐의 빈민가에 현대적인 에이즈 치료 병원을 세우기로 하고 케냐정부를 지원했다. 세계은행의 지원이 발표되자 병원 직원들은 병원 건물 자리를 마련하기 위해 쭈글쭈글한 철판을 이어 만든 허름한 막사를 철거했다. 나의 아내 유타가 그 병원에서 일했기 때문에 병원에 있는 사람들도 정부에 그 자금이 지원되었다는 사실을 알았다. 병원 직원들은 곧 도착할 지원금을 기다리고 있었다. 그러나 기다리던 일은 일어나지 않았다. 아무런 지원금도 도착하지 않은 것이다. 나는 병원에 건설자금이 지원될 수 있도록 노력했으나 케냐정부는 답변을 차일피일 미루기만 했고 결국 모든 것이 없던 일처럼 되어버렸다. 아픈 사람들을 도와주는 대신 우리는 그들이 임시로 쓰던 가건물마저 철거하게 한 꼴이었다.

아이겐의 경험보다 훨씬 심각한 문제가 발생해도 세계은행 안에서 부패 문제를 이야기하는 것은 금지사항이었다. 세계은행의 돈으로 개발도상국에서 여러 활동을 진행하는 소위 '선진국' 기업들은 부패한 개발도상국의 정치인들과 뇌물로 연결된 끈끈한 동맹을 맺고 있었다. 아이겐은 이 동맹을 깨지 않고서는 세계은행의 이후 활동도, 개발도상국의 미래도 결코 밝지 않다고 생각했다. 세계은행 내부의 많은 직원이 이 부패의 동맹을 알고 있었지만 아무도 입을 열지 않았다. 누군가는 침묵을 깨뜨려야 했다.

20년간 세계은행에 몸담고 일하며 비슷한 상황을 수도 없이 목격한 아이겐은 그들의 부패가 더 이상 침묵할 수 없는 지경에 이르렀다고 판단했다. 이 문제를 공론화하기 위해 세계은행 안에서 자신과 같은 생각을 하는 직원들, 부패를 극복하고자 하는 아프리카 지역 지도자들, 그리고 부패 문제 전문가들과 함께 국제회의를 조직하려 했으나 세계은행 지도부의 반대에 부딪혀 비공식적인 실무그룹을 조직하는 데 그치고 만다. 이 일로 아이겐은 세계은행 법무부서로부터 경고장을 받게 된다. 내용은 업무시간에 세계은행 조직 내에서 부패와 같은 민감한 정치 문제를 다루어서는 안 된다는 것이었다. 지도부의 이런 부정적인 입장에도 그는 1990년 세계은행 아프리카 지역회의에 참가한 각국 지도자들과 함께 세계은행의 부패방지 프로그램 개발을 주도한다. 그리고 다시 한 번 세계은행 총재가 직접 서명한 경고장을 받은 그는 마침내 1991년, 자신이 1960년대 말부터 몸담아왔던 세계은행을 떠나 반부패 투쟁에 모든 시간과 노력을 바치기로 결심한다.

아이겐은 베를린의 한 다락방에서 전화기와 팩스 한 대를 갖추고 반부패투쟁을 시작했다. 전 세계의 부패와 맞서 싸우기 위해 그동안 알고 지냈던 세계 각지의 정부 관계자, 정치인, 기업인, 전문가들 가운데서 부패 극복에 관심이 있는 사람을 하나둘씩 불러 모아 모임을 조직하기 시작했다. 2년의 준비기간 끝에 1993년 그는 세계 각지에서 20여 명의 전문가가 참석한 가운데 국제 반부패조직 결성을 위한 토의 자리를 마련한다. 이 자리에서 아이겐은 부패의 바다에서 투명한 사회를 건설하기 위해 노력하는 전 세계 각 분야 사람들을 연결해 함께 부패를 극복할 방법과 사회 시스템을 제안하고 세계의 반부패 정책을 이끌어낼 수 있는 비정부단체NGO를 만들자고 제안한다. 참가자들은 아이겐의 의견을 적극 지지했고 그의 의견에 따라 조직명을 국제투명성기구(Tranparency International, TI)로 결정했다. 그리고 각자 직업을 가진 자신들과 달리 아이겐에게 조직의 회장을 맡겨 '실업자를 구제'해주기로 했다. 아이겐은 베를린 공대 한 연구소의 도움으로 연구소 귀퉁이에 조그마한 사무공간을 얻을 수 있었다. 그리고 1993년 5월, 국제투명성기구는 20개국 70여 명이 참석한 가운데 독일 베를린에서 세계 최초의 국제 반부패 비정부기구로 출범한다. 이렇게 국제적 부패에 맞서 첫 투쟁의 깃발을 올린 아이겐을 소개하며 세계적인 영국의 주간지 〈이코노미스트〉는 "부패의 풍차에 달려드는 돈키호테"라고 묘사했다.

국제투명성기구는 창립과 더불어 세계 각국으로 빠르게 퍼져나갔다. 1993년 베를린의 초라한 사무실에서 시작된 지 2년만인 1995년에 26개국, 1996년 38개국, 1999년에는 한국을 포함한 50개국에 지부가 만들어졌으며 2008년 이후 약 90개국의 지부가 왕성한 활동을 벌이고 있다. 국제투명성기구는 초기에는 국제 반부패 활동과 더불어 부패한 정부와 기업 등이 야기한 거대한 부패 문제에 초점을 맞추었지만 각국에 지부가 만들어지면서 시민의 삶 속에 스며든 작고 일상적인 부패에도 신경 쓰지 않을 수 없게 되었다. 운전면허 발급에도 돈을 요구하는 경찰, 출산을 목전에 둔 임산부에게 침대 제공의 대가로 뇌물을 요구하는 병원, 지진피해 구호기금을 가로채는 공무원 등 시민들이 일상생활에서 접하는 부패들역시 매우 심각하고 중요한 문제라는 것을 깨닫게 되었다. 특히 국제투명성기구의 출범 초기에 함께했던 에콰도르의 정치인들이 과거 부패 사건에 연루되었다는 사실을 알게 되면서 아이겐은 국제투명성기구에 정부 인사들의 참여를 제한하고 시민들을 중심으로새롭게 조직을 개편한다.

부패인식의 세계화

부패와 반부패를 세계적인 의제로 만들기 위해서는 최소한 두가지 조건이 갖추어져야 한다. 첫째로 부패가 심각한 문제라는 인식이 세계적으로 공유되어야 하며, 둘째로 그런 인식에 기초해 국제적으로 강제력이 있는 반부패 제도가 만들어져야 한다.

국제투명성기구는 1995년 이후 매년 발표하고 있는 부패인식지수Corruption Perceptions Index를 통해 세계적으로 널리 알려지게 되었다. 부패인식지수는 전문가들을 대상으로 한 공신력 있는 연구와 조사 자료를 토대로 여러 나라의 부패정도를 평가해 점수로나타낸다. 말하자면 세계 각국의 부패 성적표인 셈이다. 1995년부패인식지수가 처음 발표되었을 때 세계 각국의 반응은 그야말로 대단했다. 등수와 점수에 민감한 한국은 중위권에 랭크되며 가슴을 쓸어내렸지만 하위권에 있는 나라들은 크게 반발했다. 당시 아르헨티나 대통령은 아르헨티나가 하위그룹에 속한 것을 보고 국제투명성기구를 '범죄조직'이라며 비난했다. 당시 미국 신문 〈헤럴드 트리뷴〉의 기사는 부패인식지수와 국제투명성기구가 순식간에 얼마나 유명해졌는지를 코믹하게 묘사하고 있다.

나의 절친한 친구가 된 파키스탄 택시 운전사 아마드는 나를 돌아보면서 질문을 던졌다. "그거 알아요?" 그는 조그만 택시를 집어삼킬 것 같은 큰 구덩이를 요령 있게 피해가며 말했다. "어떻게 파키스탄이 세계에서 두 번째로 부패한 나라가 됐는지?" 나는 어디선가 들어봤다고 대답했다. 국제투명성기구라 불리는 집단이 발표한 1996년의 〈글로벌 부패지수〉에 의하면 파키스탄은 나이지리아 다음으로 부패한 나라로 기록되어 있었다. "사실은…" 아마드는 말을 이어갔다. "우리가 부패 넘버원이었지. 그런데 우리가 나이지리아 사람들에게 넘버원을 받아들이라고 뇌물을 준거야." 도로에 파인 구덩이들과 창틈을 통해 스며드는 디젤가스 때문에 위장이 요동을 치고 있었음에도 나는 터져 나오는 웃음을 참을 수 없었다.

1995년 처음으로 발표된 부패인식지수는 41개국에 대한 조사에 기반했다. 하지만 2018년에는 무려 176개국으로 조사대상이 확대되었다. '뉴질랜드 최고, 인도네시아 최악: 국제부패에 대한 세계 여론조사'라는 제목의 보도자료로 세상에 처음 모습을 드러낸 부패인식지수는 지금도 부패와 관련되어 가장 많이 인용되는 조사결과일 뿐 아니라 국제적으로 가장 믿을 만한 조사결과로 평가받고 있다. 국제투명성기구는 1995년 보도자료를 통해 부패인식지수는 "부패 문제와 관련해 세계의 어떤 지역도 도덕적 우월성을 주장할 수 없으며, 부패는 세계 곳곳에 심각한 문제로 자리 잡고 있다는 것을" 보여주었다고 주장했다.

부패인식지수는 '조사의 조사'로 불린다. 왜냐하면 이 조사는 세계은행, 아시아개발은행, 아프리카개발은행 등과 같은 기관이 전문경영인, 국가분석 전문가 등을 대상으로 조사한 내용들을 취합해 이를 바탕으로 국가별 정치와 공직자에 대한 부패정도를 종합적으로 분석한 후 순위를 부여하기 때문이다. 1995년 한국은 10점 만점에 4.29점으로 절반인 5점에도 미치지 못했고 IMF 여파가 한창이던 1998년과 1999년에는 각각 4.2점과 3.8점으로 추락했으나 촛불혁명 이후인 2018년에는 100점 만점에 57점으로 역대 최고점수를 기록했다. 하지만 80점에서 90점 사이인 상위 10위권 내에 있는 국가들과 비교하면 한국의 부패 극복은 여전히 산적한 과제를 안고 있다고 볼 수 있다.

부패인식지수는 한 나라의 경쟁력을 측정하는 국제적 지표일 뿐만 아니라 자유와 민주주의를 측정하는 다른 지표들에 주요한 영향을 미치는 자료가 되었다. 정치적 이미지를 개선하고 외국자본을 유치하고자 하는 정부와 기업들은 이 지수에 신경 쓰지 않을 수 없다. 부패인식지수는 반부패가 글로벌 이슈로 부각되는 데 결정적인 역할을 했다.

한편 국제투명성기구는 발족과 동시에 세계은행과 힘겨운 싸움을 벌여야 했다. 그렇지 않아도 아이겐에게 곱지 않은 시선을 보냈던 과거의 동료들은 노골적으로 국제투명성기구를 적대하기 시작했다. 제3세계 개발을 지원하는 국제기구들은 투입된 자금이 부패한 정치인들의 손에 넘어가지 않도록 관리도 철저히 해야 한다는 것이 국제투명성기구의 입장이었다. 반면에 세계은행의 법무부서는 지원금에 대한 관리는 "한 나라의 주권에 대한 간섭이고 정치적 개입"이라며 국제투명성기구의 주장을 비판했다. 하지만 세계은행은 1995년 제임스 울펀슨이 총재로 취임하면서 큰 변화를 맞는다. 울펀슨은 세계은행의 개혁을 이끈 총재였다. 그는 세계은행이 자본을 투명하게 운영해 원조 제공자와 투자자, 수혜자 모두를 만족시킬 수 있어야 한다고 생각했으며, 세계은행 내에서 금기시되었던 부패 문제를 구체적으로 고민하기 시작했다.

아이겐은 1995년 비정부기구 대표들이 모인 자리에서 막 취임한 울펀슨을 만나게 된다. 이 자리에서 그는 세계은행의 개발지원이 부패로 인해 실패로 돌아가고 있다며 시급한 태도변화를 요구했다. 그의 지적을 주의 깊게 들은 울펀슨은 곧 아이겐과 국제투명성기구의 전문가들을 워싱턴으로 초대했다. 울펀슨은 세계은행의 정책을 결정하는 간부들을 중심으로 반부패 워크숍을 조직했고, 이 자리에서 아이겐과 그의 동료들은 저개발국가들에 대한 개발원조 시 부패를 방지하는 방법과 그 효과에 대해 설명했다. 이 워크숍은 세계은행이 정책을 전환하는 결정적 계기가 된다. 세계은행은 반부패를 담당하는 청렴부총재라는 직위를 새로 만들어 세계은행 지원사업들에 부정과 부패가 있는지 감시하게 했다. 2001년 이후 약 3000건의 부패 사건에 대한 조사가 있었고 그중 부패를 저지른 것으로 드러난 기업과 개인은 일정기간 동안, 혹은 영원히 세계은행과 계약할 수 없었다.

반부패의 세계화

국제투명성기구는 부패 극복을 위해서는 단순히 부패방지제도의 도입을 넘어 투명성과 책임성, 청렴성, 용기, 정의 그리고 민주주의가 동시에 촉진되어야 한다는 점을 강조했다. 이런 종합적인 접근을 위해서는 부패 문제와 관련해 세계은행과 같은 국제기구뿐만 아니라 각국 정부, 기업, 비정부조직 등 다양한 이해관계자들을 연결하는 종합적인 네트워크와 이니셔티브를 필요로 한다. 국제투명성기구는 '국제반부패회의'의 사무처로 활동하면서 그 네트워크와 이니셔티브를 발전시켜 왔다.

국제반부패회의는 1977년 미국의 해외부패방지법 제정 이후 국제적 차원에서 반부패 제도를 활성화시킬 목적으로 1980년대 초 미국과 유엔의 주도하에 시작되었다. 1983년부터 격년으로 개최되던 이 회의는 주로 공공분야에서 부패를 억제할 수 있는 효과적인 전략과 전술을 개발하기 위한 포럼에 불과했지만 국제투명성기구가 그 사무처로 기능하기 시작한 1997년 9월, 페루 리마에서 열린 제8차 회의를 시작으로 부패방지에 이해관계를 가진 전 세계 다양한 기관과 조직들이 참여하는 국제적인 반부패포럼으로 발돋움했다. 리마회의는 '반부패투쟁에서의 국가와 시민사회'라는 주제를 내걸고 부패 극복을 위해서는 각국 정부와 국제기구뿐만 아니라 지역기구들과 시민들이 투명성과 책임성을 높이기 위해 함께 협력해야 한다고 강조했다. 코피 아난Kofi Annan 유엔 사무총장과 제임스 울펀슨 세계은행 총재, 국제통화기금, 유엔개발계획, 경제협력개발기구의 대표자들이 연설자로 참석한 전체 개막회의에서 아이겐은 반부패 활동으로 수감된 아프리카 활동가와의 연대를 의미하는 1분 묵념을 제안했다. 이는 국제반부패회의가 공공부문의 반부패 제도 개선을 위한 의견교환의 장을 넘어 다양한 이해당사자들을 아우르며 부패에 대한 종합적인 접근과 해결을 시도하는 공유의 장이 되었다는 것을 보여주는 상징적인 장면이다.

국제투명성기구는 출범한 순간부터 줄기차게 국제적인 부패방지제도가 필요하다고 주장해왔다. 세계 각국의 기업들이 해외 곳곳에서 저지르는 부패가 20세기 후반까지 계속되었고 주요 선진국들은 자국기업이 해외에 뿌려대는 뇌물을 오히려 '해외투자'로 여겨 그들의 세금을 덜어주는 혜택을 베풀었다. 이런 행태는 '선진국'들의 정부가 자국기업들을 도와 '후진국'에 부패를 조장케 하는 것이어서 하루빨리 바로잡아야만 했다.

1994년 에콰도르의 수도 키토에서 개최된 국제투명성기구의 첫 총회에서 참석자들은 미국과 캐나다, 라틴아메리카 국가들로 구성된 미주기구Organization of American States에 부패방지를 촉구했다. 미주기구 정상회의는 생긴 지 1년밖에 되지 않은 이 단체의 의견을 받아들여 첫 정상회담의 핵심 의제로 부패를 상정했고 이후 그 논의가 더 진전되어 1996년 대륙간 반부패협정의 체결로 발전한다. 국제투명성기구는 또한 1995년 파리에서 열린 OECD 첫 반부패 관련 회의에 실무자들을 파견해 각국 대표들을 접촉하게 했다. 이들은 유럽대표단과의 만남에서 국제적인 반부패협약에 대한 희망적인 답변을 얻었고, 1997년 12월 OECD는 각료급 회의에서 뇌물방지협약을 체결한다. 뇌물방지협약은 세계 최초의 구속력 있는 국제반부패협약으로서, 협약을 비준한 국가의 기업이나 기업인이 해외에서 외국공무원에게 뇌물을 제공하거나 그런 의사표시를 했을 때 그들을 출신국가의 법으로 처벌할 수 있다는 내용을 담고 있다. 즉, 외국에서는 뇌물을 제공하고 자신의 나라에서는 세금을 면제받는 일이 OECD 가입국가들 내에서는 더 이상 법적으로 불가능해진 것이다. 이 협약은 전 세계에 본격적인 반부패시대의 개막을 알렸다.

하지만 '반부패의 세계화'를 촉진시킨 가장 커다란 전기는 2003년 유엔의 반부패협약 체결로 마련되었다. 국제투명성기구는 2001년 제10차 프라하회의에서 '다함께 반부패: 전략을 설계하고 영향을 평가하고 부패기관을 개혁하자'라는 주제 아래 세계적인 반부패 제도의 필요성을 역설했다. 그리고 이어진 2003년 제11차 서울회의에서는 '다른 문화, 공통의 가치'라는 주제로 각국의 문화적 차이에도 불구하고 부패는 전 세계적 문제이며 부패 극복을 위해서는 모두가 함께 대안을 모색해야 한다는 점을 강조했다. 2003년의 유엔반부패협약 체결은 이런 세계적 차원의 토론과 부패에 대한 인식 확산을 통해 가능한 일이었다. 부패에 대한 종합적 접근을 강조했던 당시 국제투명성기구의 입장은 유엔반부패협약의 서문에 잘 드러나 있다.

이 협약의 당사국은 민주주의 제도와 민주주의의 가치 그리고 윤리적 가치와 정의를 약화시키고 지속가능한 발전과 법치주의를 위태롭게 하는 부패가 사회의 안정과 안전에 야기하는 문제와 위협의 심각성에 대해 우려한다. 또한 부패와 부패와는 다른 유형의 범죄, 특히 조직범죄 및 자금세탁을 포함한 경제범죄 사이의 연관성에 대해 우려한다. 나아가 부패 사건이 국가 자원의 상당부분을 차지하는 막대한 자산과 결부되어 그 국가의 정치적 안정과 지속가능한 발전을 위협하는 것에 대해 우려한다. 부패는 더 이상 지역적 문제가 아니라 모든 사회 및 경제에 영향을 미치는 초국가적 현상이기에 우리는 부패를 예방하고 통제하기 위한 국제협력이 필수적임을 확신한다. 또한 부패에 대한 효과적인 방지와 대처를 위해서는 포괄적이고 다각적인 접근이 요구됨을 확신한다.

유엔반부패협약은 2003년 10월 31일 제58차 유엔총회에서 채택되었다. 한국도 그해 협약에 서명했고 2008년 4월 국회에서 관련 법안을 제정하고 비준했다. 유엔반부패협약은 공공분야뿐만 아니라 기업과 같은 민간분야의 부패 문제도 함께 다루며 초국경적인 부패 극복에 대한 공동의 대응을 모색한다. 따라서 세계적 차원에서 청렴성과 책임성을 촉진할 뿐 아니라 부패 극복을 위한 국가 간 협력을 끌어내기 위한 실질적인 조치를 담고 있다. 협약에 서명한 국가들은 부패예방 조치, 범죄규정 및 법집행, 국제협력, 자산회복, 기술지원과 정보교환 등 5개 분야에서 관련법을 제정 혹은 정비해야 한다. 유엔반부패협약은 특히 국가 간 법적지원과 부패공직자의 해외자산 압수에 대한 내용을 포함하고 있다. 이는 국경을 넘나드는 부패를 추적하고 단속할 수 있는 실효성 있는 조항이라는 점에서 획기적인 것으로 평가받는다.

국제투명성기구는 공공부문과 제도적 분야에서의 부패방지뿐만 아니라 민간부문과 비제도적인 분야에서의 자발적인 부패방지 노력을 강조했다. 특히 국제기구와 기업들이 공동으로 그리고 자발적으로 부패방지를 위한 노력에 힘을 쏟아야 한다고 생각했다. 코피 아난 전 유엔 사무총장은 1999년 스위스 다보스 세계경제포럼에 참석해 세계 주요 기업인들을 향해 보다 공정한 세계를 건설하기 위해서는 기업의 노력이 필요하다고 강조했다. 그는 기업들이 인권, 노동, 환경과 관련해 윤리적 원칙을 지켜야만 세계경제와 사회발전에 기여할 수 있다고 지적했으며, 이 3대 영역에서 모든 원칙이 잘 지켜지기 위해서는 가장 먼저 부패를 극복해야 한다고 유엔에 재차 강조했다. 유엔은 그 실천을 위해 2003년 글로벌콤팩트Global Compact를 발족시켰다.

글로벌콤팩트는 반부패기구들을 포함한 기업과 시민단체들의 자발적 참여로 결성된 기구로서 네 가지 원칙, 즉 세계인권선언, 노동에서의 기본적 원칙과 권리에 관한 국제노동기구선언, 환경과 개발에 관한 리우선언, 유엔반부패협약에 근거하고 있다. 스타벅스, 로레알, 코카콜라, 3M과 같은 8000여 개의 기업과 4000여 개의 비정부단체들이 이 기구에 자발적으로 참여하고 있다. 특히 글로벌컴팩트는 기아와 빈곤, 보편적 초등교육, 남녀평등, 건강과 보건, 환경 등 세계가 직면한 주요 문제들을 해결하기 위한 '밀레니

엄개발목표'와 이를 계승한 '지속가능발전목표'를 민간 차원에서 추진케 하는 촉매제 역할을 했다. 2030년까지 달성해야 할 지속가능발전목표에는 빈곤과 기아 종식, 건강한 삶 보장, 양성평등 실현, 생태계 보호 등과 더불어 불평등을 줄이는 방안이 포함되어 있는데 그 열여섯 번째 목표에서 지속가능한 발전을 위해서는 부패방지가 필수적임을 다음과 같이 강조하고 있다.

> **목표** 16: 지속가능한 발전을 위해 평화롭고 포용적인 사회를 촉진하고, 모든 사람이 정의에 다가갈 수 있는 기회를 제공하고, 모든 수준에서 효과적이고 책임적이며 포용적인 제도를 구축한다.
>
> 16.3: 국가 및 국제 수준에서 법치를 촉진하고 모든 사람들에게 평등하게 정의에 다가갈 수 있는 기회를 제공한다.
>
> 16.4: 2030년까지 불법 금융 및 무기거래를 획기적으로 줄이고, 도난 자산의 회수와 반환을 강화하며, 모든 형태의 조직범죄와 싸운다.
>
> 16.5: 모든 형태의 부패와 뇌물을 실질적으로 감소시킨다.
>
> 16.6: 모든 수준에서 효과적이고 책임적이며, 투명한 제도를 발전시킨다.
>
> 16.7: 모든 수준에서 책임 있게 반응하고 포용적이며 참여적이고 대표성 있는 의사결정을 보장한다.
>
> 16.10: 국내법 및 국제협정에 따라 대중들의 정보에 대한 접근을 보장하고 기본적인 자유를 보호한다.

부패와 갈림길

국제투명성기구가 비교적 단기간에 세계적 규모의 반부패비정부기구로 발전할 수 있었던 배경에 대해 일부 전문가들은 다음과 같은 요인을 손꼽는다. 첫째, 무엇보다도 부패에 대한 프레이밍이다. 국제투명성기구는 부패를 단지 공직부패만이 아니라 시민들의 삶 전반에 영향을 미치는 종합적인 문제로 다루었다. 또한 비서구권의 빈곤과 저개발이 부패와 관련되어 있다는 프레이밍은 대중은 물론이고 정부와 기업들의 관심을 불러일으켰다. 둘째, 부패인식지수라는 '창피주기 정치(politics of shame)'를 통해 하위권 국가들의 부패 극복 노력을 촉발했다. 셋째, 국제투명성기구는 기존의 전투적인 비정부조직들과 달리 정부 및 기업과의 적극적 협력을 통해 부패 극복을 추구했다. 즉, 정부와 기업의 문제점을 폭로하는 대신 이들이 적극적으로 부패방지에 나설 수 있도록 정책적 협력을 강화하고 있다. 넷째, '청렴의 섬'(Integrity of Island) 같은 혁신적인 부패방지 모델을 제공했다. 이는 계약이나 하청을 둘러싸고 어떤 한 기업이나 업자만 뇌물을 제공하지 않겠다고 하는 것은 아무 의미가 없기 때문에 관련 기업들이 모두 함께 뇌물을 제공하지 않겠다고 약속하도록 한 제도이다. 그리고 다섯째로 이런 종합적 접근에 기초한 이해당사자들 간의 네트워크를 만들어낸 것이 국제투명성기구의 또 다른 성공 비결이다.

그러나 국제투명성기구는 적지 않은 비판도 받고 있다. 부패와 반부패가 세계적 이슈로 떠오른 데는 국제투명성기구의 노력뿐만 아니라 이 문제를 세계화하는 데 중요한 이해관계를 가진 집단이 있었다는 사실에 우리는 유념할 필요가 있다. 우선 미국과 다국적 기업들은 비서구국가들의 부패로 그들의 사업비용이 늘어나는 것을 해결하기 위해 세계적 차원의 반부패 제도를 필요로 했다. 미국이 1977년 해외부패방지법을 제정한 이유는 정부로부터 재정지원을 받고 있던 록히드사와 같은 기업들이 해외에서 뇌물을 제공해 국민 세금을 축내는 것을 막고, 나아가 미국기업의 전반적인 신뢰도 하락을 방지하기 위한 것이었다. 또한 미국은 해외부패방지법 제정 이후 자국기업들이 해외에서 뇌물을 제공하지 않음으로써 다른 외국기업들과의 경쟁에서 불이익을 당하지 않도록 하기 위해 OECD의 뇌물방지협약 체결을 주도했고 이 협약이 유엔의 반부패협약으로 이어졌다.

세계적 차원의 반부패는 비서구국가에 대한 개발원조의 오용을 바로잡고자 한 세계은행과 국가의 규제 완화가 곧 투명성이라는 인식을 갖고 있던 국제통화기금과 같은 국제기구들에게도 매우 매력적인 구호였다. 또한 베를린 장벽의 붕괴로 소련이라는 거대한 적이 사라진 후 급증하기 시작한 마약 및 테러 조직과 관련된 자금의 유입, 돈세탁 등으로 골치를 앓으며 '테러와의 전쟁'을 선포했던 미국은 특히 세계적 차원의 부패방지에 긴밀한 이해관계를 갖고 있었다. 유엔반부패협약이 유엔마약범죄사무소에 의해 주도되었다는 사실은 이런 배경과 무관하지 않다.

그렇게 보면 오늘날 벌어지고 있는 부패와 반부패의 세계화는 부패와 반부패 일반이 아니라 특수한 버전의 세계화라고 볼 수 있다. 즉, 서구의 주요 기업들이 비서구국가들 속에서 영리활동을 하는 데 도움이 되는 투명성, 주로 비서구국가들을 대상으로 한 반부패 요구가 주를 이룬다. 크게는 비서구국가의 권한과 독립성을 약화시키고 기업이나 비정부단체들의 권한을 강화시키는 지역형 반부패 협력모델, 그리고 테러와 마약과 같은 국제적 조직범죄와 관련된 국제형 반부패 협력모델이 주된 내용이다. 이런 버전의 반부패 행동이라면 서구국가들은 쉽게 견제의 대상에서 벗어나고 비서구국가들이 주된 타깃이 될 뿐 아니라, 기업들은 법적 구속력도 없는 글로벌컴팩트와 같은 기구에서 자발적 노력만 기울이면 되는 편향이 일어날 수밖에 없다. 따라서 국제투명성기구와 그 파트너들이 추진하는 반부패 혹은 투명성 운동은 역설적으로 비서구국가들에서 국가의 힘을 약화시키고 서구자본의 침투를 용이하게 하는 구조조정 정책의 필요성을 역설하며, 또한 그 정책의 실패를 가리기 위한 도구에 불과하다는 비판을 받아왔다.

둘째로, 이런 비판은 국제투명성기구가 채택하고 있는 부패의 정의가 공공부문 중심이라는 점과 무관하지 않다. 국제투명성기구는 부패에 대한 종합적 접근을 강조했음에도 1997년 부패인식지수 보도자료에서 부패를 '사적 이득을 위한 공직(public office)의 오용'으로 정의했다. 2000년대에 들어서면서는 그 정의를 '위임된 권력(entrusted power)의 사적 이득을 위한 오용'으로 확대했지만 여전히 공적인 것과 사적인 것의 엄격한 분리에 기초하고 있다. 1부에서도 이야기했듯이 이런 구분은 워터게이트 사건과 같이 위임된 권력이 개인의 이익이 아닌 조직적 이익, 정치적 이익을 위해 자행하는 부패들을 그 내용으로 담아내지 못한다. 특정한 정치이념에 사로잡힌 부패 역시 이 정의로는 감당할 수 없는 영역이다. 예컨대 보수정권이 집권과 이익을 위해 선거관리위원회나 국가정보원과 같은 조직을 선거에 동원한다거나 친정부세력을 육성하기 위한 화이트리스트를 만들어 각종 특혜를 제공하는 한편 반정부세력을 탄압하기 위해서는 블랙리스트를 만들어 지속적으로 불이익을 주는 식의 부패는 기존의 개념으로는 부패라고 정의되지도 못한다. 또한 그 정의에 따르면 사적 이익을 위해 공직자가 다국적 기업으로부터 뇌물을 받는 것은 부패에 해당하지만 기업이 회사의 이익을 위해 미국 대통령선거에 거액의 후원금을 쏟아 붓는 것은 부패의 영역에도 포함되지 못한다(물론 현행 미국의 선거법상으로도 이는 완전히 합법이다).

셋째로, 국제투명성기구는 부패인식지수를 통해 부패 문제에 대한 인식의 세계화에 기여했지만 이 지수는 정확하지 못할 뿐 아니라 편향되었다는 비판을 받아왔다. 국제투명성기구는 부패인식지수에 일반시민을 대상으로 하는 설문조사 대신 전문가들, 특히 북미주와 유럽의 전문가들을 대상으로 한 설문조사를 중점적으로 포함시켰다. 그 이유로는 이 전문가들이 실제로 정치와 경제권력을 장악하고 있는 엘리트들의 행태에 대해 비교적 정확한 판단을 내릴 수 있기 때문이라고 주장한다. 부패인식지수에서 항상 북미주와 유럽이 상위권을 차지하고 아프리카와 아시아, 중남미 국가들이 하위권을 차지하는 것은 이런 배경과 무관하지 않을 것이다. 더욱이 부패인식지수는 부패 '인식'을 측정할 뿐 부패 '행위'를 측정하지 않기에 정확성에 대한 의문은 물론이거니와 과연 이러한 '모욕주기 정치'가 실질적인 반부패로 이어질 수 있는지에 대한 의문도 제기되고 있는 형편이다.

실제로 부패인식지수를 처음 개발했던 프레드릭 갈퉁^{Fredrik Galtung}은 이 지수가 협소할 뿐만 아니라 부정확한 부패 개념에 기초하고 있으며, 뇌물을 받는 자에게만 집중하고 서구 중심의 다국적기업과 같이 뇌물을 제공한 자에게는 관심이 없다고 비판했다. 이에 대응하기 위해 국제투명성기구는 1999년부터 2011년까지 '뇌물공여지수'를 발표했다. 이 지수는 과연 어느 나라의 기업이 뇌물을 제공할 가능성이 가장 높은가에 대한 조사로, 부패인식지수와 달리 뇌물제공자에 대한 설문을 바탕으로 한다. 하지만 이 또한 부패인식지수와 마찬가지로 '인식'에 대한 조사에 그쳤다. 인식과 경험에는 분명한 차이가 있다. 가령 인도의 한 지방에서 부패에 대해 연구한 결과에 따르면, 이 지방은 부패가 만연하기 때문에 개인이나 기업이 원하는 결과를 얻기 위해서는 뇌물을 제공해야 한다는 인식이 높았지만 실제로는 뇌물을 요구받거나 제공한 사례가 거의 없었던 것으로 드러났다. 부패인식지수는 부패에 대한 각성을 불러일으키기에는 좋았지만 실제로 부패를 측정하고 대안을 제시하는 데는 한계가 있었다.

넷째로, 국제투명성기구의 부패에 대한 종합적 접근은 오히려 부패행위자에게 면죄부를 줄 수 있으며 기구의 독립성을 훼손할 수 있다는 비판이 있다. 국제투명성기구는 부패에 대한 종합적 접근을 강조하며 국가청렴 시스템(National Integrity System)이라는 개

넘을 제안했다. 한 나라의 법치와 지속가능한 발전 그리고 삶의 질은 국가청렴체제의 구축으로 공고해질 수 있다는 것이다. 이 국가청렴체제는 입법·사법·행정을 포괄하는 국가, 효과적인 법 집행, 독립적 감시기관, 정당, 시민사회, 기업이라는 기둥들에 의해 구축되고 지탱된다. 만약 그 가운데 하나라도 무너지면 국가청렴 시스템과 법치, 삶의 질이 파괴되며 지속가능한 발전도 불가능해진다. 하지만 현대사회에서 거대 다국적기업은 부패와 밀접하게 연관되어 있을 뿐 아니라 그 막강한 권력으로 누구도 견제하기 어려운 존재가 되었는데, 국제투명성기구는 이들의 부패와 관련해 법에 의한 처벌과 같은 강제조치 대신 기업 윤리나 글로벌컴팩트와 같은 자율적 개선 방법만을 제시해왔다. 이런 방법은 기업을 견제하는 대신 오히려 반부패의 주체로 내세움으로써 그들의 부패에 명분을 부여하는가 하면 오히려 부패를 확산시킬 위험마저 있다.

　실제로 한때 국제투명성기구의 가장 거대한 지부이자 막강한 영향력을 행사했던 미국지부는 부패와 각종 스캔들에 깊이 관여한 역사가 있는 벡텔, 파이자, 시티그룹, 엑손모바일, 록히드와 같은 기업들로부터 수백만 달러의 기부금을 받았고, 심지어 그 기업들에게 윤리경영상을 수여하기도 했다. 이로 인해 미국지부는 국제투명성기구로부터 제명되었지만 그 외에도 국제투명성기구 본부와 일부 지부가 거대 부패 사건에 연루되었던 독일 지멘스로부터 청렴정책 개발의 명목으로 많게는 수백만 달러, 적게는 수십만 달러의 지원금을 받아 비판을 받았다. 이런 문제는 궁극적으로 국제투명성기구의 종합적 접근법에 기초한 활동방식, 즉 고소나 고

발, 투쟁보다는 정책 개발과 협력을 추구하는 활동방식에서 비롯
되었다. 국제투명성기구는 결성 준비단계에서부터 명칭을 둘러싼
논쟁을 거쳤는데 당시 유력시되었던 '국제 비지니스 감시기구'라
는 제안이 자칫 기업과의 갈등이나 분쟁을 야기할 수 있다는 지적
을 받아 거부되었고, 대신 비교적 중립적인 지금의 명칭을 채택했
다. 이렇게 출발부터 정부나 기업과의 협력에 주력하다 보니 "거
리의 정치가 비판해야 할 대상과 오히려 한 편을 먹고 있다"는 비
판을 받게 된 것이다.

2018년도 국제투명성기구의 예산수입 중 65%는 각국 정부에
서, 그리고 15%는 국제기구, 4.5%는 기업들에서 들어왔다. 문제
는 이런 예산수입이 직간접적으로 국제투명성기구의 독립성에 영
향을 미친다는 것이다. 실제로 국제투명성기구는 2013년 총회에
서 미국정부와의 갈등을 우려해 에드워드 스노든의 내부고발을
지지하는 결의안 채택을 부결시켰고, 국제엠네스티와 같은 기구들
이 스노든의 망명 신청을 지원할 때 그의 지원 요청을 공식적으로
거부했다.

다섯째로, 국제투명성기구의 부패에 대한 종합적 접근은 '협치
(governance)'라는 이름 아래 기업과 같은 민간부문의 역할을 강조
함으로써 자칫 국가의 역할과 독립성을 약화시킬 수 있다는 비판
을 받고 있다. 또한 투명성 증진이라는 미명 하에 각종 규제를 완
화시키고 구조조정을 촉진함으로써 무분별한 시장과 기업의 방임
을 촉진해 비서구국가들에 서구의 신자유주의를 은연중에 퍼뜨리
는 역할을 할 수 있다는 비판을 받아왔다. 일각에서는 세계은행이

'빈곤퇴치'라는 명분으로 비서구국가들에 신자유주의를 강요했던 것처럼, 국제투명성기구는 '부패 극복'의 기치 아래 비서구국가들에게 신자유주의를 설파하는 것이 아닌가 하는 의혹의 시선을 보낸다.

국제투명성기구는 부패가 "이미 산업화된 나라에게도 엄중한 문제이긴 하지만 개발도상국과 전환기에 있는 대부분 국가들에게는 위기의 문제"라고 강조함으로써 비서구국가들의 부패 극복을 더 강조하고 있다. 서구 전문가들의 의견에 기초한 부패인식지수는 의도했건 의도하지 않았건 '손가락질'과 '창피주기'의 전형적 수법인 순위 매기기로 하위권에 위치한 비서구국가들의 부패를 부각시킨다. 문제는 역사적 경험에 비추어볼 때, 후발국가들은 개혁의 구심점으로서 국가의 힘이 미약할 경우 오히려 사회 발전과정이나 산업화의 속도가 더뎠고 심지어는 내전의 혼란에 빠지기도 했다는 것이다. 따라서 투명성 강화라는 명분으로 국가의 규제를 완화하고, 협치라는 이름으로 국가의 독립성을 훼손하고, 자발성이라는 구실로 기업을 법적 강제로부터 자유롭게 할 경우 이들 나라에서 부패는 오히려 더 확산될 가능성이 크다.

물론 이런 많은 비판이 있다고 해서 국제투명성기구가 부패의 심각성에 대해 세계적 차원의 인식을 높이고 반부패의 세계화에 기여했던 사실이 모두 부정되지는 않는다. 국제투명성기구의 각국 지부들이 여전히 상호 교류를 통해 모범적인 반부패 사례를 확산하고 현지에서 반부패 문화를 뿌리 내리기 위해 노력하고 있다는 것은 부인할 수 없는 사실이다.

2장 시민, 대통령을 파면하다

　　국가의 폭력과 불의에 맞서 비폭력 불복종을 실천하며 후에 톨스토이, 간디, 마르틴 루터 킹 목사에게 사상적 영향을 미쳤던 헨리 데이비드 소로는 자신이 낸 세금이 전쟁을 위한 군비로 사용되는 것에 반대하며 인두세 납부를 거부했다. 그는 인두세 거부로 인해 감옥에 수감되었고, 정의롭지 못한 정부에 대한 자신의 비폭력적인 불복종을 다음과 같이 밝혔다.

　　내가 가진 유일한 의무란 언제든 내가 옳다고 생각하는 것을 행하는 것이다. … 모든 사람은 혁명의 권리, 즉 정부의 폭정이나 무능이 심각해서 견딜 수 없을 때 그 정부에 대한 충성을 거부하고 저항하는 권리를 인정한다. … 나는 강요받기 위해 이 세상에 태어난 것이 아니다. 나는 나의 방식대로 호흡할 것이다. 누가 가장 강한 자인지 두고 보자.

- 《시민불복종》 중에서

유전무죄, 무전유죄가 하나의 에피소드가 아니라 우리 일상을 지배하는 규칙이 되는 사회에서 정의는 권력의 편이 되었으며 디케의 저울도 권력의 편으로 기울었다. 권력이 부패하고 국가가 타락하고 법이 정의의 편에 서 있지 않은 곳에서 시민들의 안전은 정권의 안전으로, 사회의 안보는 국가의 안보로 치환된다. 또한 권력의 안정에 조금이라도 해가 될 수 있는 사건은 은폐될 뿐만 아니라 조작될 수 있으며, 사고로 끝날 일도 재난과 참사로 이어지게 된다. 이번 장에서는 정치와 국가기관의 조직적 부패와 이에 대항하는 반부패 운동으로서 국민주권의 행사를 살펴본다. 2014년 4월 16일 세월호 참사에서부터 2017년 3월 10일 박근혜 전 대통령 탄핵 인용까지의 과정은 권력기구의 조직적인 부패를 보여줌으로써 '위임된 권력의 사적 이익을 위한 남용'이라는 부패의 정의가 가진 한계를 극명하게 드러낸 비극적 사례였다. 그러나 이 과정을 통해 우리는 기존의 반부패 대책들과는 다른, 새롭게 형성된 반부패의 지평에 대해 논할 수 있게 되었다.

예방 · 처벌 · 교육의 반부패를 넘어

모든 재해나 사고가 재난과 참사로 이어지는 것은 아니다. 고대와 근대, 현대에 이르기까지 모든 자연재해와 사고는 국가와 사회가 어떻게 대응하느냐에 따라 결과에 큰 차이가 있었다. 중국에서 최초로 혁명을 통해 하나라 걸왕의 폭정을 종식시키고 은나라를 건국한 성군 탕왕은 7년 동안 가뭄이 들자 수천 년 전 고대국가의 방식대로 점을 쳐서 그 원인을 찾으려 했다. 점괘는 가뭄을 해결하기 위해서는 기우제를 지내야 하며 사람을 제물로 바쳐야 한다는 것이었다. 차마 그럴 수 없었던 탕왕은 자신의 머리와 손톱을 자르는 것으로 인신공양을 대신하며 하늘에 죄를 빌었다. 기우제를 지내면서 그는 신에게 가뭄의 이유에 대해 진심을 다해 물었다. 자신의 정치가 무절제했는지, 자신이 백성들의 삶을 어렵게 했는지, 궁궐이 사치스러웠는지, 인척이 정사에 지나치게 개입했는지, 뇌물이 횡행했는지, 남을 헐뜯는 자들이 만연했는지를 물으며 왕으로서 자신의 역할을 되돌아보았다. 그의 진정 어린 기우제 덕택인지 하늘에서는 큰 비를 내려주었고 덕분에 가뭄은 해소되었다. 하지만 긴 가뭄으로 형편이 어려워진 백성들이 가난 때문에 자식을 파는 일이 빈번하자 탕왕은 그들에게 돈을 나눠주어 팔았던 자식을 다시 데려올 수 있도록 했다.

1755년 근대 유럽을 뒤흔든 리스본 대지진은 전대미문의 자연재해였다. 최소 5만여 명의 시민이 죽고 리스본시 건물의 80% 이상이 파괴된 가운데 남쪽으로는 북아프리카, 북쪽으로는 핀란드에서도 진동이 느껴질 정도였다. 지진으로 리스본이 아비규환에 빠졌음에도 교회와 부패한 귀족들은 신앙심이 부족한 시민들이 천벌을 받은 것이라 비난하며 아무 것도 하지 않았다. 하지만 왕과 재상은 즉시 무너진 도시의 재건에 착수했다. 특히 '폼발 후작'이라 불렸던 서민 출신의 재상 세바스티앙 조제 드 카르발류 이 멜루Sebastião José de Carvalho e Melo는 전염병이 퍼지지 않도록 신속하게 시신을 처리하고 혼란을 막기 위해 치안을 정비했다. 그는 원시적이나마 유럽 최초로 내진설계가 된 건물을 건축하기 시작했고 도시 재건을 위해 시민들을 재조직했다. 그의 신속한 대처로 세기적 재난에 무참하게 파괴되었던 리스본은 피해를 최소화했을 뿐 아니라 완전히 새롭게 정돈된 도시로 재탄생할 수 있었다.

2012년 이탈리아 유람선 코스타 콘코르디아Costa Concordia호의 침몰사고 또한 재난에 대한 신속한 판단과 대처의 중요성을 생각하게 한다. 타이타닉호가 침몰한 지 100년이 되던 2012년, 코스타 콘코르디아호는 그와 비슷한 운명을 맞게 되었다. 2012년 1월 13일 밤 커다란 굉음과 함께 암초에 걸려 좌초한 이 배에는 3276명의 승객과 1023명의 승무원 등 모두 4299명이 타고 있었다. 선장 스케티노Francesco Schettino가 지휘한 유람선은 한밤중에 예정된 항로를 이탈해 지글리오 섬 가까이로 너무 빠르게 접근했고, 결국 밤 9시 42분경 바위에 부딪히며 선체에 큰 균열이 생겼다. 곧 기관실이 물에 잠기고 동력이 모두 꺼졌으며 10시 44분경에 배는 70도가량 기울어진 형태로 침몰했다. 사고 당시 선장은 애인과 술을 마시고 있었던 것으로 드러났으며 나중에 그의 모발에서 마약 성분이 검출됐다. 코스타 콘코르디아는 이미 2008년에도 사고로 승무원들을 잃은 일이 있었지만 여전히 승무원에 대한 안전교육이 제대로 이루어지지 않았다. 선장은 사고 발생 사실을 알았지만 일시적인 정전이라며 승객들을 속이고 해안경비대에도 사고에 대해 제대로 알리지 않았다. 배를 버리고 도망간 선장은 그의 말에 따르면 "우연히 구명정에 떨어져" 구조되었고 부선장도 곧 배를 떠났지만 배에는 아직 수백 명의 승객과 선원이 남아 있었다. 선장 스케티노와 이탈리아 리보르노 해안구조대 장교 드 팔코의 교신 내용은 당시의 상황을 적나라하게 보여준다.

드 팔코: 이름을 말하세요.

스케티노: 나는 스케티노 선장입니다.

드 팔코: 스케티노? 스케티노 씨 잘 들으세요. 배에 사람들이 갇혀 있습니다. 구명보트를 돌려 배로 돌아가세요. 배의 우현에 있는 사다리를 타고 승선해서 얼마나 많은 사람이 남아 있는지 전달해주세요. 알아들었습니까? 나는 이 대화를 녹음 중입니다, 스케티노씨. …

스케티노: 지금 선박은 기울어지고 있어요.

드 팔코: 알고 있어요. 잘 들으세요. 사람들이 사다리를 타고 내려오고 있어요. 배로 돌아가 선박에 올라가서 사람들이 얼마나 있는지 보고하세요. 들었습니까? 아이, 여성 혹은 도움을 필요로 하는 사람들이 각각 몇 명이나 되는지 정확한 숫자를 말해주세요. 알겠어요? 잘 들어요, 스케티노 씨. 당신은 당신 자신의 목숨만 구했어요. 나는 정말 당신에게 나쁜 짓을 할지도 몰라요. 나는 당신이 반드시 대가를 치르게 할 겁니다. 당장 배에 오르세요!

스케티노: 장교님, 제발….

드 팔코: 제발이라는 소리 하지 말고 배로 돌아가 승선하세요. 그리고 보고하세요, 배에 아직 얼마나…

스케티노: 나는 여기 구명보트에 있어요, 여기. 나는 절대 아무 데도 가지 않을 거예요. 나는 여기에…

드 팔코: 선장, 지금 뭐하는 짓입니까?

스케티노: 나는 여기서 구조를 지휘하고 있…

드 팔코: 거기서 뭘 지휘한다는 거예요? 당장 승선하세요. 배에 올라서 구조를 지휘하세요. 지금 내 말을 거부하는 것입니까? 지금 승선을 거부하는 것입니까? 왜 돌아가지 않는 것인지 이유를 말할 수 있습니까?

스케티노: 다른 구명정들이…

드 팔코: 돌아가서 승선하세요. 이건 명령입니다. 어떤 변명도 하지 마세요. 당신은 '배를 포기했다'고 선언했으니 이제는 내가 책임자입니다. 당장 배에 오르세요. 알겠습니까? 가서 나에게 교신하세요. 내 항공구조팀이 거기에 있습니다. … 이미 시신들도 발견되었습니다.

스케티노: 시체들이 얼마나 있나요?

드 팔코: 그건 내가 알 수 없잖아요. 시신 한 구가 발견되었다는 보고는 있었습니다. 거기에 얼마나 많은 사상자가 있는지 알려줘야 하는 사람은 내가 아니라 당신이잖아요. 맙소사!

스케티노: 하지만 여기는 어둡고 우리는 아무 것도 볼 수 없어요, 알겠습니까?

드 팔코: 그래서? 그래서 집에 가고 싶다고 말하는 겁니까, 스케티노 씨? 어두워서 집에 가고 싶다고? 배로 돌아가 사다리를 타고 승선하세요. 그리고 무엇을 할 수 있는지, 얼마나 많은 사람이 거기에 있는지, 그들이 필요한 것이 무엇인지 보고하세요. 당장!

선장의 무책임한 행동에도 불구하고 이 사고의 사망자 수가

32명에 그칠 수 있었던 것은 리보르노 해안경비대와 지골리오 행정당국 등 여러 기관들 간의 신속한 협력 덕택이었다.

2014년 4월 16일 세월호 침몰 당시 한국에는 탕왕과 같이 자신의 책임을 묻는 국가가 없었으며, 폼발 백작처럼 사태를 신속히 수습하는 지휘자도 없었고, 콘코르디아호처럼 사람이 자초한 사고를 체계적으로 수습할 수 있는 조직도 시스템도 없었다. 심지어 이런 문제를 조기에 인지하고 사태를 장악해 신속하게 위기를 수습해야 할 국가의 최고책임자였던 대통령은 그 순간 행방마저 묘연했다. 여전히 베일에 가려진 박근혜 전 대통령의 7시간은 종적을 감춘 개인의 사적 시간이 아니며 위기의 시기에 사라진 국가의 시간이었다. 더 나아가 세월호 사건에서 국가기관은 사고를 참사로 발전시킨 당사자가 되었으며, 심지어 진실을 주장하는 국민들을 감시하고 탄압하는 주체였다. 2014년 4월 16일 세월호 침몰은 2017년 3월 10일 대통령 탄핵 인용과 별개의 사건이 아니다. 두 사건은 '위임된 권력의 사적 이익을 위한 남용'이라는 근대적 부패 개념이 포함하지 못한 정치권력과 국가기관의 조직적인 부패가 어떻게 국민주권에 의해 극복되었는가를 보여준 상징적인 사건이다. 헌법재판소의 탄핵심판 선고 당시 김이수 재판관과 이진성 재판관은 세월호 사건과 관련한 보충의견을 제시했다.

피청구인[박근혜 전 대통령]은 사고의 심각성 인식 시점부터 약 7시간이 경과할 때까지 별다른 이유 없이 집무실에 출근하지 않고 관저에 있으면서 전화로 원론적인 지시를 했다. … 피청구인은 위기에 처한 수많은 국민의 생명과 안전을 보호하기 위한 심도 있는 대응을 하지 않았다. … 진정한 국가지도자는 국가위기의 순간에 신속하게 상황을 파악하고 대처함으로써 피해를 최소화하고 피해자 및 그 가족들과 아픔을 함께하며 국민에게 어둠이 걷힐 수 있다는 희망을 주어야 한다. 국정 최고책임자의 지도력을 가장 필요로 하는 순간은 일상적인 상황이 아니라 국가위기가 발생해 그 상황이 예측할 수 없는 방향으로 흘러가고 이를 통제, 관리해야 할 국가 구조가 제대로 작동하지 않을 때이다. 세월호 참사가 있었던 2014. 4. 16.이 바로 이러한 경우에 해당하는 것이었다. 그러나 피청구인은 그날 저녁까지 별다른 이유 없이 집무실에 출근하지도 않고 관저에 머물렀다. 그 결과 유례를 찾기 어려운 대형 재난이 발생했는데도 그 심각성을 아주 뒤늦게 알았고 이를 안 뒤에도 무성의한 태도로 일관했다. 국민의 생명과 안전에 급박한 위험이 초래된 국가위기 상황이 발생했음에도 그에 대한 피청구인의 대응은 지나치게 불성실했다. 그렇다면 피청구인은 헌법 제69조 및 국가공무원법 제56조에 따라 대통령에게 구체적으로 부여된 성실한 직책수행 의무를 위반한 경우에 해당한다.

— 세월호 참사 관련 소추사유에 관한 보충의견(재판관 김이수, 재판관 이진성) 중에서

이번 장에서 이야기하려는 부패는 관련 감독기관의 부실감독이나 청진해운의 관련 공무원에 대한 일상적인 뇌물 제공에 관한 것이 아니다. 또한 1997년 IMF 위기를 초래했던 것과 같은 기업-정치권-공공기관의 결탁 문제도 아니다. 이번 장에서는 정치권력

과 국가권력이 직접적으로 개입해 진실을 은폐하고 민주주의를 파괴하고 헌법질서를 교란한 부패, 즉 위임된 권력을 '사적 이익을 위해' '남용'한 것이 아니라 위임된 권력을 '국가의 이름으로' 아주 체계적으로 '사용'한 부패에 대해 다룰 것이다. 따라서 이번 장에서 다룰 반부패는 기존의 '예방·처벌·교육'이라는 세 가지 일상적인 방식으로는 해결되지 않는다. 그런 방식은 근대적 부패에는 효과가 있었지만 정치와 국가가 부패해 감시의 주체가 타락하고 법과 제도가 악용되는 상황에서는 전혀 효과가 없으며, 오히려 권력의 부패를 합리화하는 도구로 전락할 수 있다. 이번 장에서 다룰 반부패는 대항과 주권행사 그리고 실천에 관한 것이다.

대한민국 부패의 역사

현대 한국사회의 부패는 크게 3단계로 나누어볼 수 있다. 먼저 해방 이후로부터 1960년 4.19혁명 이전까지의 시기를 '낡은 부패의 시대'로 정의할 수 있다. 선거가 부정으로 얼룩지고 관료사회는 정실주의로 물들었으며 원조물자를 둘러싸고 정치권력과 관료가 기업과 결탁하는 등 체제 자체가 부패로 오염된 시기였다. 이승만정권은 적산기업과 원조물자를 기업들에게 헐값으로 넘기는 대신 막대한 정치자금을 받아 챙겼고 정부예산의 절반이 넘는 미국의 군사원조 물자를 빼돌려 정치자금으로 사용했다. 나아가 1954년 사사오입 개헌이나 1958년 조작 날조한 진보당 조봉암 사건, 1959년 경향신문 폐간 사건, 1960년 3.15 부정선거와 같은 사례들은 이승만정권의 부패가 시스템 자체의 부패, 총체적인 부패로서 '낡은 부패'에 해당한다고 볼 수 있다.

다음은 1961년부터 1997년까지로, 이 시기는 '개발부패의 시대'로 정의할 수 있다. 군부와 재벌이 성장과 개발이라는 이름 아래 국가기구를 조직하고 국가의 자원을 임의적으로 분배하고 수탈한 시기였다. 선거로 집권한 정부를 장군 박정희의 주도 하에 쿠데타로 전복한 군부는 이를 합리화하기 위해 경제개발에 몰두했다. 이를 위해 관료조직을 정비했지만 국가의 조직과 자원은 군부독재의 합리화와 개발에 집중되었다. 행정부 수반인 대통령이 행정부를 견제해야 할 입법부 의원들을 임명하고 국민들로부터 대통령에 대한 직접투표권을 박탈하는 등 민주적 가치가 근대화와 개발의 이름 아래 완전히 파괴되었다. 국정 전반을 새롭게 바꾼다는 의미의 서정쇄신 바람이 불었던 1970년대 중반, 부패한 공무원에 대한 단속은 영구집권과 유신독재의 이미지를 개선하기 위한 수단으로 전락했다. 작은 부패는 정권의 의도대로 크게 부각되고 처벌되었지만 그 뒤에 숨겨진 거대부패는 그렇지 못했다. 세간의 주목을 받았던 증권파동, 워커힐 사건, 새나라자동차 사건, 빠칭꼬 사건 등 소위 4대 의혹 사건은 군부와 중앙정보부의 조직적 개입 하에 이루어진 부패 사건이었지만 부패자금이 어디로 흘러들어갔는지, 최고책임자는 누구인지 끝내 가려지지 않은 채 수사가 종결되었다. 더욱이 박정희정권은 한일협정 과정에서 일본과 식민지 배상금을 졸속으로 합의했을 뿐만 아니라 그 과정에서 수천만 달러의 뒷돈을 받아 공화당의 정치자금으로 사용했다. 이런 거대부패는 전두환과 노태우정권 시절로 그대로 계승되었으며 두 정권은 각각 수천억 원에 상당하는 비자금을 조성했다.

한국의 개발부패는 1997년 소위 IMF 외환위기를 통해 전면화되었다. 동아시아를 휩쓴 외환위기가 한국에서는 한보그룹을 통해 촉발되었다. 1996년 당시 정태수 한보그룹 회장은 추석 떡값이라는 명목으로 국회의원들에게 36억 원에 달하는 현금을 뿌렸다. 당시 그가 관리했던 고위인사가 600명에 이르렀으며 그 안에는 힘있는 정치인과 법조인, 영향력 있는 언론인 그리고 대통령의 아들까지 포함되어 있었다. 전 국민의 말문을 막히게 했던 정태수 회장은 '실어증'을 핑계로 1997년 국회 청문회 증인 출석을 거부했는데, 마지못해 출석했을 때도 반성 대신 "시설자금으로 8000억 원을 대주다가 하루아침에 중단한 것은 마치 어린애에게 젖을 주다 끊은 것"이라며 정부에 화살을 돌렸다. 정태수 회장은 당당했고 시민들은 2년 뒤에야 그가 그렇게 당당했던 이유를 알게 되었다. 그는 1999년 국회 경제청문회에서 김영삼 전 대통령과 여당이었던 신한국당 측에 각각 150억 원과 50억 원을 건넸다고 진술했다. 대통령과 그의 아들 그리고 여당의 목줄까지 쥐고 있었기 때문에, 또한 자신의 떡값을 받아 챙긴 국회의원이 한둘이 아니었기 때문에 그 누구도 두려워할 이유가 없었던 것이다.

그러나 정태수 회장의 이 모든 노력에도 불구하고 한보는 부도를 피하지 못했다. 한보는 회사를 무리하게 확장한 데다 국제철강의 가격이 하락하면서 큰 타격을 입었다. 결국 1997년 1월, 한보철강은 54억 원어치의 어음을 막지 못해 부도를 맞게 된다. 한보의 부도는 그러나 그 하나로 끝나지 않았다. 한보철강의 부도로 400개가 넘는 중소기업이 6000억 원의 피해를 입었다. 또한 삼미, 진로, 대농, 쌍방울, 해태, 기아 등 대기업들이 줄줄이 문을 닫게 되었다. 때마침 동남아 외환위기까지 불어 닥쳐 한국은 국가가 부도에 빠지는 건국 이래 최대 위기를 맞았다. 한국정부는 끝내 1997년 11월 21일, 국제통화기금IMF에 구제금융을 요청했다는 성명을 발표하기에 이른다. 뉴스는 연일 기업과 은행들의 부도와 도산 소식을 전했다. 비극은 기업에서만 끝나지 않았다. 1997년 50만 명이었던 실업자 수가 1년 만에 200만 명으로 급증했다. 신문은 IMF 구제금융사건을 '6.25 이후 최대의 국난'이라 적었다. 정부와 정치권, 기업이 맺었던 부패동맹으로 인한 피해를 시민들이 고스란히 떠안게 된 것이다.

마지막으로 1997년에서 2017년까지를 '신자유주의적 부패의 시대'로 정의할 수 있다. 1960년대 이후 민주화 이전까지 한국은 박정희 개발독재에 의한 개발국가 체제를 유지하고 있었다. 이 강력한 개발국가는 민주화 과정을 거치며 점차 약화되었지만 1997년 금융위기 당시만 해도 여전히 막강한 권한을 행사하고 있었다. 한국의 금융위기는 1980년대 들어 국가의 시장개입과 규제를 반대해온 국제통화기금과 세계은행에게 시장 개방과 규제 완화를 강제할 수 있는 명분과 권한을 제공했다. 세계은행은 이런 관점을 부패방지의 측면에서 관철하고자 했으며, 결국 1999년 김대중정부는 세계은행의 자금 지원으로 국무조정실이 주도해 수립한 '부패방지종합대책'을 발표하게 된다. 이 대책은 부패방지법 제정과 부패방지위원회 설립과 같은 추후 반부패 정책의 청사진이 되었다. 하지만 이는 '종합대책'이라는 말과 달리 부패를 바라보는 관점에 있어 편향성을 띠고 있었다. 부패 문제를 판단함에 있어서 도덕적 타락이나 윤리의 기준은 제거하고 경제적 효과의 측면만을 중점적으로 고려했기 때문이다. 따라서 부패는 극복되어야 할 문제라기보다 효율성을 저해하지 않도록 '방지'되어야 하는 문제로 간주되었고, 그 역시 '국가경쟁력 제고'라는 경제와 시장 중심의 원칙 하에서 고려되었다. 또한 선거법 개정을 포함한 정치개혁과 관련해서는, 선거와 정당의 투명성을 강화하고 정치권이 기업에 부당한 압력행사를 할 수 있는 여지를 축소시켰다. 이로 인해 시민들의 선거 참여와 인터넷상의 정치 참여는 오히려 대폭 제한된 반면, 기업과 같은 거대조직들은 정치적 압력으로부터 자율성을 획득했다.

부패방지종합대책의 조치들은 한국경제를 국제통화기금과 세계은행이 제시한 이른바 '글로벌스탠더드'에 맞추는 방식으로 진행되었으며, 이미 비대해진 재벌권력에 대한 견제나 기업의 부패 극복에는 주안점을 두지 않았다. 이런 경향으로 인해 기업들은 1997년 금융위기의 큰 원인이었던 정경유착, 기업투명성 부재, 내부감사의 독립성 및 부패방지 시스템 결여에 대해 반성과 책임을 스스로 이끌어내지 못하고 당시의 부패를 그저 개인이나 집단이 책임을 방기하거나 법과 제도의 허점을 이용해 이기적 욕망을 추구했던 모럴해저드moral hazard의 병폐로 축소해 보게 되었다.

반부패를 곧 '국가경쟁력 강화'의 유사어로 만들었던 신자유주의적인 부패방지 정책은 정치 및 공공의 책임과 가치를 효율성과 경제성이라는 경제논리에 복종시켰다. 그 결과 민간부문의 부패가 모럴해저드와 기업윤리 수준으로 단순화되었을 뿐 아니라 국가의 존재 이유는 근본적으로 훼손되었다. 부패방지법과 부패방지위원회(현재 국민권익위원회)와 같은 제도가 만들어졌지만 이를 지탱하는 공공의 가치와 책임이 경제논리에 지배되는 상황에서는 제대로 된 기능을 기대할 수 없었다.

4대강 정비사업, 자원외교 비리사건, 한미 쇠고기 협상을 둘러싼 논란에 대한 언론 탄압, 정부에 비판적인 네티즌과 예술인에 대한 탄압, 민간인 불법사찰 등 이명박정부 하에서 벌어진 부패는 국가권력의 사유화와 더불어 헌법질서 파괴의 전조였다. 2012년 제18대 대통령선거를 8일 앞둔 12월 11일, 서울 역삼동 스타우스 오피스텔에서는 불법적인 댓글공작으로 대선에 개입하고 있던 국가정보원 직원 김하영 씨가 오피스텔 안에서 문을 걸어 잠그고 경찰 및 민주통합당 관계자들과 대치하고 있었다. 이 40여 시간에 걸친 대치는 '국정원 댓글조작 사건'이라는 이름으로 세상에 떠들썩하게 알려졌지만 정작 이 사건은 이명박정부가 수년에 걸쳐 국가정보원과 국방부를 이용해 여론을 조작해온 사건의 극히 일부에 지나지 않았다. 후에 밝혀진 바에 의하면, 국가정보원과 국군기무사령부의 직원들은 조직적으로 포털사이트와 주요 커뮤니티 사이트에 게시물과 댓글을 작성해 정권에 반대하는 조직과 개인을 비방하고 모함했다. 이런 조직적 활동이 선거과정에서 더욱 두드러진 것이지만 수사를 담당하고 지휘했던 경찰과 검찰마저 외압에 굴복함으로써 국민과 공공의 이익을 추구해야 할 국가기관의 가치는 총체적으로 무너져내렸다. 나아가 국가기관 스스로 체계적인 불법적 절차를 거쳐 공익과 공공의 가치를 침해함으로써 민주주의를 근본적으로 훼손했다. 공무원은 중립을 상실했고 군대는 국민의 안보 대신 정권의 안보에 동원되어 오히려 국민의 안전을 위협했다. 정부의 부패를 수사해야 할 조직과 제도들은 권력 앞에 무력했으며 국가기관들은 정권 홍보에 동원됨으로써 국민들의 눈과 귀를 가리고 입을 틀어막으려 했다. 이는 마치 50여 년 전 이승만정권의 선거개입 사건처럼 노골적이고 야만적인 부패행위였다.

부패를 방지하면 국가경쟁력이 향상되고 기업의 주가가 오른다는 경제적, 도구적 논리와 계산법은 국가경쟁력과 주가상승이 곧 반부패라는 등식을 낳았다. 이런 논리는 반부패, 즉 국가경쟁력과 주가상승을 위해서는 부패도 관용할 수 있다는 논리로 발전될 여지가 있다. 공공의 가치와 책임이 실종됨으로써 발생한 이 신자유주의적 부패는 결국 2017년 박근혜정부의 몰락 과정에서 그 폐해를 고스란히 드러냈다.

사고, 재난, 조작 그리고 정권의 안전

박근혜정부는 출범 시점부터 국정원과 기무사의 선거개입이라는 국가기관의 집단적 부패행위로 인해 민주주의 유린과 헌법질서 훼손에 연루되었다. 이 부패는 사적 이익은 물론이거니와 그것을 넘어선 특정 정치집단의 이익을 위한 것이었다. 부정적 유산에 기반해 탄생한 박근혜정부는 국가를 사유화했고 특정집단의 물질적·이념적 이익을 위해 국가기관 본연의 목적을 변질시켰다. 유래 없이 총체적이고 조직적인 부패 앞에서 한국사회는 국민주권의 행사라는 유래 없는 반부패 행동을 촉발시켰다.

2014년 4월 16일 세월호 사건은 476명의 승객과 선원 중 304명이 사망 또는 실종된 최악의 해상참사였다. 노후한 선박의 개조, 과적된 화물, 선장과 선원들의 무책임하고 비윤리적인 행태, 해경 및 관련기관들의 무능이 합쳐져 사고가 결국 참사로 이어지고 말았다. 그러나 세월호 참사는 정부에 의해 '여객선 사고'로 강요당했으며 국민적 애도까지 정치행위라는 구실로 억압되었다. 세월호 참사와 관련한 정부의 대응은 흔히 '국가의 부재'와 '무책임성'이라는 측면에서 비판을 받지만 당시 박근혜정부의 태도는 단지 그렇게 수동적인 것은 아니었고, 국가 차원에서의 적극적 개입과 왜곡이 자행되었다.

정부는 우선 박근혜 대통령과 청와대의 무능한 대응을 감추기 위해 대통령이 세월호 사건보고를 받은 시점과 대응지시 시점을 조작했고, 국가위기관리 기본지침을 무단으로 변경해 재난에 대한 청와대 국가안보실의 최종 책임을 회피했다. 당시 청와대 민정수석실에서 작성한 문서에는 '여객선 사고'로 인해 정부에 대한 비판여론이 많은 집회에 대한 맞대응 집회를 열어야 한다는 내용이 담겨 있기도 했다. 박근혜정부는 또한 기무사를 동원해 희생자 가족들의 인터넷 물품구매 내역에서부터 정당 활동과 정치 성향 등을 조사하고 사찰했으며 불법감청도 서슴지 않았다. 당시 청와

대는 기무사의 이런 활동에 대해 '최고의 부대'라며 치하하기까지
했다. 나아가 국정원은 보수매체와 단체들을 동원해 세월호특별조
사위원회의 활동을 규탄하게 하는가 하면 그들이 기자회견 등을
열게 해 세월호에 대한 여론조작을 시도했다. 세월호 사건 당시 국
가는 부재하지도 무책임하지도 않았다. 오히려 세월호 참사를 '여
객선 사고'로 단정하고 유족들을 보상금이나 노리는 집단으로 폄
훼하고 진실을 요구하는 국민의 목소리를 '종북세력'으로 매도하
기 위해 국가는 매우 분주했다. 국가를 사유화한 집단의 조직적인
테러가 공익과 공공의 이름으로 행해진 것이며, 사실을 왜곡하고
국민들의 기억을 조작하는 일에 국가가 직접 나선 것이다.

　박근혜정부의 이런 태도는 세월호뿐만 아니라 다른 사건들에
서도 고스란히 드러났다. 2015년 5월과 7월 사이에 발생한 메르
스(중동호흡기증후군) 사태 또한 국가를 사유화한 권력이 상식 밖의
대응으로 사태를 악화시킨 사례다. 정부는 메르스에 노출된 병원
명단을 메르스 환자가 확인된 5월 20일로부터 무려 2주가 넘는
6월 7일까지 공개하지 않았으며, 심지어 관련 병원의 환자들에게
메르스 발생 사실을 밝히지 말도록 압력을 넣었다. 정보를 드러내
지 않고 감추며 독점하려 했던 정부의 불투명성과 늑장대응으로
메르스 감염 사망자는 36명에 달했다. 문제는 메르스가 다른 감
염병에 비해 감염률이나 치사율이 비교적 낮았음에도 정부의 비
밀주의로 인해 국민들은 무려 두 달여 동안 공포에 떨어야 했다는
사실이다. 더욱 심각한 문제는 정부가 이런 비밀주의와 불투명성
을 비판하는 국민의 목소리를 반정부적 유언비어로 몰아 탄압하

려 들었다는 것이다. 이는 국민의 안전과 직결된 사스나 신종플루와 같은 집단감염병을 국가안보 문제로 인식하지 않고 오로지 정권의 안위만을 안보 문제로 바라보는, 즉 공적 국가권력을 사유화한 집단들에게서나 나올 수 있는 전형적인 태도였다.

같은 해 11월에 발생한 백남기 농민 사망사건에서도 박근혜정부는 경찰 살수차의 물대포에 맞아 쓰러진 백남기 씨의 사망원인을 규명하기보다는 은폐하기에 급급했다. 서울대병원 측은 2016년 백남기 씨의 사망원인을 물대포라는 외적 타격에 의한 뇌출혈이 아니라 적극적인 치료의 방기로 인한 급성신부전증으로, 그리고 직접사인은 '심폐정지'로 진단서에 기재했다. 서울대병원 측은 사망진단서의 직접사인에 "호흡정지, 심폐정지, 호흡부전, 심장정지 등 사망에 수반되는 현상만 기재해서는 안 되며 구체적인 질병명을 사용"해야 한다는 대한의사협회의 기재원칙을 정면으로 위배했다. 당시 서울대병원장이 박근혜 대통령의 전 주치의였기 때문에 정부가 백남기 씨의 사망원인 왜곡에 적극적으로 개입했다는 의혹에 직면했다. 더욱이 당시 집권당이었던 새누리당은 백남기 씨의 사망원인을 그를 부축했던 제3자의 가격에 의한 것으로 몰고 갔을 뿐만 아니라 적극적인 치료 책임을 방기했다며 유족들에게 사망에 대한 책임을 떠넘기기까지 했다. 백남기 씨의 사망진단서는 헌법재판소에서 박근혜 대통령의 탄핵을 인용한 후인 2017년에야 외인사로 수정되었고, 그동안 사과를 거부해왔던 경찰은 결국 백남기 씨 사망 3년 만에 잘못을 인정하고 공식적으로 유가족에게 사과했다.

헌법 위에 선 권력

박근혜정부는 집권 당시의 정책이나 담론, 공과보다는 최순실, 문고리 3인방, 주사아줌마, 미르재단, 승마 등 정치와 무관해 보이는 단어들을 더 쉽게 연상시킨다. 비정상적인 세력이 정치를 좌우하고 정부를 움직이고 국가권력을 사유화했던 과정들이 국민들에게 지워지지 않는 잔상으로 남아 있다. 헌법재판소는 대통령 박근혜의 탄핵 결정문에서 "국민으로부터 직접 민주적 정당성을 부여받은 피청구인을 파면함으로써 얻는 헌법수호의 이익이 대통령 파면에 따르는 국가적 손실을 압도할 정도로 크다고 인정된다"고 밝혔다.

헌법재판소는 탄핵 인용의 첫 번째 사유로 '공익실현의무 위반'을 들었다. 앞서 밝힌 바와 같이 신자유주의적 부패는 개인이나 특정집단의 이익을 위해 공적 이익과 가치를 무시하고 훼손시키는 특징을 띤다. '사적 이익을 위한 공적 권력 남용'이라는 근대적 부패의 정의는 '공적 권력이 왜 남용되어서는 안 되는가'라는 전제를 밝히지 않고 있다는 데 한계가 있다. 박근혜 대통령은 "공무원은 국민 전체에 대한 봉사자이며 국민에 대하여 책임을 진다"는 헌법 7조를 위반했으며, 대통령 취임 시 선서 내용이 적시되어 있는 헌법 69조를 위반했다. 그는 공직과는 무관한 개인 최순실의 추천을 받은 인사들을 정부부처 및 각종 정부조직에 임명했다. 대통령이라는 공권력으로 기업에 압력을 행사해 설립한 미르재단과 케이스포츠재단을 통해 사적 이익도 도모했다. 또한 박근혜 대통령은 민간인 최순실이 대통령 연설문은 물론 통일, 경제, 문화, 안보 등 주요 정책에 적극적으로 관여하게 함으로써 스스로 가진 공적 권력을 훼손했다.

둘째로, 헌법재판소는 박근혜 대통령이 기업 경영의 자유와 국민의 재산권을 보장하는 헌법적 권리를 훼손했다고 판단했다. 그는 경제수석비서관이나 재벌기업 총수와의 독대 등을 통해 기업들이 자신과 최순실이 깊숙이 관여하고 있는 재단에 거액을 출연하도록 압력을 행사했다. 삼성그룹 후계구도를 보장하고 롯데의 면세점 사업권을 보장하는 대신 케이스포츠재단과 이 재단이 추진하는 체육시설 건립에 거액을 제공받은 정경유착의 의혹과 증거들 앞에서 그는 결코 결백하지 않았다.

박근혜 대통령의 헌법파괴 행위에는 사상의 자유에 대한 억압도 큰 비중을 차지한다. 법원은 박근혜정부가 정부정책을 비판하는 문화예술계 개인 및 단체들을 정부의 지원대상에서 배제하고 블랙리스트로 작성해 탄압한 것은 사회의 기본질서를 지탱하는 사상·문화의 다양성을 파괴하는 행위라고 규정했다. 대한민국 헌법 전문과 11조, 19조, 21조와 22조는 시민들에게 사회 제 영역에서 기회 균등을 보장하고 차별을 금지하고 양심 및 언론·출판·집회·결사 및 학문과 예술의 자유를 보장하고 있다. 그러나 이명박·박근혜정부는 특정 정치인과 정당을 지지하거나 정부를 비판하는 수만 명의 이름을 블랙리스트에 올려 감시, 탄압 혹은 차별했다. 나아가 정부를 지지하는 개인과 단체들은 화이트리스트에 올려 관리하며 정부 및 기업의 예산 및 각종 활동 지원과 같은 특혜를 주었다. 조지 오웰의 소설《1984》에 등장하는 빅브라더나 국민 90명당 한 명꼴로 협력자를 심어 전 국민을 감시했던 동독의 국가보위부와 비교할 때 박근혜정부의 감시대상은 상대적으로 적은 숫자라고 느낄 수 있다. 하지만 이 블랙리스트의 주요 대상은 언론과 문화예술계 인사들로, 이들은 각종 매체에 등장해 사회적 여론에 관여할 뿐만 아니라 사람들의 문화적 취향 및 감성과 연관된 일을 한다. 이런 인사들을 통제하려 한 정부의 행태는 국민들의 눈과 귀를 막을 뿐 아니라 그들의 생각과 감정마저 통제하겠다는, 어떻게 보면 빅브라더의 감시체제보다 더 무섭고 효율 중심적인 신자유주의적 통제체제였다.

더욱 심각한 것은 박근혜정부 하에서는 독립성과 중립성을 띠어야 할 헌법기관들이 제대로 작동하지 못했다는 것이다. 중립을 지켜야 할 중앙선거관리위원회(선관위)는 선거기간 동안 야당을 비판했던 노무현 대통령에 대해서는 선거법을 위반했다고 판단한 바 있지만 그와 유사한 행위를 한 박근혜 대통령에 대해서는 위반사항이 없다고 판단했다. 또한 선관위는 박근혜 대통령이 자신을 지지하는 특정정치인이 공천과정에서 선출되도록 지원하고 선거기간 동안 이들 지역을 돌면서 지원을 약속한 행위에 대해서도 별다른 조치를 내리지 않았다. 결국 박근혜 대통령은 탄핵 이후인 2018년 선거법위반 혐의로 징역 2년을 언도받았지만 정작 그의 재임기간에 선관위는 이런 사실들에 침묵했으며 자신의 독립성과 중립성을 제대로 행사하지 못했다. 가장 심각한 문제는 소위 '재판거래'라는 용어에서 보여지듯, 행정부와 입법부로부터 독립성을 유지해야 할 사법부가 스스로 이를 훼손하며 박근혜정부와 결탁했다는 사실이다. 재판과 거래는 행위의 원칙이 서로 엄격히 분리된 영역이다. 재판은 공정을 지키며 이익을 따르지 않지만 거래는 이익을 좇으며 공정을 추구하지 않는다. 당시 대법원은 박근혜정부의 입장과 배치되는 판결을 내리는 판사들의 블랙리스트를 작성해 관리한 것으로 알려졌다. 이들은 일제 강제징용 피해자 손해배상 소송, 전국교직원노조 법외노조 사건, KTX 해고승무원 복직소송 등에 대해 정부에 유리한 판결을 내려주고 상고법원 설치를 위한 거래를 했다는 의혹으로부터 자유롭지 못하다. 결국 2019년 1월, 전 대법원장이 재판개입과 판사들에 대한 불법사찰 및 인사 불이익 등 약 50개에 달하는 혐의로 구속되는 헌정사상 초유의 사태가 발생하기에 이른다.

시민이 다시 세운 나라

정권이 군대, 국가정보원, 경찰은 물론 헌법기관들마저 사유화했던 이 초유의 부패는 기존의 예방, 처벌, 교육을 통한 일상적 부패방지와 극복이라는 범위를 완전히 넘어섰다. 예방과 처벌, 교육을 주도해야 할 국가권력 자체가 특정세력과 이념집단의 포로가 된 상황에서 일상적인 반부패 활동은 오히려 현 체제의 부패를 옹호하는 행위가 되기 때문이다. 민주주의의 의의와 제도가 왜곡되고 붕괴된 상태 속에서 국민들에게는 일상적이지 않고 평범하지 않은, 비상한 반부패 활동이 요구될 수밖에 없었다.

모든 법의 상위법인 헌법은 사실 초법적인 주체와 과정을 통해 수립된다. 아테네 민주정의 길을 닦았던 입법가 솔론은 아테네 시민들로부터 권력을 위임받아 기존의 법을 넘어서는 새로운 법을 제정했다. 대한민국 제헌국회는 일본 식민지로부터의 해방과 미군정이라는 비상한 상황, 즉 기존의 헌법에 기초하지 않고 아직 헌법이 수립되지 않은 새로운 상황에서 만들어진 의회였다. 1948년 5월 10일에 성립된 제헌국회는 그 활동을 규정하는 국회법을 국회 성립 이후인 6월에 만들고 나서야 국호와 헌법을 제정할 수 있었다. 즉, 모든 법의 토대이자 지붕인 헌법 자체는 초법적인 주체와 과정을 통하지 않고서는 제정될 수 없다. 제헌뿐만 아니라 개헌 역시 일반적인 법률 개정과 달리 국회 재적의원의 과반수나 대통령의 발의에 의해서만 제안될 수 있고, 이를 국회 재적의원의 2/3 이상이 찬성해야 의결될 수 있으며, 다시 유권자 과반 이상의 참여와 그 과반 이상의 찬성을 얻어야만 통과된다. 따라서 헌법이 무시되고 헌법질서가 파괴되고 급기야 권력이 헌법 위에 군림하고자 한다면 그 권력을 끌어내리는 과정과 방법 역시 일반적인 법률 내에서는 존재하지 않는다고 할 수 있다.

2016~17년 한국의 촛불혁명은 반헌법적 권력의 지배라는 비상한 상황에 대한 초헌법적인 반부패 활동이었다. 박근혜 대통령의 탄핵 인용까지 결정적 역할을 했던 촛불혁명은 박근혜-최순실의 관계가 최순실의 태블릿PC를 통해 명백하게 드러난 2016년 10월 훨씬 이전부터 서서히 모습을 드러내기 시작했다.

2013년 국정원의 여론조작 사건 수사 당시 검찰총장이었던 채동욱은 수사를 법대로 밀어붙이면서 박근혜정부와 정면으로 충돌한다. 하지만 그는 급작스럽게 터져 나온 혼외자와 관련된 기사들로 인해 사퇴 압력을 받게 되고 결국 그해 9월, 임기를 일 년도 채우지 못한 채 물러나고 만다. 당시 수사를 지휘했던 검사들도 전원 좌천되었다. 이 사건으로 박근혜 대통령이 국가권력을 사유화했다는 비판이 본격화되었다. 이듬해인 2014년 11월, 〈세계일보〉에서 청와대 내부보고서를 입수해 내보낸 기사는 국민들을 커다란 충격에 빠뜨렸다. '문고리 3인방, 십상시, 비선실세'라는 제목을 달고 보도된 기사들은 같은 해 초, 대통령과 측근정치에 대한 세간의 비판을 청와대 행정관과 비서관이 정리한 내용이었다. 그러나 박근혜 대통령은 문건의 내용보다는 이 문건을 유출한 당사자 색출에만 열중하며 여론을 호도했다. 이 보도로 국정농단에 대한 국민들의 의혹은 더욱 깊어졌다. 불과 7개월 전에 발생한 세월호 참사와 정부의 늑장대응, 책임방기, 여론조작 등은 대통령에 대한 대다수 국민의 여론을 결정적으로 악화시킨 상태였다. 세월호 참사로 '국가란 무엇인가'라는 질문이 본격적으로 제기되었으며 대통령의 하야에 대한 목소리가 분출되기 시작했다. 여기에 2015년 한국사 교과서 국정화를 통한 역사왜곡이 본격화되고 2016년 백남기 농민이 사망하면서 국가권력의 사유화와 공권력에 의한 폭력 문제가 쟁점화되었고, 시민들 속에서 박근혜정부에 대한 퇴진 요구가 더욱 거세졌다. 시민들의 목소리는 대통령의 자진하야 권고에서 시작되어 대통령 퇴진 요구로 이어졌으며 태블릿PC 사건으로 박근혜-최순실 커넥션이 백일하에 드러난 2016년 10월에 들어서는 대통령 탄핵 요구로 급선회했다.

하지만 태블릿PC 보도 이후에도 대통령은 부분적인 사과로 일관했고, 국정농단에 대한 명백한 증거 앞에서도 모든 주요 혐의를 부인했다. 이에 2016년 10월 29일 시민들은 제1차 국민행동으로 본격적인 촛불혁명의 불을 당겼다. 최고권력자의 부패에 대해 헌법기관으로서 탄핵의 권한을 가진 국회가 나설 기미를 보이지 않자 국민들 스스로 헌법 이행과 수호에 직접 나선 것이다. 촛불집회는 회를 거듭할수록 점점 규모가 커졌고 2016년 마지막 날에는 누적 연인원이 1000만 명을 돌파했다.

시민들의 촛불집회와 대통령 탄핵 요구가 걷잡을 수 없이 거세지자 2016년 12월 3일 국회는 박근혜 대통령에 대해 헌법과 법률 위반을 사유로 탄핵소추안을 발의하고 12월 9일 찬성 234표, 반대 56표, 무효 7표로 탄핵을 가결시켰다. 국회의 탄핵소추안 가결에도 불구하고 촛불집회는 수그러들지 않았으며, 헌법재판소가 재판관 만장일치로 박근혜 대통령의 탄핵을 인용한 2017년 3월 10일에도 계속되었다. 거의 6개월에 걸쳐 전국적으로 전개된 촛불혁명은 국가권력이 사유화되고 헌법이 파괴되었을 때 그 헌법의 목적과 기원에 기초해 국민이 헌법의 실질적 수호자이며 헌법질서의 복원자로서 기능해야 함을 보여주었다. 헌법 위에 군림하는 권력에 대해 일상적 반부패 활동으로서의 예방, 처벌, 교육은 무력하다. 박근혜 대통령 퇴진과 탄핵을 위한 촛불집회는 이미 예방할 수 없는 국가의 부패에 대항하고, 헌법 위에 군림하며 누구도 처벌할 수 없게 된 권력에 맞서 헌법적 주권을 행사하고, 이를 막힌 공간에서의 교육이 아니라 거리의 국민행동으로 실천해낸 반부패 운동이었다.

박근혜정부의 부패는 '위임된 권력의 사적 남용'이라는 근대적 부패의 정의로는 설명할 수 없다. 위임된 공적 국가권력은 사유화되었고 특정 개인과 집단의 이익뿐만 아니라 특정 이념집단을 위해 사용되었다. 그 사용 또한 단순한 권력 남용과 탄압에 그치지 않고 반대세력을 감시하고 여론을 조작하고 자신의 이념을 세뇌시키는 극한의 단계까지 나아갔다. 헌법이 기능하지 못하는 조건에서 자연스럽게 촉발된 촛불혁명은 헌법의 기초이자 주체인 국민을 거리로 불러냈으며, 국민들은 국회와 헌법재판소가 헌법질서를 복원할 수 있도록 제도 바깥의 장에서 힘을 불어넣었다.

코로나19 대역병을 넘어

근대 최악의 대역병이라 불리는 1918년 스페인 독감에 걸려 사망한 숫자는 약 5000만 명으로 1차 세계대전으로 인한 사망자의 3배에 달했다. 당시 보건당국의 감염 경고를 무시한 채 대규모 시내 퍼레이드를 개최한 필라델피아의 사망률은 사회적 거리두기를 실천했던 세인트루이스의 8배에 이르기도 했다. 미국 도처에서 마스크 착용을 반대하는 시위가 벌어졌고 이로 인해 샌프란시스코는 마스크법을 제정하기까지 했다. 서구사회는 눈에 보이는 거대한 적과 마주하는 전쟁보다 눈에 보이지 않는 바이러스 앞에서 더욱 동요했다. 그리고 이 책의 마지막 장을 쓰고 있는 지금, 세계는 다시 대역병의 한가운데에 놓여 있다. 스페인 독감으로부터 100년이 지난 21세기에 코로나19라는 새로운 대역병의 시대에 진입했고, 이제 세상은 코로나 이전으로 돌아갈 수 없게 되었다.

2020년 8월 말 현재 전 세계에서 2300만 명이 코로나19에 감염되고 약 80만 명이 사망했으며 올림픽이 연기되고 도시가 봉쇄되었다. 공황도 주식파동도 거품도 없었는데 세계는 소리소문 없이 경기침체와 실업의 아우성에 시달리고 있다. 대역병에 대한 서구의 비과학적 태도는 21세기에 들어서도 크게 바뀌지 않았다. 미국 트럼프 대통령은 코로나19를 '중국 독감' '우한 바이러스'라 부르며 대역병의 감염력을 얕보는 동시에 인종적 편견을 고스란히 드러냈다. 유럽의 지도자들은 백신도 없는 상황에서 인구 60%의 감염을 통해 이 바이러스를 극복할 수 있다는 근거 없는 집단면역론을 주장했다. 선진국을 자처했던 미국과 유럽 사회는 독일 〈슈피겔〉지의 표현대로 "치명적 오만"에 빠져 안이한 대처로 엄청난 감염 확산과 사망자 급증이라는 미증유의 비극을 자초했다.

박근혜정부 당시 메르스 사태로 큰 혼란을 겪으며 국제적으로 우려의 대상이 되었던 한국은 코로나 사태에서는 완전히 다른 모습을 보여주었다. 유럽국가들 중 가장 성공적인 방역을 하고 있는 독일은 감염자가 폭증하던 3월 중순 〈코로나19를 어떻게 통제할 것인가〉라는 기밀문서를 통해 한국을 "가장 인상적인 모범"으로 규정하고 대량 테스트 등 한국식 방역 모델을 도입할 것이라고 강조했다. 대구시 병원들의 병상을 코로나 환자로 가득 채웠던 2020년 2월의 위기를 넘기고 3월이 되자, 세계는 평온을 되찾은 한국에서 사회적 신뢰를 바탕으로 한 정치적 리더십, 비타협적 투명성, 혁신, 시민 참여를 특징으로 하는 한국식 방역, 즉 'K방역'의 결과를 목격했다.

세계보건기구와 국제투명성기구에 따르면 전 세계 보건의료 분야의 연간 예산은 약 7조5000억 달러다. 그중 부패로 인해 매년 약 5000억 달러의 손실이 발생하는 것으로 추산되는데 이는 전 세계 인구에게 보편적 의료보험을 제공하고도 남을 액수다. 세계보건기구와 유엔은 코로나19 대역병 속에서도 투명성과 책임성을 유지하며 부패를 방지하는 것이 바이러스의 더 큰 확산을 막는 핵심임을 강조했다. 대역병 상황 속에서 부패는 여러 과정을 통해 발생할 수 있다. 무엇보다 정책 결정과정, 감염 관련 데이터, 의료장비의 공급과 조달, 치료제 및 백신 개발과정 등 네 가지 분야를 집중적으로 살펴볼 필요가 있다.

첫 번째로 정책 결정과정의 투명성과 민주성은 감염병 대처과정의 불투명성을 제거함으로써 조속하고 올바른 대응을 가능케 하며, 정부뿐 아니라 다양한 이해당사자 간의 협력과 책임분담을 끌어내 신뢰를 높일 수 있다. 〈뉴욕타임스〉는 미국, 유럽의 사례와 한국을 비교하며 코로나19 감염 억제는 과학기술 수준의 차이가 아니라 정치적 차이의 문제라고 규정했다. 미국과 유럽도 한국과 같은 검사키트를 개발할 수 있는 능력이 있었다. 그러나 이들 국가는 한국처럼 위기를 조기에 인식하고, 비상시 검사키트의 신속한 개발을 가로막는 관료 장벽을 제거하고, 민관이 효과적으로 협력해 테스트를 조기에 확대하고, 감염추적을 위한 투명성을 강화하지 못했다. 미국 질병통제예방센터CDC는 코로나19 검사키트 개발과정에서 시약이 오염되어 2월 말까지 테스트를 제대로 진행하지 못했는데 이런 사고 사실을 숨겼다. 그 결과 인구 5000만의 한국이 3월 초 10만 건의 테스트를 실시할 동안 3억3000만 명이 사는 미국에서는 겨우 500건의 테스트밖에 진행할 수 없었다. 이미 2019년 말 감염병 모의훈련을 거쳤던 한국은 그 덕분에 중국정부가 코로나19 바이러스를 공식 발표하기 3일 전인 2020년 1월 4일에 의심사례를 테스트하고 1월 27일 검사키트 생산을 승인할 수 있었다. 한국이 미국이나 유럽처럼 정치적 논리를 앞세우기보다는 질병관리본부와 같은 전문가 집단에게 코로나19 방역의 전권을 부여했다는 점도 주목할 만한 부분이다.

한국의 이런 투명성은 중앙정부와 지방정부 간의 효과적인 협력과 분권화된(devolved) 민주주의, 그리고 시민-정부 간의 신뢰와 적극적인 시민 참여가 없었다면 불가능했을 것이다. 한국식 방역의 중요한 상징 중 하나로 평가받는 드라이브스루 검사는 지자체에서 먼저 제안해 전국으로, 결국은 전 세계로 퍼져나갔다. 자신의 안전과 타인에 대한 배려의 의미를 담은 마스크 착용은 과학에 기초한 투명성과 사회적 신뢰, 정부-시민 간 협력의 상징이었다고 할 수 있다. 마스크 착용 행위를 곧 병이 있는 사람의 표식으로 여겨온 서구사회는 마스크의 감염예방 효과에 대한 긍정적인 연구보고도 무시한 채 그 실천에 소극적이었다. 코로나19를 감염병(epidemic)을 넘어 대역병(pandemic)으로 선언한 3월 11일 이후 5월까지도 세계보건기구는 마스크 착용을 적극 권고하지 않았으며,

미국은 발생 6개월이 지난 후에도 연방정부 차원에서 마스크 착용을 의무화하지 않았다.

두 번째로 데이터의 투명한 공개는 대역병의 발생원인, 감염균의 특성과 증상, 감염의 속도와 치명률, 감염의 인구학적 특성 등을 파악해 그 확산을 막고 나아가 기업과 학교 등 사회활동의 재개를 판단하는 데 필수적이다. 중국정부는 코로나19 감염관련 정보를 공개한 의료종사자들을 괴담 유포자로 체포해 여론을 억압했다. 이러한 정보불투명성은 코로나19의 감염력에 대한 과소평가로 이어져 대규모 춘절 행사를 허용케 함으로써 바이러스의 세계적 확산을 초래했다. 나아가 국제사회가 중국의 데이터를 불신하게 만들어 글로벌 차원의 연구협력에도 지장을 초래했다.

한국은 코로나19 첫 확진자가 발생하자마자 질병관리본부가 전면에 등장해 감염관련 정보를 투명하게 공개했고, 심지어 휴대폰 앱 등을 통해 감염자들의 동선까지 공개했다. 이 때문에 초기에는 개인정보 유출에 대한 우려도 터져 나왔지만 점차 방법을 보완해 위험을 최소화했다. 신속한 감염추적과 정보공개의 투명성은 감염병 확산 방지뿐만 아니라 도시 봉쇄를 해제하고 기업과 학교 등 사회를 다시 개방하도록 결정하는 데 있어서도 필수적이었다. 결국 유럽연합은 4월 8일 "코로나19에 대응해 (한국식 추적 앱과 유사한) 모바일 앱과 데이터 사용을 위한 EU 공통 접근법의 개발"을 공식적으로 채택한다.

세 번째로 의료장비 공급과 조달 과정에서의 부패 극복과 청렴성은 감염병으로부터 핵심 의료인력과 시민을 보호할 뿐 아니라 사회적 혼란을 방지하는 데도 도움이 된다. 2020년 4월 통계에 따르면 의료인의 코로나19 감염률은 미국 19%, 스페인 17%, 이탈리아 10%로 한국의 2.4%에 비해 압도적으로 높았다. 한눈에 보기에도 의료인 감염률이 높은 사회일수록 시민들의 감염도 심각했다. 바이러스와의 싸움에서 가장 최전선에 선 의료인의 감염은 의료인력 부족과 의료인을 통한 감염 확산이라는 최악의 상황을 가져올 수 있기에 바이러스로부터 의료인에 대한 철저한 보호가 필요하다. 그러나 영국의 경우 의료보호장비 생산 경험이 없는 국제통상장관의 고문이 소유한 기업이 2억5000만 파운드의 계약을 따내고 5000만 개의 불량 마스크를 생산했다가 전량 폐기하는 사태가 벌어졌다. 또한 영국정부는 각종 진단키트 생산으로 세계적인 명성을 얻었던 영국의 랜독스Randox사에 경쟁입찰도 없이 독점적으로 1억3000만 파운드에 이르는 계약을 해주고 검사키트 생산을 맡겼지만 높은 불량률 때문에 생산된 75만 개를 전량 환수조치해야 했다. 스페인은 신뢰도가 30~50%에 불과한 중국산 검사키트를 사용해 코로나19 확산을 제때에 통제하지 못했다. 한편 한국에서 운영한 마스크5부제는 의료보호장비의 투명한 조달과 보급에 있어 매우 좋은 예였다. 한국정부는 마스크 품귀와 사재기 현상에 대응해 3월 9일부터 마스크5부제를 통해 공적마스크를 공급했다. 이를 위해 정부는 전국 약 130여 개의 마스크 생산자들과 계약을 맺고 소비자가격보다 싸게 공적마스크를 구입한 후 전국 2만3000여 곳의 약국들을 통해 공급케 했다. 정부-생산자-판매자-소비자로 연결되는 다양한 이해관계자의 신뢰와 협력을 통해 이루어낸 공적마스크 제도는 마스크 부족 해결, 사재기 방지, 가격 안정에 기여했으며 무엇보다 국민들의 코로나19 감염 방지에 핵심적으로 기여했다.

네 번째로 치료제 및 백신 개발과정의 투명성과 협력은 약품의 안전성 보장, 자원낭비 방지, 백신 개발속도 촉진 및 백신의 균등한 배분에 매우 중요한 영향을 미친다. 이 과정은 세계가 과거 콜레라를 '빈민의 병', 에이즈를 '동성애 병'으로 단정했던 혐오적인 정치논리에서 벗어나 과학의 논리를 우선해 대역병에 대응해야 한다는 일반원칙과 관련이 있다. 또한 코로나19의 높은 전염성, 특히 무증상자 감염으로 인한 바이러스 확산 위험이 매우 높다는 특수성과도 관련이 있다. 감염병 대응에 정치논리가 앞설 경우 잘못된 치료제와 백신 개발로 자칫 더 큰 피해를 초래할 수 있다. 일본은 후지필름의 자회사가 생산하는 항바이러스제 아비간에 출산시 부작용 위험이 있다는 사실을 알면서도 제한적인 임상결과에 기초해 이를 코로나19 치료제로 개발하도록 정부 차원에서 지원했다. 미국은 한 걸음 더 나아가 코로나19 치료제로 임상에서 이미 효과가 없다고 증명된 하이드록시클로로퀸을 트럼프 대통령의 지원 하에 일선병원에서 치료제로 쓸 수 있도록 식품의약국이 승인하기도 했다.

백신 개발을 둘러싼 갈등은 '전쟁' '백신 민족주의'라는 말이 나올 정도 치열하다. 2009년 인플루엔자 대유행 당시 미국과 유럽의 부유한 나라들은 대부분 백신예비물질 생산량을 선주문으로 독점해 개발도상국이 구매할 수 있는 여분을 남기지 않았다. 세계

보건기구는 코로나19의 조속한 극복을 위해 "국민적 단결과 지구적 연대"의 중요성을 강조했다. 한국의 치료제와 백신 개발은 미국이나 일본과 비교할 때 우선은 전문가들의 주도성을 보장함으로써 정치논리가 초래할 수 있는 조급성과 편파성을 배제하고 있다. 현재 한국을 포함한 대부분의 세계는 '백신과 예방접종을 위한 세계동맹GAVI'이 주도하는 '글로벌 백신 공급 메커니즘(COVAX Facility)'을 통해 코로나19 백신이 개발되고 전 세계에 균등하게 배분되기를 바라고 있다. 이 개발을 주도하고 있는 빌 게이츠는 한국 정부에 서신을 보내 "한국이 훌륭한 방역과 함께 민간분야에서는 백신 개발 등에 있어서도 선두에 있음"을 강조하며, 향후 개발된 백신을 세계 각국과 함께 공유할 수 있으리라 기대한다고 밝혔다.

2020년 4월 13일 강경화 외무부장관은 프랑스의 국제보도전문 채널 〈프랑스24〉와의 인터뷰에서 한국의 코로나19 방역 시스템의 출발점을 2014년 세월호와 메르스 사태가 준 교훈에서 찾았다. 준비된 정부, 구축된 방역 시스템, 책임적인 정부와 투명성이 그 결과다. 2014년 이후 우리사회는 시민 참여를 통해 국가의 투명성과 책임성을 높였으며 이 새로운 변화가 금세기 최악의 대역병을 맞아 국란이 아닌 "국민적 단결과 지구적 연대"의 계기를 마련하게 한 것이다.

투명성과 사회적 거리, 연대는 코로나19 이전에는 함께하기 힘든 개념들이었다. 투명성은 가까운 사이 혹은 거리가 없는 관계에서 실현되는 것으로 거리두기와는 상극이다. 연대는 얼굴을 마주하고 서로 손을 잡고 함께하는 것으로 역시 거리두기와는 상극이다. 그러나 코로나19 시대 혹은 포스트 코로나19 시대의 뉴노멀new normal은 이 공존할 수 없던 것들의 공존으로 이루어진다. 세월호와 메르스, 촛불혁명을 거치며 한국사회에 구축된 공공성, 책임, 참여, 신뢰가 이 공존할 수 없던 것들 사이의 가교 역할을 하면서 우리가 '새로운 정상'을 살아가는 데 기초가 되어주고 있다.

　이제 이 책의 첫 번째 질문으로 돌아가 보자. 부패에 대한 뉴스가 매일 차고 넘치는데 세상은 왜 아직 망하지 않았는가? 대한민국은 지난 몇 년간 상식과 이성으로는 도저히 상상할 수 없는 수많은 가치의 참혹한 유린을 경험했다. 그럼에도 대한민국 시민들은 불의에 맞섰고 정의를 바로 세웠으며 헌법의 가치를 수호했고 민주주의를 지켰다. 이 모든 과정은 시민들 내부에서 터져 나온 힘에 의해 진행되었고 시민들 스스로 민주주의를 밝히는 촛불이 되었다. 세상이 아직도 망하지 않는 이유는 이처럼 부패로 물든 수많은 곳에서 스스로 빛이 되어 칠흑 같은 어둠을 밝히는 이들, 안으로부터 부패를 물리쳐나가는 용기를 지닌 깨어 있는 시민들이 있기 때문이다.

반부패의 '반'은 부정적이고 소극적인 의미가 아니다. 한자의 반反은 무언가를 '뒤집다'라는 뜻으로 새로운 것을 생성하는 과정으로서의 능동적 의미를 띠며, 영어의 anti-는 반대의 의미 외에도 무엇을 대체하거나 어떤 것에 앞선다는 의미가 있다. 따라서 반부패는 부패의 반대를 넘어 부패를 전복하고 부패 이전에 놓이는 개념이다.

김춘수의 시 〈꽃〉처럼 반부패가 부패를 호명하기 전까지 부패는 하나의 몸짓에 불과하며 그 이름을 불렀을 때 비로소 부패가 된다. 선거 후보자가 유권자에게 제공하는 금품과 향응은 부패로 호명되기 전까지는 선심 혹은 호의였으며 그 대가로 주는 표는 오는 정에 대한 가는 정으로 합리화되었다. 타락한 정치인 혹은 탐욕스러운 기업도 단순히 무능한 정치인 혹은 이미지 관리에 서투른 기업으로 인식되고 지나갈 수 있지만 그들의 행위를 부패로 지목하는 순간 그들은 법의 심판을 받거나 사회적 항의와 압력에 직면하게 된다. 즉, 반부패의 시선이 가 닿을 때 허공의 빈 몸짓이던 부패는 몸통을 드러내며, 그 실체를 부패라 호명할 때 비로소 부패는 고개를 돌려 우리를 본다.

　반부패의 시작은 거창하지 않다. 우리가 부패에 눈감지 않고 입을 다물지 않을 때, 은폐되고 묵인되고 엄호되던 부패가 추한 몰골을 드러낸다. 반부패는 반부패 기관 혹은 반부패 제도라는 하나의 출발선만을 가지지 않으며 무수한 출발점이 있다. 반부패는 개인적 청렴과 실천의 합이 산술을 넘어 기하급수적으로 질적 효과를 발휘하는 집단적 노력과 과정이다.

　한 사회의 성숙도는 위기 속에서 빛난다. 금세기 들어 한 국가의 기능을 정지시킨 정치재난과 사회를 공포에 빠뜨린 자연재난이라는 이중재난을 시민의 연대와 협력을 통해 성공적으로 극복하고 있는 사회는 한국을 빼곤 거의 찾아보기 어렵다. 이 책의 마지막을 한국 시민으로 장식한 것도 바로 그런 이유에서다. 개항 이래 지난 150여 년 동안 한국인들은 '근대화=서구화'라는 등식의 지배 속에서 서구사회를 따라 배워야 할 미래좌표로 설정하고 살아왔다. 그러나 지난 몇 년간 한국사회는 서구사회가 보여주지 못했던 새로운 반부패 역량을 보여주었다. 그동안 '선진국' '초강대국'으로 불려왔던 미국의 민주주의가 코로나19 사태로 혼란 속에서 비틀대며 겪는 참상을 고려하면 한국 시민과 한국사회의 재난 대응은 이미 세계적 모델이다. 세월호에서부터 촛불시위 그리고 대통령 탄핵 인용까지, 헌법이 농락당하고 반부패 기관들마저 기능을 상실했을 때 한국 시민은 최후의 반부패 보루가 주권의 최종 담지자인 시민임을 보여주었다. 그리고 이렇게 증명된 반부패 역량은 코로나19라는 금세기 최대의 재난 속에서 여전히 빛을 발하고 있다.

세계적으로 수많은 애독자를 거느린 《뉴요커》는 2020년 4월 11일자 코로나19 관련 기사에서 "한국은 최근 선진국 중 가장 인상적인 나라였지만 한국인 자신은 한국을 아직 후진국이라 생각한다. 한국은 미국을 추월한 선진국"이라고 언급했다. 프랑스 〈르몽드〉지는 코로나19 감염이 확대일로에 있던 3월 중순 한국과 프랑스의 대처를 비교하면서 한국은 의료공공성과 재난에 대응하는 시민의식 그리고 이를 뒷받침하는 사회체제가 프랑스보다 훨씬 성숙하다고 규정했다.《사피엔스》《호모데우스》의 저자로 유명한 세계적 석학 유발 하라리 교수는 광범위한 테스트와 투명한 정보공개 그리고 정보로 잘 무장된 시민들의 참여로 성공적인 방역을 하는 한국인들로부터 세계인들은 조언을 구할 수 있다고 강조했다.

실제로 유엔의 2020년 지속가능발전목표 보고서의 'OECD 국가들의 코로나19 파일럿 지수 및 성과지수(Covid-19 pilot Index and performance indicators for the OECD countries)'에 따르면 OECD 33개국 가운데 한국은 코로나19를 가장 성공적으로 방어한 나라다. 이 지수에서 한국은 1.0점 만점에 0.90점으로 일본 0.73, 독일 0.63, 캐나다 0.56, 미국 0.51, 프랑스 0.46점을 압도적으로 앞질렀다. OECD는 코로나19로 인한 전 세계적 경제침체 가운데서도 2021년 OECD 국가들 가운데 한국이 가장 높은 성장률을 보일 것이며, 현재 경제 규모 12위에서 9위로 올라설 것으로 전망했다. 한국사회는 국제투명성기구의 부패인식지수가 측정하지 못하는 반부패 역량을 민주주의와 재난극복 과정을 통해 전 세계에 보여주었다. 그러나 반부패의 세계사가 보여주듯 한번 성취된 제도와 역량은 항구적으로 지속되지 않으며, 끊임없는 경계와 각성을 필요로 한다.

베이컨의 "지식이 힘(scientia potentia est)"이라는 경구에서 관찰과 사색을 통해 획득되는 지식은 세상을 변화시키는 주된 원인이었다. 그러나 우리의 시대는 관찰과 사색 없이 생산되는 데이터와 정보의 수집만으로도 힘이 되는 세상이다. 때문에 자유, 민주, 법치의 가치를 세워야 했던 고대사회, 국가와 기업의 부패를 막기 위해 내부감시 장치를 마련해야 했던 중세와 근대사회, 신분적 억압과 정보통제에서 벗어나 알아낼 자유, 알권리, 알릴 의무를 위해 싸웠던 현대사회와는 또 다른 부패에 직면하게 되었다. 가공되지 않은 날것의 데이터와 무작위로 수집된 정보가 정리된 지식에 대한 지혜로운 통찰을 가로막고 있으며, 수많은 언론이 앞장서서 진짜와 가짜의 경계를 모호하게 하는가 하면, '팩트체크' 자체에 대한 팩트체크가 뉴스가 되기도 한다.

이미 가장 심각한 탐욕과 오용의 대상이 된 정보와 지식을 받아들이는 데 있어 끊임없는 경계와 각성은 각별한 중요성을 가진다. 조지 오웰의 《1984》에 등장하는 '진리부' 건물에는 '무지가 힘 (Ignorance is strength)'이라는 당의 구호가 적혀 있다. 데이터와 정보를 장악한 당은 '평화는 전쟁' '자유는 구속'이라는 또 다른 구호를 내세우며 의미의 왜곡과 가짜 의미 생성으로 부패의 일상화에 기초해 통치한다. 가짜뉴스는 우리의 무지를 먹고 살며 그 무지는 부패의 자양분이 된다. 가짜뉴스는 감시의 칼날을 무디게 하고 견제의 고삐를 늦추며, 종국에는 여론을 왜곡해 민주주의의 근간을 훼손한다.

셰익스피어는《햄릿》과《오셀로》에서 "귀의 독"이라는 표현으로 가짜뉴스가 덴마크 사람들과 오셀로의 마음을 어떻게 부패시켰는가를 표현했다. 고대의 동서양 감사관들이 귀와 듣기를 중시한 것은 수많은 데이터를 지혜로 식별하기 위함이었다. 귀가 얇아아무 소리에나 팔랑거리지 않기 위해서는 중심이 있어야 한다. 그중심은 전체의 대강을 보는 시야와 그 안을 꿰뚫어 보는 시각을 필요로 한다. 다양한 사례에 대한 지식은 범위의 시야를 제공하며역사적 지식은 깊이의 시각을 제공한다.

이 책이 동서와 고금의 반부패 세계사를 살펴본 이유는 속도와 양에 압도당하지 않고 날것의 데이터를 통찰의 지혜로 분별하는 힘을 기르기 위해서다. 솔론은 시민들의 채무와 노예화, 귀족의지배, 토지 약탈, 계급 격차와 같은 서로 다른 수많은 현상이 하나로 엮여 있음을 간파했고 민주주의를 그 해결 열쇠로 제시했다. 코벳은 농민들의 폭동, 귀족 중심의 의회, 부패한 선거, 언론 탄압을'낡은 부패'로 정의하고 언론 자유를 해결 대안으로 제시했다. 이책의 마지막 장을 읽고 있는 독자들이 정보의 속도와 양에 휩쓸리거나 압도당하지 않고 뉴스의 주변과 그 너머를 바라보는 데 이책이 부디 작은 보탬이 되었기를 바란다.

Aho, James. 2006. *Confession and bookkeeping: The religious, moral, and rhetorical roots of modern accounting*: SUNY Press.

Almeida, Joseph A. 2003. *Justice as an aspect of the polis idea in Solon's political poems: a reading of the fragments in light of the researches of new classical archaeology*. Vol. 243: Brill.

Ameresekere, Nihal Sri. 2011. *UN Convention against Corruption to Combat Fraud & Corruption: A Cancerous Menace with Mere Rhetoric Subverts UN Convention*: AuthorHouse.

Apuzzo, Matt, and Selam Gebrekidan. 2020. "Can't Get Tested? Maybe You're in the Wrong Country." *New York Times*, March 20.

Arendt, Hannah. 1972. *Crises of the republic: Lying in politics, civil disobedience on violence, thoughts on politics, and revolution*. Houghton Mifflin Harcourt.

Bailkey, Nels. 1967. "Early Mesopotamian constitutional development." *The American Historical Review* 72 (4):1211-1236.

Baker, Simon. 2007. *Ancient Rome: the rise and fall of an empire*: Random House.

Ball, Alan R. 1987. *British political parties: the emergence of a modern party system*: Macmillan International Higher Education.

Banisar, David. 2011. "Whistleblowing: International standards and developments." In *Corruption and transparency: Debating the frontiers between state, market and society*, edited by World Bank-Institute for Social Research. UNAM.

Bass Jr, Harold F. 2019. *Historical dictionary of United States political parties*: Rowman & Littlefield Publishers.

Bernstein, Carl, and Bob Woodward. 1999. *All the president's men*. Vol. 1: Simon and Schuster.

Blanton, Thomas. 2006. "The global openness movement in 2006: 240 years after the first freedom of information law, access to government information now seen as a human right." In *The World's First Freedom of Information Act. Anders Chydenius' Legacy Today*, 80-97. Anders Chydenius Foundation.

Bok, Sissela. 1999. *Lying: Moral choice in public and private life*: Vintage.

Bonhomme, Brian, and Cathleen Boivin. 2010. *Milestone Documents in World History: 2350 BCE-1058 CE*. Vol. 1: Schlager Group Inc.

Bracking, Sarah. 2007. *Corruption and development: Palgrave Macmillan*.

Brake, Laurel, Chandrika Kaul, and Mark W Turner. 2016. *The News of the World and the British Press, 1843-2011:'Journalism for the Rich, Journalism for the Poor'*: Springer.

Bratsis, Peter. 2003. "The construction of corruption, or rules of separation and illusions of purity in bourgeois societies." *Social Text* 21 (4):9-33.

Bratsis, Peter. 2016. *Everyday life and the state*: Routledge.

Brooke, Heather. 2006. *Your right to know: A citizen's guide to the Freedom of Information Act*: Pluto Press.

Brown, Richard. 2014. *A history of accounting and accountants*: Routledge.

Bruckner, Till. 2019. *The ignored pandemic: how corruption in healthcare service delivery threatens Universal Health Coverage*: Transparency International.

Buchan, Bruce, and Lisa Hill. 2014. *An Intellectual History of Political Corruption*: Palgrave Macmillan.

Burns, R Arthur, Arthur Burns, Joanna Innes, and Lyndal Roper. 2003. *Rethinking the age of reform: Britain 1780-1850*: Cambridge University Press.

Canales, Katie. 2020. "Photos show how San Francisco had to convince its 'mask slackers' to wear masks after many defied the law while the 1918 Spanish flu pandemic seized the city." *Business Insider*, June 3.

Charisius, Hanno, Georg Mascolo, and Nicolas Richter. 2020. "Innenministerium dringt auf massive Ausweitung von Corona-Tests." *Süddeutsche Zeitung*, March 27.

Chatfield, Michael. 1968. *Contemporary studies in the evolution of accounting thought*: Dickenson Publishing Company.

Chatfield, Michael, and Richard Vangermeersch. 2014. *The history of accounting (RLE accounting): an international encylopedia*: Routledge.

Christophers, Brett. 2020. "The PPE debacle shows what Britain is built on:

rentier capitalism." *The Guardian*, August 12.

Clinard, Marshall B. 1990. *Corporate corruption: The abuse of power*: Greenwood Publishing Group.

Cockcroft, Laurence. 2012. Global corruption: *Money, power and ethics in the modern world*: Bloomsbury Publishing.

Cohen-Almagor, Raphael. 2001. *Speech, Media, and Ethics*: the Limits of Free Expression: Palgrave.

Colomer, Josep. 2016. *The handbook of electoral system choice*: Springer.

Conboy, Martin. 2004. J*ournalism: A critical history*: Sage.

Connor, Rebecca E. 2004. *Women, Accounting and Narrative: Keeping Books in Eighteenth-Century England*. Vol. 6: Routledge.

Cook, Chris, and Brendan Keith. 1975. *British historical facts, 1830-1900*: Springer.

Cook, Michael. 2003. *Forbidding wrong in Islam: An introduction*. Vol. 3: Cambridge University Press.

Cooke, Terence E, and Christopher W Nobes. 2006. *The Development of Accounting in an International Context: a Festschrift in honour of RH Parker*: Routledge.

Darling, Linda T. 2013. *A history of social justice and political power in the Middle East: The circle of justice from Mesopotamia to globalization*: Routledge.

Dirks, Nicholas B. 2009. *The scandal of Empire*: Harvard University Press.

Duyvendak, Jan Julius Lodewijk. 1928. *The Book of Lord Shang*: Probsthain.

Dyer, Owen. 2006. "New report on corruption in health." *Bulletin of the World Health Organization* 84:84-85.

Eigen, Peter. 2003. *The web of corruption: how global movement fights graft*: Campus.

Edmonds, John Maxwell. ed., 1931. *Elegy and iambus (Vol. 1)*. W. Heinemann, ltd..

Ewing, Keith D, and Samuel Issacharoff. 2006. *Party funding and campaign financing in international perspective*: Bloomsbury Publishing.

Finegan, Jack. 2019. *Archaeological history of the ancient Middle East*: Routledge.

Force, Pierre. 2007. *Self-Interest before Adam Smith*: Cambridge: Cambridge University Press.

Fortescue, John, and Charles Plummer. 1885. *The Governance of England: otherwise called the Difference between an Absolute and a Limited Monarchy*: Clarendon Press.

Forti, Gabrio, Stefano Manacorda, and Francesco Centonze. 2014. *Preventing Corporate Corruption. The Anti-Bribery Compliance Model*: Springer.

Foucault, Michel. 2005. *The hermeneutics of the subject: Lectures at the Collège de France 1981--1982*: Macmillan.

Fuess, Albrecht. 2009. "Ẓulm by Maẓālim? The political implications of the use of Maẓālim jurisdiction by the Mamluk sultans." *Mamlūk Studies Review* 13:121-47.

Funnell, Warwick, and Jeffrey Robertson. 2011. "Capitalist accounting in sixteenth century Holland." *Accounting, Auditing & Accountability Journal*.

Gellhorn, Walter. 1965. "The Swedish Justitieombudsman." *Yale Law Journal* 75 (1):1-58.

Grande, James. 2014. *William Cobbett, the Press and Rural England: Radicalism and the Fourth Estate, 1792-1835*: Springer.

Hallo, William W, and William Kelly Simpson. 1971. *The ancient Near East: a history*: Harcourt Brace College Publishers.

Halloran, John Alan. 2006. *Sumerian lexicon*: Logogram publishing Los Angeles.

Heidenheimer, Arnold J, and Michael Johnston. 2011. *Political corruption: Concepts and contexts*. Vol. 1: Transaction Publishers.

Hendrickson, Harvey, and Paul Williams. 2004. *Accounting Theory: Essays by Carl Thomas Devine*. Vol. 3: Routledge.

Herron, Erik S, Robert J Pekkanen, and Matthew S Shugart. 2018. *The Oxford handbook of electoral systems*: Oxford University Press.

Hertogh, Marc, and Richard Kirkham. 2018. *Research Handbook on the Ombudsman*: Edward Elgar Publishing.

Heywood, Paul M. 2014. *Routledge handbook of political corruption*: Routledge.

Hill, Lisa. 2013. "Conceptions of political corruption in ancient Athens and

Rome." *History of Political Thought* 34 (4):565-587.

Hillis, Peter LM. 2007. "Scottish History in the school curriculum." *Journal of Scottish Historical Studies* 27 (2):191-208.

Johnston, David. 2015. *The Cambridge companion to roman law*: Cambridge University Press.

Johnston, Michael. 2005. *Syndromes of Corruption: Wealth, Power, and Democracy*: Cambridge University Press.

Jones, Philip. 1997. *The Italian city-state: from commune to signoria*: Clarendon Press.

Keane, John. 1991. *The media and democracy*: Cambridge.; Polity Press.

Kesimli, Iffet, Kesimli, and Achauer. 2019. *External auditing and quality*: Springer.

King, Leonard W. 1994. *A history of Sumer and Akkad*: Рипол Классик.

King, Leonard William. 2007. *The code of Hammurabi*: NuVision Publications.

Kroeze, Ronald, André Vitória, and Guy Geltner. 2018. *Anticorruption in History: From Antiquity to the Modern Era*: Oxford University Press.

Kucsko-Stadlmayer, Gabriele. 2008. *European Ombudsman-Institutions: A comparative legal analysis regarding the multifaceted realisation of an idea*: Springer.

Lamble, SG. 2002. "Freedom of Information, a Finnish clergyman's gift to democracy." 97:2-8.

Lemche, Niels Peter. 2014. *Biblical Studies and the Failure of History: Changing Perspectives 3*: Routledge.

Loeb, Stephen E, and Paul J Miranti. 2003. *The Institute of Accounts*: Routledge.

Long, David E. 1973. "The Board of Grievances in Saudi Arabia." *Middle East Journal*:71-75.

Lu, Wei, and Max Aiken. 2003. "Accounting history: Chinese contributions and challenges." *Accounting, Business & Financial History* 13 (1):1-3.

Maisel, L Sandy, and Jeffrey M Berry. 2010. *The Oxford handbook of American political parties and interest groups*: OUP Oxford.

Manninen, Juha. 2006. "Anders Chydenius and the origins of world's first freedom of information act." In *The World's First Freedom of Information Act.*

Anders Chydenius' Legacy Today, edited by Juha Manninen, 18-56. Anders Chydenius Foundation.

Marquette, Heather. 2004. *Corruption, Politics and Development*: Springer.

Martin, Brian. 1999. *The whistleblower's handbook: how to be an effective resister*: Jon Carpenter Charlbury, UK.

Martin, Richard C. 2004. *Enciclopedia of Islam and the Muslim world*: Macmillan ref. USA.

Martines, Lauro. 2011. *The politics of law in late medieval and renaissance italy: essays in honour of Lauro Martines*. Vol. 1: University of Toronto Press.

Martines, Lauro. 2011. *The politics of law in late medieval and renaissance italy: essays in honour of Lauro Martines*. Vol. 1: University of Toronto Press.

Martinich, Aloysius P. 1999. *Hobbes: A biography*: Cambridge University Press.

Mattessich, Richard. 2007. *Two hundred years of accounting research*: Routledge.

McCarthy, Daniel R, and Matthew Fluck. 2017. "The concept of transparency in International Relations: Towards a critical approach." *European Journal of International Relations* 23 (2):416-440.

Michels, Robert. 1915. *Political parties: A sociological study of the oligarchical tendencies of modern democracy*: Hearst's International Library Company.

Miller, Ruth A. 2010. *The Erotics of Corruption: Law, Scandal and Political Perversion*: SUNY.

Morrell, Kit. 2017. *Pompey, Cato, and the governance of the Roman empire*: Oxford University Press.

Morrow, Glenn R. 1960. *Plato's Cretan city: a historical interpretation of the Laws*: Princeton University Press.

Mouritsen, Henrik. 2017. *Politics in the Roman Republic*: Cambridge University Press.

Mungiu-Pippidi, Alina. 2015. *The quest for good governance: How societies develop control of corruption*: Cambridge University Press.

Nader, Ralph, Peter J Petkas, and Kate Blackwell. 1972. *Whistle blowing: The report of the conference on professional responsibility*: Grossman.

Nattrass, Leonora. 2007. *William Cobbett: the politics of style*. Vol. 11:

Cambridge University Press.

Noonan, John Thomas. 1987. *Bribes*: University of California Press.

OECD. 2016. *Committing to Effective Whistleblower Protection*: OECD Publishing.

Oldroyd, David. 1995. "The role of accounting in public expenditure and monetary policy in the first century AD Roman Empire." *Accounting Historians Journal* 22 (2):117-129.

Pacioli, Luca, and Jeremy Cripps. 1994. *Summa de arithmetica*: Pacioli Society.

Perelman, Marc. 2020. 'In South Korea, patients cured of Covid-19 have tested positive later,' In *The Interview*, edited by France 24: France 24,.

Perry, Peter J. 2018. *Political corruption and political geography*: Routledge.

Petram, Lodewijk. 2014. *The world's first stock exchange*: Columbia University Press.

Phang, Sara E, Iain Spence, Douglas Kelly, and Peter Londey. 2016. *Conflict in Ancient Greece and Rome: The Definitive Political, Social, and Military Encyclopedia [3 Volumes]*: ABC-CLIO.

Poitras, Laura. 2015. Citizenfour.

Poovey, Mary. 1998. *A history of the modern fact: Problems of knowledge in the sciences of wealth and society*: University of Chicago Press.

Pozen, David E, and Michael Schudson. 2018. *Troubling transparency: the history and future of freedom of information*: Columbia University Press.

Rahmani, Ziaullah. 2017. "Redress of Public Grievances in the Umayyad & Abbasid Era." *Dialogue (Pakistan)* 12 (1).

Reif, Linda C. 1999. *The international Ombudsman anthology: selected writings from the International Ombudsman Institute*: Martinus Nijhoff Publishers.

Reif, Linda C. 2004. *The ombudsman, good governance, and the international human rights system*. Vol. 79: Martinus Nijhoff Publishers.

Rix, Kathryn. 2008. "'The elimination of corrupt practices in British elections'? Reassessing the impact of the 1883 Corrupt Practices Act." *The English Historical Review* 123 (500):65-97.

Rix, Kathryn. 2017. "The Second Reform Act and the Problem of Electoral

Corruption." *Parliamentary History* 36 (1):64-81.

Robertson, Jeffrey Stephen. 2011. "Capitalism and accounting in the Dutch East-India Company 1602-1623: an historical study of determining influences and practices." Faculty of Commerce, University of Wollongong.

Rose, Cecily. 2015. *International anti-corruption norms: their creation and influence on domestic legal systems*: OUP Oxford.

Rose, Richard, and Caryn Peiffer. 2018. *Bad governance and corruption*: Springer.

Rothchild, John. 2007. "Introduction to Athenian democracy of the fifth and fourth centuries BCE." *Wayne State University Law School Research Paper* (07-32).

Rothstein, Bo, and Aiysha Varraich. 2017. *Making sense of corruption*: Cambridge University Press.

Rowat, Donald Cameron. 1973. *Ombudsman Plan: Essays on the Worldwide Spread of an Idea*: McGill-Queen's Press-MQUP.

Rubinstein, William. 1983. "The end of "old corruption" in Britain 1780–1860." *Past & Present* 101 (1):55-86.

Rydholm, Lena. 2013. "China and the World's First Freedom of Information Act: The Swedish Freedom of the Press Act of 1766." *Javnost-The Public* 20 (4):45-63.

Sabato, Larry, and Howard R Ernst. 2014. *Encyclopedia of American political parties and elections*: Infobase Publishing.

Salmon, Lucy Maynard. 2001. *History and the Texture of Modern Life: Selected Essays*: University of Pennsylvania Press.

Santoro, Daniele, and Manohar Kumar. 2018. *Speaking Truth to Power: A Theory of Whistleblowing*. Vol. 6: Springer.

Schudson, Michael. 1981. *Discovering the news: A social history of American newspapers*: Basic Books.

Schultz, Stefan. 2020. "Tödliche Arroganz." *Spiegel*.

Schweizer, Peter. 2019. *Secret Empires: How the American Political Class Hides Corruption and Enriches Family and Friends*: HarperCollins.

Segarra, Carmen. 2018. *Noncompliant: A Lone Whistleblower Exposes the Giants of Wall Street*: Public Affairs.

Seymour, Charles. 1915. *Electoral reform in England and Wales: The development and operation of the parliamentary franchise, 1832-1885*. Vol. 3: Yale university press.

Singh, Nau Nihal. 1998. *World of Bribery and Corruption: From Ancient Times to Modern Age*: Mittal Publications.

Singleton, Tommie W, Aaron J Singleton, G Jack Bologna, and Robert J Lindquist. 2006. *Fraud auditing and forensic accounting*: John Wiley & Sons.

Snell, Charles. 1720. *Observations made upon examining the Books of Sawbridge and Company. Relative to transactions in South Sea Stock.*

Soll, Jacob. 2014. *The reckoning: Financial accountability and the rise and fall of nations*: Basic Books (AZ).

Sontag, Susan. 2001. *Illness as metaphor and AIDS and its metaphors*: Macmillan.

Stern, Laura Ikins. 1994. *The criminal law system of medieval and Renaissance Florence*. Vol. 111: Johns Hopkins University Press Baltimore, MD.

Stone, Isidor Feinstein. 1989. *The trial of Socrates*: Anchor.

Stubbs, RBF. 2012. "A case study in the rise of public sector transparency: Understanding the global diffusion of freedom of information law." University of Tasmania.

Tarling, Nicholas. 2007. *Corruption and good governance in Asia*: Routledge.

Taylor, Claire. 2001. "Bribery in Athenian politics part I: Accusations, allegations, and slander." *Greece & Rome* 48 (1):53-66.

Taylor, Claire. 2001. "Bribery in Athenian politics part II: ancient reaction and perceptions." *Greece & Rome* 48 (2):154-172.

Teng, Ssu-yü. 1943. "Chinese influence on the Western examination system: I. Introduction." 7 (4):267-312.

Terracol, Marie. 2018. *A Best Practice Guide for Whistleblowing Legislation*: Transparency International.

Thorp, Tammy Kupperman 2020. "To Defeat the Coronavirus, Stop Corruption." *Foreign Affairs*.

Thüsing, Gregor, and Gerrit Forst. 2016. *Whistleblowing-A Comparative Study*. Vol. 16: Springer.

Tiihonen, Seppo. 2003. *The history of corruption in central government=*

L'histoire de la corruption au niveau du pouvoir central: Ios Pr Inc.

Transparency International. 1995-2019. Corruption Perception Index. Transparency International.

Transparency International. 2006. *Global Corruption Report 2006*: Corruption and Health: Pluto Press.

Unger, Nancy C. 2003. *Fighting Bob La Follette: The Righteous Reformer*: Univ of North Carolina Press.

Van Berkel, Maaike. 2011. "Embezzlement and reimbursement. Disciplining officials in 'Abbāsid Baghdad (8th-10th centuries AD)." *International Journal of Public Administration* 34 (11):712-719.

Van Dillen, Johannes Gerard, Geoffrey Poitras, and Asha Majithia. 2006. "Isaac Le Maire and the early trading in Dutch East India company shares." In *Pioneers of Financial Economics*, edited by Geoffrey Poitras, 45-63. Edward Elgar Publishing.

Vandekerckhove, Wim. 2006. *Whistleblowing and organizational social responsibility*: A global assessment: Ashgate Publishing, Ltd.

Vaughn, Robert G. 2012. *The successes and failures of whistleblower laws*: Edward Elgar Publishing.

Vernon, James. 2014. *Distant Strangers: How Britain Became Modern*. Vol. 9: Univ of California Press.

Vice, John, and Stephen Farrell. 2017. *The history of Hansard*: House of Lords Library and House of Lords Hansard.

Webb, Paul. 2000. *The modern British party system*: Sage.

Weststeijn, Arthur. 2012. *Commercial republicanism in the Dutch golden age: the political thought of Johan & Pieter De La Court*: Brill.

Wheale, Nigel. 1999. *Writing and society: literacy, print, and politics in Britain, 1590-1660*: Psychology Press.

Wickham, Michael John. 2002. "Electoral politics in Berwick-Upon-Tweed, 1832-1885." Durham University.

Wiener, Martin J. 1974. "The changing image of William Cobbett." *The Journal of British Studies* 13 (2):135-154.

Wolf, Sebastian. 2013. *Korruption, Antikorruptionspolitik und öffentliche Verwaltung: Einführung und europapolitische Bezüge*. Vol. 54: Springer-Verlag.

Worthington, Ian, Craig Cooper, and Edward M Harris. 2001. *Dinarchus,*

Hyperides, and Lycurgus. Vol. 5: University of Texas Press.

Xiao, Weibing, and Rick Snell. 2007. "Freedom of information returns to China." *Public Administration Today* (January).

Yadav, Vineeta. 2011. P*olitical parties, business groups, and corruption in developing countries*: Oxford University Press.

Zoch, Paul A. 2020. *Ancient Rome: An Introductory History*: University of Oklahoma Press.

416국민연대. 2015. "우리는 내일로 나아가고 있는가." 세월호 참사 1주기 연속토론회.

감사원. 2018. *감사70주년*: 감사원.

김은경, 신동준, 이정주, 이선중. 2015. 한국사회 부패의 발생구조와 변화트렌드 분석 (Ⅰ): 한국사회 부패범죄 발생구조 및 변화트렌드 분석: 형사정책연구원.

김정수. 2006. *다리미를 든 대통령: 부패없는 세상을 위하여*: 민들레.

유엔. 2003. 유엔반부패협약. 국민권익위원회.

윤동호. 2002. 국제사회의 반부패동향과 한국의 부패방지시스템 진단: 형사정책연구원.

이현숙, 박진서. 2019. "2015년 한국 메르스 사태의 회고 – 제3대 국립의료원 원장 안명옥 인터뷰." *생태환경과역사* (5):137-209.

행정자치부. 1999. *1998년도 정보공개 연차보고서*: 행정자치부.

행정자치부. 2018. *2017년도 정보공개 연차보고서*: 행정자치부.

황지태. 2017. 한국사회 부패의 발생구조와 변화트렌드 분석 (Ⅲ): 형사정책연구원.

황지태, 김경찬, 장진희, 이선중, 권우덕, 송효진. 2016. *한국사회 부패의 발생구조와 변화트렌드 분석 (Ⅱ)*: 형사정책연구원.

周海彬. 2005. *审计实务*: 西南財經大學出版社.

반부패의 세계사

초판 1쇄 발행 2020년 11월 5일
2쇄 발행 2022년 12월 1일

지은이   김정수
펴낸이   박희선
디자인   디자인 잔

발행처   도서출판 가지
등록번호   제25100-2013-000094호
주소   서울 서대문구 거북골로 154, 103-1001
전화   070-8959-1513
팩스   070-4332-1513
이메일   kindsbook@naver.com
블로그   blog.naver.com/kindsbook
페이스북   facebook.com/kindsbook
인스타그램   instagram.com/kindsbook

ⓒ 김정수 2020

ISBN   979-11-86440-59-9 (03900)

* 이 도서는 한국출판문화산업진흥원의 '2020년 출판콘텐츠 창작 지원 사업'의 일환으로 국민체육진흥기금
을 지원받아 제작되었습니다.